KB123656

절망을 그리다

절망을 그리다
무너진 자들을 위한 미술의 변명

초판 1쇄 인쇄 2023년 1월 3일
초판 1쇄 발행 2023년 1월 10일

—

지은이 박종성
펴낸이 이방원
책임편집 정우경 **책임디자인** 양혜진
마케팅 최성수 · 김 준 **경영지원** 조성규 · 이석원

—

펴낸곳 세창출판사
신고번호 제1990-000013호 **주소** 03736 서울시 서대문구 경기대로 58 경기빌딩 602호
전화 02-723-8660 **팩스** 02-720-4579 **이메일** edit@sechangpub.co.kr **홈페이지** http://www.sechangpub.co.kr
블로그 blog.naver.com/scpc1992 **페이스북** fb.me/Sechangofficial **인스타그램** @sechang_official

—

ISBN 979-11-6684-138-5 93300

박종성 지음

절망을 그리다

세창출판사

차례

프롤로그

미술은 '정치'다. 약하게 말하자면, 미술은 '정치적'이다. 장르야 어쨌든 모든 작품은 그냥 그 자리에 있지 않다. 빛 발해야 할 각자의 이유를 가지며 그리 있어야 할 철학적 동기도 함께 지닌다. 알아주든 말든, 그런 것쯤 작가들에겐 문제 되지 않는다. 제 작품이 세상에 왜 필요한지 설명하도록 내몰리는 경우도 흔하진 않다. 땅 위의 모든 미술이 논리나 사회적 기능성을 강요받을 이유가 없는 이치와 이는 통하리라.

언제부터 그랬는지 따지는 일도 논란거리는 아니다. 모든 미술은 출발부터 그랬고 지금도 그러하며 앞으로도 그러할 것이다. 언어나 몸짓이 아닌 선과 그림자를 섞어 하필 '그렇게' 드러내는 일을 두고 왜 그렇게 했는지 따지는 일이란 얼마나 허망한가. 말과 글로 답하고 논리와 체계로 설득의 얼개를 꾸릴 작정이었다면 미술은 애당초 미술일 수 없었을 것이다.

미술의 존재 이유는 그렇다면 뭘까. 말로 생각을 나누는 일상의 삶이 언어를 필요로 하듯, 작가의 의도를 미술적으로 드러내는 온갖 도구적 행위는 '목적'을 지닌다. 이때 작가의 목적성이 자기 의지 발현을 위해 스스로를 태워 없애는 '연료'가 되는 건 당연하다. 게다가 자체 발화하는 명징한 열정으로 세상의 온갖 것들을 담아낼 의식의 자원이 되는 것도 물론이다. '그리고 바르며' 한결같이 '훑는' 한편 그것도 모자라 '눌러 으깨며 덧대거나 도려내는' 온갖 미술적 행위의 목적은 작가가 지향하는 아름다움이나 추함의 내용물을 드러내는 데 오롯이 맞춰진다.

선이 말을 대신하고 색은 감정을 전달하며 명암이 느낌의 굴곡을 더한다면, '그림'은 작가의 의지와 목표를 정치적으로 드러내는 대표적인 미술 매체일 터다. 엄격히 따지자면, '사진' 아닌 감동적 미디어를 미술세계에서 기대하긴 어렵지 않았을까. 가없는 시간의 흐름 속에서 하필 그 순간을 위해 온갖 설렘과 지루함마저 무릅썼던 기다림하며 온갖 괴로움 역시 마다할 일 아니었으니 말이다. 어디 그뿐일까. 조각은 하염없이 망치로 돌을 깨며 정으로 쪼아 공들인 대가가 아니라 돌 속에 숨어 있다 그렇게 튀어나온 찰나의 현란한 '조화'란 누군가의 말은 정말이지 맞는 걸까.

뜻한 바 이루기 위해 가없이 움직이며 자신을 추스르는 일. 목적 없이는 삶도 의미 없으며 스스로 존재할 까닭마저 사라진다고 믿는 의외의 연약함. 목표를 이루기 위해 자신을 설득하고 주변을 달래며 궁극적 실천과 노력의 계몽을 거두지 않으려는 성실함. 중요한 건 과정이며 당장 그 결과는 기대할 수 없다는 '겸허'와 '견딤'. 모든 존재는 이들 둘의 조화가 빚는 잠정적 축적물이며 영속의 꿈은 허상에 불과하다는 자각. 삶은 목적론 아래에서만 의미를 지니고 헤아리지 못할 경험의 조화로 지탱할 뿐이란 소박한 믿음. 덧없을망정, 순간을 탐닉하며 기 쓰고 이를 연장하려는 생명체의 유한성.

이 같은 진지함과 순수는 '느끼고' '헤아릴' 생각의 덩어리들로 보는 이들을 불러 모으는 자산이다. 왜 그처럼 '그리고' '만드는'지 구태여 작가에게 묻지 않아도 공감할 감각의 여력은 모두에게 스며든다. 미술이 미술로 지탱하는 까닭이다. 언어의 매개 없이도 그 같은 일들이 서슴없이 이루어지는 건 미술의 예외적 권력이다. 미술이 사람을 행복하게 하고 희망의 세계로 이끌 도구가 되는 이치도 함께 껴안으며 말이다.

그러나 이는 자칫 과장과 무리한 결정론의 단서로 작동하기 충분하다. 예술의 자리에 미술만 존재하는 건 아니기 때문이다. 문학이라고 어디 그렇지 않겠으며 음악과 건축인들 그 같은 여지를 충분히 남겨 놓지 않았겠는가. 소설은 소설대로, 시는 시대로 감동과 공감의 빈터를 함축하며, 심포니와 실내악은 물론 가요와 뽕짝의 정치학도 미술철학과 사상적 인자를 나눌 수 있다는 데 이의를 제기할 사람은 드물다.

언어의 세계가 드러내는 감정의 극한은 시작부터 한계가 분명하다. '굉장함'과 '대단함'의 차이가 애매한 데다 '몹시'와 '매우'도 변별이 어려워서다. 하지만, 인간 느낌의 충만한 속내와 어떤 형태로든 드러낼 감각의 빈터는 예술언어와 만나면서 풍요로운 표출의 접점을 찾으리라. 거기서 자신의 내면 욕구를 펼칠 외향적 계기도 마런될 것이다. 심하게 비틀자면, 삶의 지탱은 예술로 가능하며 행복과 희망의 서광 또한 그로써 매개된다는 데 동의하지 않을 재간은 없다.

문제는 '표현'이다. 어떻게 '드러내느냐'는 문제는 무엇을 왜 드러내느냐는 물음보다 한층 중요하다. 표현이 미술의 도구적 기능에 머물지 않고 목적 그 자체로 전화하는 계기도 흥미롭다. 잘 드러내면 많은 것을 설명하고 궁극적으로 그 이유와 방법마저 헤아리는 데 상당 부분 거리낌 없어지기 때문이다. 표현의 '미술정치'가 수단이자 동시에 목적이 되는 까닭도 이 지점에서 설득의 틀을 갖춘다. 언어의 매개로 인한 이해력 확장보다 시각 촉발과 감각적 충격으로 새로운 동기를 유발하는가 하면, 또 다른 행태와 감동을 준비하도록 자극하는 행위는 그것만으로도 주목할 일이다.

'방법'이 '내용'을 밀치거나 '수단'이 '목적'을 대체하는 일은 바람직하지 않다. 흔치 않은 그 과업에 상당한 무리와 모순이 개입하는 것도 사실이다. 오죽하면, 본말의 전도라며 꺼렸으랴. 예나 지금이나 이는 대부분 배격하거나 자제하는 일 가운데 하나지만, 그러나 현실이 반드시 모범적이지는 않다. 모두가 정해진 길로만 걷고 파 놓은 골을 고집한다면 '흥미'나 '매력' 같은 단어는 애당초 사람 사는 세상의 '것'이 아니었을 터다. 돌아보자. 그리고 따져 보자. 표현이 수단이자 목적이란 생각은 가설로 그칠까, 아닐까.

미술은 철학이다. 미술이 '정치'이자 '철학'이라면 당연히 '미술의 정치철학'을 눈여기게 만든다. 하지만 현학적이거나 난삽한 시선으로 꺾어 보진 말자. 그렇게 생각하면 그렇게 드러내게 마련이며 마음은 곧 지향하는 목적지로 이끄는 근원일 수 있다는 것뿐이다. 미술이 다른 어떤 예술 장르보다 이를 강하게 반영하는 이유는 감상과 객관적 확인이 즉시 가능하기 때문이다. 바로 볼 수 있고 항시 궁금해지며 언제 어디서나 추론과 상상이 어렵지 않다는 사실은 늘 중요하다. 미술의 인문적 관심과 다양한 분석 역시 흥미로워지는 이유이기도 하다. 화가가 그리려는 '궁극'은 무엇이며 그처럼 드러내려는 생각의 일관성과 예외적 특수성은 어떻게 견줄 수 있을까.

미술의 표현미학이 새삼 빛을 발하는 대목도 여기부터다. 위의 사실과 엮어 보자면, 미술의 정치철학이 제한적 독선doxa이나 편협한 고집을 넘어 보편적 믿음episteme을 이끄는 구현 수단이 되거나 가시적 매개 도구로 탈바꿈하는 이유도 이처럼 따져 볼 필요가 있다. 작가의 의지를 끝내 표현의 영역으로 인도하는 정치적 동인이란 게 그(녀)만의 독특한 자기주장과 어떤 경우에도 스스로 망각하거나 폐기할 수 없는 절대 고적孤寂의 세계를 담는다면, 미술형식과 그에 담기는 모든 것은 새삼 눈여겨보아야 할 철학과 정치로 차고 넘친다는 사실 말이다. 미술의 정치철학이 다시 표현의 정치미학으로 거듭나고 세상의 어느 웅변이나 집합적 함성보다 강인한 메시지를 담는 수단이 되는 까닭도 여기서 다시 찾을 일이다.

많고 많은 미술사상 가운데 하필 표현주의에 꽂히는 까닭은 바로 이 '예술적 믿음'을 관통하는 적실성과 설득력에 있을 터다. 모든 미술이 '정치적'일망정, 이들만큼 목청 높여 '정치적'으로 저항하거나 정색하며 사회비판과 예술적 공격을 작업 본령으로 삼는 경우도 흔치 않기 때문이다. 여간해서 미술은 '정치'를 전면에 내세우거나 겉

으로조차 '정치적'이고자 하지 않는 데 반해, 표현주의자들의 함성
인즉 문화적 질풍과 역사적 노도와 함께 표현의 힘을 구현한 까닭
이다.

'미술이 정치적이어야 할 이유'는 늘 쟁론 대상이다. '정치'라는 어
휘를 둘러싼 민감한 입장 차는 물론 기왕의 온갖 편견과 오해마저
감안해야 할 뿐 아니라 도무지 왜 '미술마저 정치'이어야 하는지를
둘러싼 반론들마저 관대하게 끌어안아야 하기 때문이다. 결국 이
물음은 작가 개인의 취향과 성정의 문제와 직결될 것이다. 즉 '모든
작가가 정치적일' 필요도 없지만, '구태여 비정치적이거나 반정치적
이어야 할' 이유도 약하다는 반대가설과 이는 잘 통할 터다.

'정치'를 미술적 선택 대상으로 수용하는 것은 당연히 작품 소재
와 주제로 정치적인 '것'들을 담는 예술 행위다. 미술과 정치를 직접
적·적극적으로 관계 짓는 일은 작가의 정치 의지를 통해 관객의 정
치화를 도모하려는 목적의식과 내밀한 계몽성을 지닌다. '미술로
보는 정치' 혹은 '정치로 이해하는 미술'은 곧 이 같은 작가의 암묵적
의지와 계몽의 정치학을 받아들여야 할 인문작업으로 의미를 더한
다. 행여 작가 본인이 '정치'라는 단어를 제목이나 작품 어느 한 부
분에 달지 않더라도 그(녀)의 특별한 노력은 감동일 수 있다.

2차원 예술의 대표 장르로 '회화'의 순간묘사가 담보하는 영원성
은 눈여겨보지 않을 수 없다. 작가의 '정치성'을 생각할 절호의 기회
도 여기서 우러난다. 필자가 책에서 주목하려는 정치적 코어는 '절
망'이다. 오갈 데 없이 갇혀 버렸거나 벗어나려 발버둥 쳐도 더 깊이
늪 속으로 빠져드는 현실의 벽을 철옹성처럼 재확인하고 마는 갑갑

한 인간하며, 한 인간의 지독스러운 불행 앞에서 철저하게 무책임한 '국가'에 대해 새삼 촉각을 곤두세우는 일 말이다.

각별하게 묻고자 하는 미술정치적 주제는 이런 것들이다. 역사는 인간을 어디까지 망가뜨리며 국가는 거기서 얼마나 기만적인가. 인간의 불행이 인간 그 자신이 빚는 과오와 어리석음의 결과가 아니라 철저히 계산적인 권력의 피조물이라면, 이를 단죄할 궁극의 주체는 누구이어야 하는가. 사람이 저지르고 사람이 외면하며 사람이 면피하려 드는 저 도도한 무책임의 세월을 총체적으로 그려 낼 책무가 예술로 귀결되는 이유는 뭘까.

견디기 힘든 인간의 고통과 처절한 분노를 세상에 알리고 가증스러운 국가의 얼굴을 표현하는 마지막 보루가 화가의 붓놀림으로 담보되는 역설은 무엇으로 받아들여야 할까. 삶의 구원이 종교나 초월자를 향한 간절한 기원에 의해 추동되는 일은 무척이나 오랜 과업이었다. 하지만, 죽음까지 눈앞에 둔 가녀린 인간의 마지막 순간을 압도적으로 그려 내고 절대 묘사로 드러내는 작가들의 노력을 인정하는 데 사람들은 얼마나 솔직했을까.

종교적 구원과 미술적 표현을 가르는 경험적 오브제로 인간이 겪는 고통의 한계는 어디까지 나아갈까. 고통을 일상으로 즐겨야만 할 때 자발적으로 문제를 해결할 방법을 찾긴 어려운 걸까. 더 이상 나아질 것 없는 희망 단절의 상황, 즉 절망의 구체적 모습은 일일이 열거하기 힘겁다. 그럼에도 불구하고 고통의 오라aura가 '민족'과 '대중'이란 계측 불능의 다수를 전제할 때, 집단 통증을 헤아리긴 어렵기만 한 게 아니다.

돌이켜 보자. 국가의 과오는 인간집단을 얼마나 무너뜨리며 역사의 탁류는 민족 전체의 고통을 어떻게 체화하는가. 그것이 국가와 역사의 책임이 아니라 그처럼 태어난 모두의 몫이자 운명으로 끌어안아야 할 모종의 '예외'라면, 이는 어디까지 용서 가능한 걸까. 그뿐이랴. 이념으로 찌든 체제가 개인의 자유와 영혼과는 아랑곳없이 모두를 일정한 방향으로 걷고 생각하도록 강요한다면, 민중은 항시 '국가의 자식'으로만 남아 있어야 하는 것일까. 혼자의 힘으로는 이겨 내기 힘든 상황의 압박과 도도한 질서의 덮침은 또 어떤가. 한 인간과 불특정 다수의 자유를 짓이기는 총체적 강요 앞에서 그나마 이를 냉정히 뜯어볼 미술적 지혜를 기대함은 아쉬움 속의 다행으로 인정할 일 아닐까.

나라 위해 싸웠건만, 돌아온 보답일랑 허무와 빈곤뿐인 상황. 팔다리를 잃거나 앞 못 보는 삶으로 남은 세월 무릎써야 하는 역전의 용사. 전쟁은 끝났지만 갈 데는 막연하며 살아야 할 나날들은 더 처절하기만 한 모순. 타들어 가는 목을 축이고 남아 있는 욕정일랑 불사를 곳은 밤마다 번쩍이는 카바레뿐. 꿈과 현실 사이의 가뭇한 거리감 따윈 따져 볼 겨를조차 없는 시간의 압박. 눈길 한 번 주지 않는 호스티스들의 지분 냄새와 터질 듯한 가슴 사이로 더 초라해지는 공허한 처지. 죽음보다 짙은 수모와 천만번 부끄럽기만 한 치욕의 자아. 도무지 어찌할 것인가.

언제는 호통치며 명령하던 국가가 오간 데 없어진 허구야말로 정치적 가증과 수치의 극치였을 것이다. 분노도 극한의 영역을 헤매며 자존의 용광로를 애태우다 보면, 그것이 애당초 '들끓음'이었는지 자기연민의 '애달픔'이었는지 구분하기란 아예 묘연하기만 하였다. 울기와 안타까움도 곧잘 몸에 배는 법이며 수치심 또한 시간에 담가 치대노라면 흔쾌히 견디고 버틸 것이었다.

고개만 들어 올려도 머리를 관통할 총알이 빗발치는 상황을 떠올려 보자. 거기서 벌어질 온갖 일들을 온전히 헤아리는 건 불가능할 것이다. 당장 어깨와 팔이 분리된 동료의 주검 곁에서 제 얼굴에 튀는 '그'의 피를 닦아 내야만 하는 병사의 뇌리에 자기 국가를 원망하거나 역사를 비판할 여력마저 기대하는 건 사치이리라. 그의 삶에서 추구할 행복의 최대치가 단지 총성의 '멎음'만으로 국한된다면, 앞서 말한 정치적 증오와 국가를 향한 절망이란 또 하나의 '비현실'에 지나지 않을 터이니까.

어쩌다 살롱에서 허구한 날 술에 찌들고 진한 화장으로 제 얼굴 숨겨야 했는지는 그녀 자신도 모를 일이다. 피할 수만 있다면 가지 않을 길일 테지만, 이제는 그곳이 삶의 중심이 되어 버린 처지는 자학의 대상도 아닌 셈이다. 숱하게 치근덕대며 한사코 빨아 대는 남정네들의 젖은 입술이야 오늘 밤도 마찬가지일 것이다. 구역질 나는 환락의 구덩이 속에서 늙어 버린 여인의 얼룩진 곡절쯤 더 슬플 리도 없을 것이다. 주름 잡힌 뱃살 말고도 온통 구겨지기만 한 그녀의 사연들을 누구에겐들 되돌려 달라 하소연할 수 있을까. 원한의 알맹이를 녹여 줄 타인의 재간까지 어디 기다릴 삶이었을까.

아무리 조여도 자꾸만 흘러내리는 거들하며 하염없이 꼬여 버리는 그물 스타킹 코끝도 아예 뱃가죽에 달라붙는 젖가슴의 처참함에 비하면 그런대로 봐줄 '슬픔' 아니었을까, 아니면 그냥 그런대로 바라볼 애잔함? 처질 대로 처져 버린 가슴 한쪽이 호객과 유혹의 현장에서 옷 바깥으로 삐져나오는 순간에도 수치와 자기연민조차 느끼지 못하는 삶은 온전히 그녀만의 '것'일까, 아닐까. 그것도 바라보며 탄식하는 자들 모두가 나눠 가져야 할 정치 역사적 분노의 한 항목일까.

누가 저 초췌한 병사를 가혹한 전선으로 내몰았는가. 누가 그 여인을 카바레에서 살아가도록 짓누르고 벗어날 길 없는 굴레를 온몸에 휘감았는가. 두 물음 앞에서 '국가'란 무엇이며 '역사'는 무엇으로 존재하는가. 이를 이어 붙일 논리의 가교마저 궁리하자면, 도주와 이탈의 핑계는 얼마든지 넘쳐 나리라. 이 물음들 앞에서 '국가'는 너무나 '크고', '역사'는 지극히 '방대'하기만 할 테니까.

그렇지만 다시 묻는다. 국가는 과연 이들 물음 앞에 자유로울까. 역사는 거기서 한없이 여유롭고 영구히 외면할 자기 거점을 튼실히 마련할 자신이 있는 걸까. 이들 모두를 아우르며 미친 듯이 그려 대던 독일 작가들을 일컬어 '표현주의자'들이라 부르던 때도 벌써 한 세기 훨씬 전이다. 이제는 차갑게 식어 버린 '그들'의 작업을 오늘 다시 호명하려는 까닭은 이들 모두의 미술적 함성이 하필 오늘 이 땅에 전하는 여전한 충격 때문일 터다.

베일 듯한 비판정신은 물론, 감각적 공격의 기치를 함께 드날려야 할 우리에게도 '민중미술'이란 장르가 있긴 있었다. 하지만 미리 정해 놓은 방향으로 애써 이데올로기적 격정과 흥분을 담아 구호 외치거나 거칠게 등 떠미는 직설적 공격은 우회적 비판이 주는 암묵적 새타이어satire의 '미술정치학'과 달랐다. '미술'은 결코 강요하지 않으며 단지 드러내고 펼치려는, 즉 '표현'의 목적을 이루려 간접적으로 애쓰는 '정치'이기 때문이다.

모든 미술이 정치적일 필요까지는 없을지라도 '정치'를 담고 표현하는 방법은 제각각일 수밖에 없을 것이다. 그것은 정작 '정치'가 무엇인지에 대한 개념 논쟁부터 시작하여 합의에 이르기 어려운 의미론적 도저함까지 떠올리게 만든다. 생각의 판이함은 물론 노선의 다름에 이르기까지 싸움의 벌판에서 다툴 또 다른 고단함마저 전제한다. 한 세기 전 '저들'이 고민하고 표현하려 애쓴 정치적 비애와 사회적 울기는 오늘 어떻게 되살아날까. 언어와 외모만 다를 뿐, 눈빛과 목청에 담긴 정서야말로 기막히도록 겹친다면 들이대야 할 렌즈, 아니 현미경은 어느 쪽 디테일을 향해야 할까.

한때는 시대의 '악마'로 지탄받던 표현주의가 시대의 '약'으로 변모하는 과거는 작가들의 정치적 용기와 미술적 집중을 되새기게 한다. 어떤 비판도 아프지 않게 받아들일 권력은 없다. 들어야 할 소리를 피하려고 억압과 도피의 흉계를 궁리하는 이치도 이미 정치의 본능으로 자리 잡은 지는 따지기 힘들 정도다. 비판과 공격을 구분하지 못하여 작가들에게 하나같이 '퇴폐'의 올가미를 씌운 과거는 또 어떤가. 폭력의 사냥을 밥 먹듯 되풀이한 권력이 비참한 종말을 맞이하는 건, 종종 다시 펴게 만드는 어두운 역사 교과서의 첫 줄이다.

'표현'과 '폭로'를 분간하지 못하는 건 정치적 인간들의 공통된 약점이다. 자신이 애지중지하는 탐욕의 서랍에 무엇이 들어 있는지 타인의 시선을 의식하며 경계하는 자들은 늘 불안하다. 그들의 기미를 진즉에 알아채고 틈새와 이면에 숨어 있는 '비밀 아닌 비밀'을 노출하는 작가들은 자신의 재주나 능력에 기대지 않는다. 행여 놓칠세라 간파한 저들의 속내와 더는 담아 두지 못할 기억의 빈자리에 캔버스를 놓는 것이다. 거기에 또 다른 비밀이 채워지기 전, 세상에 드러내려는 마음으로 작업하는 것이다. 이른바 '표현'에 따르는 뒤탈과 손해 따위야 두려워할 항목조차 아니었던 것이다.

'모범'을 보면, '모범적'이지 않은 것들이 눈에 잘 들어온다. 뭇 존재들의 흠결과 모자람도 유난히 크게 보인다. 시늉이라도 할라치면, 부족한 내공과 허허로운 속내는 늘 풍성하게 그리고 부끄럽게 다가온다. 미술이 시대의 모범이었던 시절을 다시 읽는 일도 마찬가지다. 이제는 많은 이들이 잊어버린, 하여 그런 적이 있었는지조차 모를 시절의 뒷자락에서 시대의 독으로 자신을 면역하고 당대를 그려 보자.

문제는 다가섬의 자세와 지탱의 의지다. 우리의 문제를 들여다볼 예리한 도구로 과거 표현주의의 성난 파도와 거친 바람을 다시 맞이할 이유는 넘친다. 무엇을 취하고 어디부터 버릴는지는 다음다음의 궁금함이다. 시대를 후벼 파고 총체적 책임의 배후로 정치를 담보·귀책하는 미술적 절차에 인문의 불꽃을 지피는 작업도 더는 늦출 수 없는 나날이다.

2022. 12.

박 종 성

제1장

미술의 정치성과 미술정치:
인상주의 저물고 표현주의 뜨다

1.
표현의 정치와 권력화:
꾸밈과 드러냄은
어떻게 다른가

'표현주의'가 등장하기 전에도 '표현'의 문제가 생소했던 건 아니다. 단지 '표현'이라고 표현하지만 않았을 뿐이다. 오늘의 '표현'에 준하는 단어 안에 의미소를 채워 일상으로 사용하려는 노력은 보통이었을 것이다. 설령 오늘을 사는 이들 대부분이 과거의 '표현'을 둘러싼 언어의 관행을 적극적 '재현'이나 하염없는 '반복'으로 받아들일망정, 이를 단순히 근대 이후의 '것'으로 수용하는 건 착각이다. '재현representation'과 '표현expression'은 오랜 논쟁 대상이었다. 게다가 미술의 방법으로 한참이나 다퉈 온 게 사실이다.

단지 어떻게 그릴 것인지의 기법 문제가 아니었다. 거침없이 솔직하며 너무나 진지하여 공격적 접근과 노출 앞에서 모두를 되돌아보게 만드는 '그 일'은 가히 충격이었다. 미술적 드러냄의 원류로 1차 대전 이전부터 시작된 이 사상에 주목하게 되는 것도 그래서다. 따지고 보면, 서양미술사에서 '표현은 곧 재현'이었다. 이 자동적 동

일시 혹은 '이음동어synonym'의 의미는 하이 르네상스기의 숨 막히도
록 정교한 종교화나 이를 전후한 역사의 기록들에서 잘 나타난다.

모더니즘 이전의 '미술은 곧 사물과 인간의 직접묘사'가 핵심이
며 여지없이 똑같이 그리면서 형상의 외양을 빼다 박은 듯 옮기는
일이야 전혀 문제 될 리 없었다. 미술은 그만큼 '재현의 예술'이었고
그림 속에서 고스란히 대상이 되살아나며 물리적 존재감을 '대신 체
험'하게 만드는 수단이었다. 훗날 사진의 출현은 이 같은 사실적 표
현을 전혀 무색하게 만들어 버리지만, '드러냄'은 곧 '같음'의 다른
표기이자 미술은 이를 방조하는 소리 없는 도구였다. 하지만 미술
이 고작 '있는 것'을 '있는 그대로' 세상 밖에 끌어내려 존재하는 한
낱 운반 수단인 양 이해하는 건 식상하거나 맥 빠지는 일이다.

초상이나 정물, 아니면 기껏 순간 동작의 영구적 냉각 수단으로
인식되곤 하던 미술이었다. 그러던 미술이 불특정 다수의 민중을
이끌거나 생각의 깊은 속내까지 뒤흔드는 정치도구로 역할 지평을
넓힌 데는 곡절과 배경이 있었다. 작가들의 치열한 자각은 물론, 관
객 보편의 인식과 취향의 전환이 도모되는 데에도 밋밋하거나 단순
한 사단事端들만 자리한 건 아니다.

그렇다고 미술만이 세상 역사를 직접 이끌고 책임질 담지 주체
였다고 우길 수는 없다. 앞으로도 그럴 가망이 짙다고 결코 말할 수
없음은 강조와 반복으로 확인할 대상도 아니다. 삶을 뿌리부터 뒤
흔들거나 뒤엎을 폭발적 정치력까지 끌어모을 미술은 아니(었)다.
그저 잔잔한 감동과 지속적 흥분의 단서를 끌어안은 채 암묵적 길
잡이 아니면 유의미한 반추의 감각적 동인으로 미술이 작동하게 된

동기 역시 주목해야 할 이유는 간단찮다.

　도도한 미술사의 강줄기가 마치 재현과 표현의 타이틀을 걸고 두 개의 협곡과 절벽을 거치며 난공불락의 자기 진영을 구축한다든지, 이들 서로가 마주할 거점조차 마련할 길 없이 대립과 갈등의 세월만 거듭했던 양 오해하진 말기로 하자. 재현은 '악'이요, 표현은 '선'이라는 인문적 이항대립의 대척점으로 둘을 서로 몰아붙이거나 공존하지 못할 콘셉트인 것처럼 눈 흘기려는 자세도 털어 버리자. 애당초 '재현'과 '표현'은 가치판단 대상도 아니며 승패를 가리거나 우열을 논할 주제가 아니라는 열린 마음 역시 필요로 하는 개념이(었으)니까.

　'표현'이란 용어가 대중적으로 보편화한 세상이라고 하여 오해와 반발이 없으리라 잘못 헤아리진 말자. 마치 '표현'이 '재현' 개념을 논의현장에서 밀어 버리거나 평가 절하해 버리는 듯, 곡해하지도 말 일이다. '표현'이란 용어의 상용이 이제 '재현'의 미학적 의미를 완전히 배제해 버렸다고 오해도 말자. 세상 사람들 대부분이 표현 개념에 스민 사회적 다의성까지 제대로 파악하거나 재현의 '그것'과 합리적으로 구분할 능력마저 갖췄다고 동일시하진 말아야 하리라.

　장차 표현주의의 인문학과 미술정치학의 인식 지평을 넓히기 위해서라도 전근대적 의미의 '재현'과 모더니즘 이후의 '표현' 개념을 둘러싼 미술사의 논쟁은 단순화시켜 볼 필요가 있다. 다음 항목들은 그 이해의 틀을 세우기 위한 버팀목으로 요긴하다.

　ⅰ. 재현과 표현을 '가르는' 의미의 편차는 미술세계에서만 추동·확장되

지 않는다. 마치 '미술'만이 이들 논쟁을 발화시킨 대표 장르인 양 인식하는 건 모더니즘 이후의 결정적 오류 가운데 하나다. 미술은 이를 각인·심화시킨 획기적 장르임에 틀림없다. 하지만, 표현과 재현의 '논란'을 앞당긴 유일 장르는 아니다. 미술이 발휘하는 이 같은 '결정성'은 장르 자체가 동원하는 강렬한 시각적 영향력과 2·3차원의 매체적 특성 혹은 항상적 원색성이 주는 압도감에서 기인하는 것으로 이해해야 할 뿐이다. 문학과 연극, 영화와 무용, 건축과 음악, 사진과 공연 등 예술전 영역을 파고드는 표현의 매력과 이를 둘러싼 미학적 '다툼'[1]마저 미술이 홀로 관장하는 것처럼 곡해해선 안 된다.

ii. '표현주의'라는 이데올로기 역시 그 지배적인 영향력을 미술이 독점하지 않는 건 당연하다. 오해의 여지를 줄이기 위해 이를 '미술사상'이 아닌, '예술사상'의 얼개로 담는 방법도 합리적일 것이다. 어느 경우라 하더라도 표현주의 그 자체가 '표현'의 의미를 스스로 명료화하거나 개념의 윤곽을 또렷이 그리는 자기 완결(만족)적 사상 틀로 넘쳐 나는 게 아님을 인정하는 일은 여기서 특히 중요하다.

iii. 그것은 표현과 재현 사이의 의미론적 경계 부재로 도드라진다. 각자는 각자의 의미체계를 광범위하게 지니지만, 정작 둘 사이의 명백한 차이를 반증할 명쾌한 논리나 가시적 선형구조 혹은 의미의 계보를 확보하지는 않는다. 둘은 일정 부분 겹치거나 공존할 수밖에 없는 의미의 중첩성을 전제한다.

iv. 표현주의 진영 내부의 논쟁과 개념적 불일치는 '표현'의 의미 지평이 반영하는 초광역성을 잘 반영한다. '표현'이란 용어는 비록 '재현'과 변별력을 유지하지만, 막상 그 내재적 명징함을 표출하는 데는 그다지

성공적이지 못하다는 데 유념할 필요가 있다. 정작 두 개념의 단선적 충돌 과정에서 '재현'이 우위를 점하는 것도 늘 그 때문이다.

그럼에도 이들 두 개념을 견주려는 작업은 꾸준히 이어진다. 그만큼 이들 개념군을 둘러싼 세상의 관심과 어떻게든 이를 분명히 헤아리려는 의도 역시 학문적으로 뚜렷했던 셈이다. 그뿐만 아니라 개념의 비교를 둘러싼 일정한 목적성, 즉 과거의 규정과 기왕의 인식에 담긴 의미의 모호성을 배제하려는 시도 역시 확실해지고 있었다. 이는 표현과 재현을 둘러싼 담론세계나 그 논쟁 가능성에만 국한되는 문제가 아니었을 것이다. 지성사의 흐름이 곧 도전과 응전, 공격과 방어, 해석과 반발, 구성과 해체, 창조와 융합 등 지속적 논전과 대응 과정이었음에 유념하면 이를 이해 못 할 바 아니다.

재현과 표현의 의미확장 역시 이를 의식하는 연구자 각자의 정치적 의도를 잘 드러낸다. 하지만 여기서 '정치적'이란 형용사에 민감하게 저항하거나 심리적인 부담은 갖지 말도록 하자. 이는 단지 '목적을 이루려는 의지의 적극적 발현과 지속적 이행 과정'으로 이해·국한할 필요가 있기 때문이다. 인간의 모든 (의식적) 행위가 그렇듯, 정치를 말하려는 데 굳이 막후권력을 연상하거나 제3의 다른 의도가 개입하는 것처럼 지나치게 상상하진 말 것이다. 아울러 인간은 모두 '정치적 동물'이라는 아리스토텔레스의 오랜 경구와 자신의 선입견을 조율하느라 혼돈의 늪 속에 가라앉지도 말 일이다.

아무리 잡아떼려 해도 일정한 목적성을 지니는 인간의 처지하며, 그로써 평생 부담을 안고 살아야 하는 상황은 차라리 본능이나 운

명으로 치부함이 편할 터다. '정치적'인, 아니 정치적일 '수밖에' 없
는 인간이 애써 정치적이지 않으려 노력하는 일과 모든 걸 굳이 정
치로만 해석·수용하려는 결정론적 시각은 자칫 극단적 인식의 토
양이 되기도 하는 게 사실이다. 전자가 정치심리적 이중성이라면,
후자는 일상의 정치적 편견과 그 고착화쯤으로 인식하는 것도 방법
일 것이다. 아니면 습속화한 가식과 노골적 정치화의 공존으로도
바라볼 수 있다.

적극적으로 '표현'하면, 실제로는 정치적이면서 표면적으로 비정
치적 혹은 반정치적 외양을 의식하는 자들의 행동 역시 '정치' 그 자
체로 파악할 필요가 있다. '정치로서의 무정치'와 '정치로서의 정치'
라는 대립항으로 이를 살피면, 표정의 '꺾기'와 '정색'은 물론 속내의
동질성을 있는 그대로 들여다볼 방법이란 직관이나 과학적 천착 말
고도 얼마든지 있을 것이다. 일정한 의도와 의지의 적극성을 감안
하면, 재현과 표현의 정치학 안에는 각기 버리지 못할 암묵적 동기
와 명시적 의지가 개재할 터다. 물론 분명한 검색과 적확한 추론 과
정에는 오해의 가능성도 개입하겠지만 말이다.

다음 표에 압축 표기한 몇 가지 항목은 이들 개념에 깃든 복합적
의미와 내재적 갈등을 과잉 단순화한다. 책에서 다루려는 핵심이
단지 개념 대립이나 상호모순의 역사적 전개가 아님도 자꾸 강조하
진 말자. 앞으로 빈발할 용어로 '표현'의 추상성과 정치성의 얼개를
미리 체계화함으로써 무의식적 반복이나 무작위적 선택 결과가 아
니라는 점 역시 분명히 해 둘 따름이다. 결과적으로 여기서 표기하
는 '정치'는 '좋고 나쁨'의 차원이나 '옳고 그름'의 영역을 넘어 작가

들 모두의 의식을 지배·결정하는 콘텐츠와 의식의 질료를 뜻한다
고 보면 될 것이다.

원론적 진술을 반복 강조하다 보면, 결정론의 오류조차 오류로
인식·인정하지 못하는 경우가 흔하다. 이념형을 통한 설명과 그 같
은 이해 틀의 반복 동원도 마찬가지다. 하지만 어떤 방식으로든 논
의의 얼개와 이론체계를 도모하려면, 무미건조한 개념설정과 관계
의 흐름을 세우는 작업은 불가피하다. '미술정치'란 콘셉트를 제대
로 이해하기 위해서도 오해와 편견은 이겨 내야 한다. 서로 전혀 어
울리지 않는 것처럼 보이는 두 용어의 병용이 진작부터 필요했을
뿐 아니라 앞으로도 중요하다고 헤아리려면 항목별 구분에 대한 선
부른 가치판단은 피할 일이다. 무엇보다 먼저 이겨 내야 할 편견은
미술의 이론적 사고 일체에 대한 거북함이다.

·· 재현과 표현 ··

구분	재현	표현
동기	동일시 묘사(대상의 무한 복제와 반복)의 감동 유발	의식의 자유 동원·촉발
의지	대상의 항구적 포착과 순간 동결	감각의 다양성과 변화 가능성 인정
목적	자기 명성의 구축과 지속	비판과 공격의 혼존·병행 불안(정)의 향유

다음 그림 역시 앞의 표에 나타난 용어들의 체계적 이해와 순차
적 인식을 위해 재구성한 결과다. '관계'는 '흐름'의 다른 표현이며

정치현상을 이해하기 위한 필수 전제다. 이는 곧 사람과 사람의 물리적 충돌이나 만남을 전제하지 않고도 얼마든지 인식 가능한 의식 개념을 포괄한다. 게다가 모든 존재의 상대성과 상호주관성을 암시하는 철학적 도구로도 중요한 의미를 지닌다. 간단하지만 그래서 뜻은 깊고 인간의 의식이 지향하는 궁극의 목적지가 어디인지 파악하게 만든다는 점에서 그림의 단순성을 다시 압축할 수 있다.

생각을 행위로 연결하는 궁극의 힘은 개별자의 의지 없이 추동되지 않는다. 두말할 필요조차 없이 여기서 미술정치의 중요한 매개 변수는 작가의 의지다. 무엇을 어찌하겠다는 '뜻' 없이 작가의 모티브와 이를 구현할 이미지는 고갈될 수밖에 없는 까닭이다. 여기서 작가의 열정과 뜻 자체를 불태우는 원초적 동인으로 그(녀)의 동기와 이를 일구고 지탱하려는 의지를 섞거나 혼동하지는 말 것이다. 비유컨대, 동기가 '씨앗'이라면 의지는 농부의 '뜻'이다. 물과 태

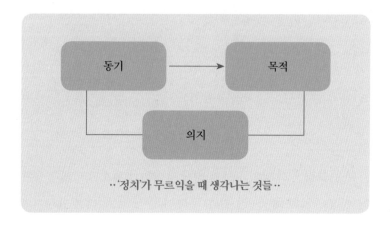

‥'정치'가 무르익을 때 생각나는 것들‥

양, 혹은 바람과 일정한 습도를 아우르는 생육 촉진의 환경 속에서 이를 키워 내겠다는 의욕이라고 일컬을 수 있으리라. 비슷하면서도 다를 수밖에 없는 의미의 변별도 여기서 충분히 가능하다.

동기에도 공·사 구분은 가능하며 공개적이거나 삿된 이유 역시 얼마든지 열거할 수 있다. 돈과 명성이 암암리에 개입하는 사적 동기라면, 공적인 동인 대부분이 '미'와 '선'이란 예술적 보편가치들과 적절히 조율하여 늘 그럴듯한 미학적 명분을 마련할 수 있는 것도 그 때문이다. 미술정치의 인과론 역시 모종의 자기중심성과 공적 평계를 동시에 마련해야 하는 건 당연하다.[2] 물론 이 경우, 주체적 자아는 '작가'에게 우선 귀속되는 게 사실이다.[3]

그러나 여기에는 늘 일정량의 오해와 논쟁의 빈터마저 넓게 자리한다. 동기의 공·사 영역이란 애당초 과학적 구분이 어렵고 물리적 경계를 가르긴 더더욱 애매하기 때문이다. 중요한 것은 한사코 달(達)성하려고 하는 목적의 고매함, 아니면 포기 불가능한 최종 인자로 실질적인 작가의 꿈처럼 묘사할 그 '무엇'이다. 더 거창하게 말해, 작가의 미술적 존재 이유이자 완결적 희망으로 설명할 '그것' 말이다.

이들 세 용어를 굳이 나란히 늘어놓으려는 뜻 역시 이해를 도우려는 편의적 이유에서다. 비단 미술 세계가 아닐망정, 인간의 정치적 행동이 어찌 순차적 동인에 따라 단선적으로만 이뤄질 일이겠는가. 실제로는 암묵적이거나 동시적이고 즉발적이며 순간적인, 아니 찰나적 행동의 축적으로 이해해야 할 무진장한 행위의 반복으로 받아들여야 하지 않을까. 게다가 그 행위의 전후 맥락에 천재성까지 개재하다 보면, 미술정치의 시간적·역사적 시퀀스는 단지 몇 마디의 사적인 이야기나 특정 시기의 스펙트럼을 확장하는 것만으로야 설명이 어려워진다.

비록 작가적 행동이 아니어도 ―무작위적 행위를 배제하고 보면― 심지어 인간의 이유 있는 몸짓과 거의 모든 유의미한 움직임으로부터 거룩한 행위의 계보 일체는 이 같은 정치적 계산과 습속화한 행태의 비축으로 파악할 일이다. 인간을 정치적 동물로 이해하려는 고대 이후의 방법은 물론, 작위적 행위 총체에 담긴 모종의 의도를 정치경제학적으로 해석하려는 행간의 의미도 그 같은 이유로 증폭된 것이다. 아울러 역사와 문명을 이끈 핵심 동력이 위에서 지적한 자기중심적·합리적 선택 결과와 그 축적에 의해서라기보다 훨씬 감동적이고 이타적인 인간 행위의 숭고함과 초자아적 자기희생의 결과로 가능했던 건 별다른 설명이 필요 없다.

'재현의 정치'가 '표현의 정치'로 이행·대체해 가는 일련의 과정도 신중하게 지켜보아야 하는 이유 역시 여기에 있다. 동·서양 가릴 것 없이 미술정치의 두드러진 발전을 이끈 결정적 동력이 이 같은 숭고함의 지속적 자극과 예술적 조응의 결과였음은 너무나 당연하다. 하지만 그 도도한 역사 속에서 재현과 표현의 미술정치가 각기 얼마나 따로 이바지했는지 가려내기란 어렵다. 그것은 모더니즘 이후의 미술정치가 보편화·대중화하는 방식과 직접적인 관계가 있기 때문이다.

이제 미술은 대상의 단순한 시각복제나 물리적 묘사의 결과로만 존재하지 않는다. 미술은 이유를 변명하지 않으며 형식(態)의 해체와 전복은 물론, 왜곡과 변형을 일상화하는 삶의 즐거운 계기로 작동한다. 여기서 다시 유념해야 할 항목이 '표현양식으로서의 재현'과 그 대안으로 제시하는 '파괴'와 '용해', 혹은 '융합'과 '재구再構'의 미술정치 과정이다. 이를 단순화하면 다음과 같은 그림이 가능할 것이다.

'표현으로서의 재현'이 모더니즘 이전의 중세성과 그 미술정치적 방법을 뜻한다면, 둘은 정치적 미분화 상태에 머물러 있었을 것이다. 이 같은 경지를 벗어나 욕망의 자기 속내는 물론 무시로 의지의 자유를 드러내며 그 한계 역시 끝없이 무너뜨리는 일은 흥분과 실험이 아닌 '일상'으로 자리 잡는다. 아울러 조금 전 '과거'조차 전근

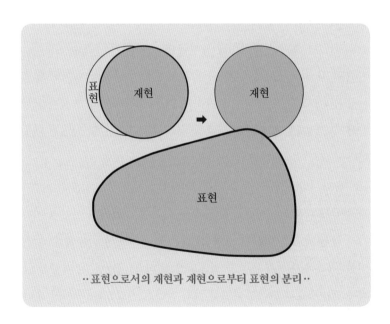

·· 표현으로서의 재현과 재현으로부터 표현의 분리 ··

대의 질식할 것 같은, '고대'보다 더 고전적인 아득함으로 인식할 뿐
아니라 남들과 다른 자신의 감각적 유난스러움을 '표현의 정치'로
이해하는 세상이 가능해진 것이다.

진작부터 그 같은 과업은 가능했을 것이다. 다만 누구도 용감하
게 시도해 본 적 없었다고 표현하는 게 옳으리라. 재현이 곧 표현의
절대 수단이며 대상을 대상 그 자체로 묘사하지 않고선 미술일 수
없다고 인식하는 세상이었다. 드러냄의 자유란 그 자체로 생소할
뿐 아니라 때로 목숨마저 걸어야 할 위험한 행위로까지 받아들여질
수 있었다. 묘사 대상을 똑같이 그려 낼 수 있는지가 미술적 능력의
척도로 받아들여지는 세상에서 표현의 한계를 부수는 의지의 충만
과 자유의 분출은 곧 죄악이었다.

시각적 동일시와 대상과의 감각적 합일을 담보할 인간의 능력은
중세 말까지만 해도 신이 부여한 불세출의 재주였다. 그림을 너무
잘 그리거나 조각을 기막히게 잘하는 일은 재현의 극한을 실험하는
기적의 행위다. 물감을 자유자재로 사용하며 대리석의 현란한 질
감을 연하디연한 반죽처럼 능란하게 다루는 힘은 자칫 초월자를 농
락하거나 거룩한 심기마저 뒤흔들 금기의 기운일 수도 있었기 때문
이다.

비슷하지만, 같지는 않고 대상 그 자체를 뛰어넘는 감동의 선線까
지 가깝게 허여된 능력. 그것이 근대 이전의 재현이며 신이 노여워
하지 않을 만큼만 발휘해야 할 죄 많은 인간(작가)의 미술적 힘의 전
부였다. 자유자재로 표현할 의지와 능력이 넘쳐날망정, 기왕의 금
기를 절대적으로 받아들이면서 자기 강박에 시달리는 게 차라리 나

을 터였다. 경험해 보지 않은 표현의 세계를 함부로 넘나드는 행위
는 침묵하며 순응하고 습작하는 일 그 자체보다 몇 곱절 위험한 짓
이었다. 가능한 한 대상에 근접하되, 너무 놀랍도록 대상을 초극하
지도 말며 뛰어나게 다른 길로 접어들지도 말 일이었다.

서양미술사의 기나긴 흐름에 빠져 다시 중세와 근대를 누비며 재
현이나 표현세계를 본격 탐색하려는 게 책의 목적은 아니다. 아예
이 두 개념에 천착·침잠하며 서로는 어떻게 비슷하고 다른지 낱낱
이 따지려는 부수적 목적마저 감추려는 것도 아니다. 표현주의는
이미 미술사의 한 챕터를 장악한 뒤다. 추상표현주의까지 문화권별
로 분화·발전하여 외면할 수 없는 미술사상의 한 축으로 군림했던
과거를 이미 읽고 지금껏 누빈 위용의 흔적을 미술적 영향력으로
재확인하곤 하는 우리다.

여기서는 표현주의의 정치적 함성을 다시 듣고 사회적 비판 의지
를 읽으려 한다. 미술적 결과물을 통해 색과 선과 면이 '혁명보다 더
한' 절규일 수 있고 집단행동의 '파괴력보다 강한' 문화적 도저함을
단도나 비수처럼 사상 내면에 숨기고 있음을 들춰 보려 한다. '미술
이 곧 정치'라는 (일상적이지만 비상식적인) 사실과 세상을 바꾸고 뒤집
는 인문적 도구로 표현주의의 도발성을 재인식하려는 것이다.

그림으로 저항하고 조각으로 공격하며 건축과 사진으로도 혁명
의 대강을 드러낼 수 있는 저력이란 철 지난 이야기들처럼 모두의
귓전을 간지럽힐 것이다. 하지만 이제 왜 우리가 이들을 망각의 늪
에서 다시 건져 내야 하는지, 그리고 우리는 표현주의를 어떻게 받
아들이려 했는지 말해 보려는 것이다. 당장 어쩌지 못하고 있는 절

망의 조건과 꼼짝없이 갇혀 버린 지금의 절박을 다시 보기 위해서라도 미술의 인용과 천착은 상식의 선을 넘어선다.

과거의 흐름과 기존의 정의에 식상해지는 건 어쩔 수 없다. 기왕의 싫증을 이겨 내고 삶의 새로운 동력을 만들 흐름이나 주의·주장이 거짓처럼 출현하는 건 세월이 일깨운 학습효과다. 표현주의 역시 이 같은 물결을 올라탄 극히 자연적인 현상인 것도 다툼의 여지가 없다. 정치사상의 교체와 확산은 물론, 믿음의 압도와 소멸이 주는 일련의 역사성과 표현주의의 출현은 친화한다. 광적인 환호와 탐닉의 덧없음이 주는 정치 관행과도 이는 통하리라. 봉건주의와 제국주의가 힘을 쓰더라도 사회주의와 공산주의의 파도를 넘지 못하며, 이들이 아무리 매력적인 공격성을 뿜낼망정 신자유주의와 신보수주의를 갈아 치우지 못하는 현상과도 영락없을 터다.

미술사상의 흐름이 정치사상의 분화와 흡사한 변화를 보이는 현상은 늘 흥미롭다. 프랑크는 이렇게 말한다.

전위 예술가들은 늘 세상을 뒤흔든다. 하지만 사회는 곧 그들을 체제 안으로 통합시키고야 만다. 바로 앞 세대의 대담함을 잊게 만드는 것이 예술의 가장 현대적인 경향인 것이다. 자신의 시대에 인상주의는 대중과 비평가들의 분노를 야기시켰다. 하지만 그를 뒤이은 신인상주의는 인상주의를 아주 맥 빠진 것으로 만들었으며, 신인상주의 또한 무서우리만큼 격렬한 야수파의 색채와 견주어보면 얼마 가지 못해 김이 새버렸다. 또 그런 야수파도 결국엔 괴물 같은 입체파에게 자리를 내주고 말았다. 시에

서는 낭만주의자들이 고답파高踏派 시인들에 의해, 고답파는 상
징주의에 의해 각각 영예의 정점에서 물러나야 했다. 그런 상징
주의자들 또한 그 일원이기도 했던 블레즈 상드라르의 눈에는
이미 '끝난 시인'으로 보였다. 음악을 보자면, 바흐는 바로크 음
악의 전통을 넘어섰고, 하이든과 모차르트 그리고 베토벤은 베
를리오즈의 교향악에 길을 열어주었으며, 베를리오즈의 교향악
은 12음 음악에 비해서는 지나치게 조화로운 것이 된다. 이후의
에릭 사티는 그 시대의 비평적 관점으로 볼 때 음악가라고 하기
가 쉽지 않을 정도였다.[4]

엄격히 들여다보면 이 같은 흐름의 내면은 하나가 끝나고 또 다
른 하나가 찬찬히 뒤를 잇거나 빈자리를 메우는 모습이 아니었다.
기왕의 압도적 흐름에 저항하거나 비판의 얼굴을 들이대며 어느덧
새로운 조류로 자리 잡거나 그 역시 새로운 흐름에 자기 텃밭을 내
주어야 하는 반복과 윤회를 거듭한 것이다. 곧 '비동시적 요소의 동
시적 혼존'과 서로 '다른 것들의 어긋나는 공존'이 함께 중요한 터다.
　계몽주의와 자유주의, 사회주의와 자본주의, 공산주의와 사회민
주주의, 역사주의와 신자유주의, 신보수주의와 국가사회주의 등 이
데올로기의 다양한 혼재와 중첩의 추억들도 그래서 다시 들여다볼
일이다. 같이 펼쳐지면서 은연중 함께 녹아들거나, 어느 한쪽이 다
른 한쪽을 누를 만큼 압도적일 때 헤겔의 변증법도 새삼스럽고 서
로의 모순과 내재적 갈등도 다시 음미할 가치를 공유하는 셈이다.
한 시대를 풍미하다 더는 설득력을 지탱할 수 없게 되는 거대한 '허

약함'처럼 말이다. 집단적 설득이란 따라서 덧없기 그지없고 애당
초 '불멸' 따위의 강한 콘셉트로 성격의 기본을 수식할 일은 아니다.

정치 이데올로기의 유한성을 염두에 둘 때, 권력의 대對민중 설득
력이 지니는 가치의 한계와 인기의 임계점도 마찬가지일 터다. 그
것은 곧 당대를 지배하는 압도적 믿음의 퇴조와 '그것' 말고도 매력
적인 대안을 향한 거부할 길 없는 새로운 기대로 집약된다.[5] 현재를
규정하려 드는 온갖 논리의 강제와 당위를 불편하게 여길 때부터
권력을 향한 정치적 의문과 존재론적 회의는 당연하였을 것이다.
중요한 건 이런 게 아닐까. 기왕의 믿음을 대체하려는 새로운 신념
과 가치의 출현을 '기다림'은 지극히 자연스러울 수밖에 없다는 사
실. 하나의 신념체계가 무너져야 다른 하나가 뒤를 잇는 물리적 확
인 대신 이질적 가치들의 동시 발생과 그 혼존마저 무난히 받아들
이게 된다는 것. 그래서 문화의 흐름도 정치질서만큼 가변적이라
는 점.

'미술질서the order of fine art'란 표현은 쓰지 않고 있지만, 못 쓸 리 없
다. 사상의 뒤집힘이 있고 나서야 언어의 지평도 다져지는 법 아닌
가. 조어造語의 대가를 혁명으로 치르는 일도 따지고 보면 한두 번이
아니다. 프랑스혁명의 발단을 마르크스의 부르짖음에서 찾기보다
루소의 그것으로부터 구하는 일이 생소하지 않은 이치와 이는 맞닿
는다. 서양미술사의 흐름 역시 당대의 압도적 가치에 대한 정서적
거부이자 감각적 염증의 결과라면, 그것은 곧 미적 표현을 둘러싼
불만과 감정적 폭발의 연속체로 볼 수도 있을 것이다. 방금 사용한
단어들로 재조립하면, 기왕의 흐름에 대한 '감각적 불만'과 '그 표현'

이랄까?

'그렇게밖'에는 드러내지 못하는 작가의 능력을 의심하거나 자기
만의 소재에 갇혀 세상일들에는 눈과 귀를 닫아 버리는 현상을 도
덕적 과오로 인식하자면, 미술사와 정치사의 역사적 유사성 역시
주목하지 않을 수 없다. 도저히 같이 있을 수 없는 것들의 강제적
공존과 감각적 취향 차이는 물론 문화수용을 둘러싼 미술세계의 갈
등이 미술사의 새로운 흐름을 마련하는 핵심 단서가 되는 경우도
흔하기 때문이다.

'그림' 하면, 예수와 기독교를 중심으로 삼는 종교화를 연상하거
나 그것이 전부인 줄로만 알던 세계가 20세기에 들어와 밑동부터
흔들리기 시작한 건 사실 19세기의 혼돈과 변화를 거친 결과다. 프
랑스혁명의 물결이 전 유럽을 휩쓸고 지나듯, 미술사상의 근본과
그 구조가 일대 변혁의 계기를 겪는 시기도 이즈음이다. 정교하되
비현실적이며 인간의 외형을 지니지만 신비한 모습의 생명체로 그
려지던 '신'이 '사람'의 얼굴과 생생한 욕망의 화신으로 바뀔 때까지
시간은 그처럼 오래 걸린 셈이다.

더 엄밀히 얘기하여, 살아 있는 사람이 살아 있는 사람을 묘사하
고픈 내면의 욕망은 진작부터 솔직하였다. 이를 둘러싼 원색적 꿈
틀거림은 부피의 문제가 아니라 거부할 길 없는 기미이자 확연한
조짐이었다. 그것은 사회적 본능이자 인문적 표현 욕구의 바탕이
었다. 사람을 사람답게, 내면과 외면 가리지 않고 숨김없이 드러내
고픈 생각은 남녀의 육신을 고스란히 벗겨 그리고픈 단순한 감각적
'누디티nudity'로만 표출되지 않는다. 추잡하면 추잡한 대로, 덧없어

도 덧없는 대로 삶의 물리적 실체를 있는 대로 드러내려는 욕구는 '동물적'이라는 핑계로 가리거나 '감성적'이란 허울로 외면할 대상도 아니었다.

피카소와 달리가 등장하고 마티스와 고흐가 출현한 것도 그처럼 '드러내지 않고는' 각자 '견디지 못할' 내면의 감각적 불편함 때문이었을 것이다.[6] 판에 박은 표현의 벽을 부수고 사람이 사람을 향해 던질 수 있는 온갖 물음을 기왕의 종교적 부담과 관계없이 펼치는 일은 그 자체만으로도 '혁명'이었다. 따라서 중요한 것은 그들이 서양미술사의 도도한 흐름 가운데 어디쯤 자리하거나 그들에게 어떤 이름을 붙일 것인지가 아니라 각자가 시도한 미술적 표현의 한계가 어떻게 무너져 내리는지 소멸과 재생의 지평을 들여다보는 일이다.

그 과정에서 살아 있는 사람의 삶은 있는 그대로 드러난다. 즉 사랑해야 할 궁극의 대상은 함께 땅을 밟고 살아가야 할 바로 곁 사람들이며 그들보다 중한 존재는 따로 없다는 사실이 그것이었다. 미술이 교육 매체의 역할을 넘어 위대한 교사의 자리를 차지할 수 있었던 것도 지난 세기가 남긴 매력적인 '기억'이다. 미술이 교육 도구이자 정치의 수단일 수 있음을 방증한 건 지난 세기의 또 다른 수확이다. 어디 반드시 지난 세기의 일들이라고만 제한 규정할 수 있을까. 늘 '그러했음'을 뒤늦게 자각하거나 뼈저리게 재확인했다는 표현이 사실에 더 가까우리라.

한 장의 사진이 그림 한 편의 노고와 열정보다 더한 디테일로 회화세계를 압도함이야 이미 지적한 바 있다.[7] 하지만 사진이 전하는 하이퍼리얼리즘의 쇼크가 저널리즘의 보조 기능을 넘지 못함도 금세 알아차리는 우리다. 아무리 섬세해도 그때뿐인 예외의 테크놀로지하며, 익숙하지만 정감 확장과 유지에서 처지고 마는 문명의 눈부심도 새삼 절감하는 오늘이다. 미술이 펼치는 색감과 이미지가 '정치'마저 농축하고 그 저력의 극한이 한때나마 지난 세기를 달군 환호의 까닭도 그래서 새삼 잊을 수 없지 않은가.

목 터지도록 소리치고 싶었지만, 차마 그리하지 못하였던 인간들의 이야기는 늘 여리고 애잔하다. 쉽게 상처받고 머잖아 무너져 내릴 연약함으로 제 몸 칭칭 감싼 이들의 이야기도 오래전 역사는 아니다. 피카소가 파리에 자리 잡은 후 한 무리의 작가들과 어우러지며 용감하고 거친 야수처럼 파격과 이변의 드로잉을 무릅쓴 사연들[8]도 그렇고, 마네와 모네가 그처럼 애용한 곱디고운 서정 기법의 뒷얘기들도 만만치는 않다. 그런가 하면 그들에 맞서 세상 허구를 공박하며 권력의 무능을 호되게 꾸짖는 동안, 표현주의 미술은 '국가'와 '정치'를 담는 그릇이 되어 가고 있었다.

지배적인 '사상'의 위력이 사라지면 다른 압도적 하나가 '그림처럼' 이어지는 서양미술사는 아니었다. 그래도 '겹침'과 '공존'의 그늘마저 풍요로운 모더니즘의 계보는 깊고 방대했다. 프랑스혁명의 여파가 유럽 전역으로 퍼지자 각 나라의 정치적 충격과 문화수용(혹은 문화중첩acculturation)이 빚은 간접적 결과다. 이제는 억눌려 살 필요 없고 속마음의 드러냄조차 타인의 눈을 의식할 이유가 사라진 세상은 그것만으로도 '유토피아'요, '꿈결'이었다.

혁명기를 거쳐 '그날 이후'의 서양미술사가 밟는 변화의 궤적은 곧 문화의 '권력화'와 권력의 '문화화'라는 양대 축을 중심으로 펼쳐진다. 미술이 역사이기 이전, 정치일 수밖에 없는 까닭도 이와 통한다. 귀스타브 쿠르베가 추동하는 미술의 리얼리즘이 일상의 사회학과 생활세계의 정치학이 결합한 보통 사람들의 현실을 딛고 서듯, '사실주의realism'가 모더니즘 형성의 기폭제가 되고 미술의 혁명 또한 정치와 역사의 궤적을 함께 밟는 이치도 새삼스럽다.

그러나 새로운 문화 유입이 거북하여 변혁의 앞줄에 선 자들을 혐오하고 성가시게 여기는 현상마저 미술에서 보편화한 건 당연했다. 마치 불교의 수용을 거역하는 샤머니스트들이나 도교를 백안시하려는 유생들의 고고함 같은 배타성이야말로 미술사의 단절과 지속을 객관적으로 헤아릴 좋은 준거가 된다. '그림'이라면, 오브제의 판박이쯤 여기던 시절에 대상을 비틀거나 '같지 않게' 묘사한다는 건 극단적으로 보아 범죄일 수도 있었던 터다. 대상과의 동일시는 거의 종교이자 준칙이며 예외 없이 적용해야 할 보편의 규준이었다. 전근대 미술이 추앙과 숭배 아니면 기억과 회상의 도구로 손쉽게 치부되는 것[9]도 이 때문이다.

'거부'와 '반항'으로 변화의 두려움을 떨치려는 '보수'의 기류는 이처럼 미술세계에서도 마찬가지다. 프랑크의 주장에 다시 주목해야 하는 이유다.

당대의 비평은 그림이라는 것이 세계와 자연을 객관적으로 표현하는 것을 목표로 하지 않을 수도 있다는 생각은 하지 못했던 것이다. 그런데 객관성의 표상이라면 사진이 있지 않은가. 19세기 말 이후로는 예술가들이 제 나름의 방식으로 세계를 재구성하면서 현실로부터 점점 더 거리를 둠으로써 미적 추문이 불거져 나왔다. 새로운 예술가들은 이전처럼 자연을 화폭 위에 복사하는 듯한 유일한 표상의 방식에는 뛰어들지 않았다. 그들은 자신만의 '표현'을 추구했고, 그런 점에서 실재에 구애받지 않은 아프리카 흑인 예술은 그들에게 많은 것을 가져다주었다. 형태의 문제에서 있는 그대로를 그려야 한다는 요구로부터 자유로워지기도 전에 빛의 문제에 상당한 충격을 던진 화가들은 비평가들과의 싸움판에 나선다. 붉은색을 주조로 한 공격적인 색깔들로 무장한 작품들을 앞세우고 말이다. 마티스와 드랭 그리고 블라맹크도 이 싸움에서 숱한 공격을 받는다.[10]

이 같은 충돌과 혼돈은 후대 작가들의 방어와 면역 절차를 통해 극복된다. 미술에도 예술적 자기 방호는 강력하고 시간의 경과에 따른 기정화 논리는 익숙하였던 터다. 당장은 거부하고 부딪치지만, 새로운 표현은 어느새 익숙해지고 '그들'이 '저들'을 대체·초월하면서 또 다른 축을 장악하는 현상도 역사는 기억한다. 문제는 표현주의의 출현이 기왕의 인상주의 계보를 다시 압도하는 새로운 지배와 대체 과정이 아니다. '표현주의'가 '인상주의'를 밀치듯, 희한하게도 표현주의 역시 '신즉물주의'의 도전과 비판에 직면하면서 미술적 '퇴색'을 겪어야만 하는 변이의 전체 모습을 올바르게 바라보는 일이다.

이로써 '미술'이 본격적으로 '정치'가 되고 예술이 사회적 공격 도구가 되며 '권력' 역시 스스로 방호하고 검열해야 할 한갓된 '힘'임을 절감해야 할 것이다. 이는 모두가 인정하지 않을 수 없는 표현의 힘 때문임도 재론의 여지가 없다. 작가가 품고 있는 생각을 자신의 욕망에 비추어 '드러내고' '부르짖는' 일은 늘 중요하다. 표현의 한계를 거북하게 생각지 않는 오늘과 그 자체가 지상의 금기였던 과거를 다시 견주어 보는 일은 이참에 더 두드러진다.

'평등'이라는 넓은 개념을 이해하려 할 때, 단어 자체의 의미를 즉시 헤아리긴 어렵다. 합리적인 대안은 일상적 반대 개념을 통한 뜻의 뒤집음이다. 전복적 사고를 거친 '뜻의 도출'이 중요할 것이다. 또한 평등 자체의 의미 파악보다 반대 개념인 '불평등'을 뒤집어 보는 것, 즉 헤아림의 다른 경로를 찾는 일이다. 평등은 불평등의 부재를 의미한다고 보는 것이다. '표현'의 의미를 이해하기 위해서도 이를 빌리면, 표현 욕구의 '드러냄'을 둘러싼 일체의 의식적 절차와 관계있을 터다. 표현 억제의 방기와 그 '표출'을 둘러싼 억압의 배제.

오갈 데 없는 '상황'에 갇혀 매일의 삶은 부박하며 헤치고 나갈 수단과 희망이란 아예 막혀 버린 물리적 조건을 '막장'이라 부른 지도 제법 되었다. 이름하여 '절망切望, 絕望'의 양가성이란 게 끊겨 버린 희망과 희미하나마 존치되는 소망의 공존일 수 있다고 보면, 삶의 척박함은 깡그리 잃고 조금도 갖고 있지 않아서가 아니었을 것이다. 언젠가는 나아지리란 기대가 당장 아픈 현실보다 자꾸 웃자라는 데서 새삼스러웠을 터다. 희망은 고문이지만, 포기와 방임이 곧 '죽음보다 깊은 잠'처럼 병이 될 때 그나마 그 고통을 세상에 알리려는 지름길은 궁극의 '드러내기'로 가능해진다. 다음은 그 때문에 생각해볼 내역들이다.

ⅰ. '드러내기'란 간단치 않다. '무엇을 드러낼는지'도 문제지만, '어떻게 표현할는지'가 더 어렵고 중요한 까닭이다. 한 번에 여러 가지를 함축하는 복합 대상인 경우, 얘긴 더 꼬인다. 삶의 조건이나 상황의 절박함은 물론, 이를 벗어나지 못하는 질곡과 절망을 정면으로 다루자면 상황은 한층 달라진다. '드러내는' 문제는 드러내려는 자의 의지와 욕망을 미술적으로 설명해야 하는 어려움부터 먼저 해결해야 한다. '어떻게'가 '무엇'에 앞서는 까닭이다.

ⅱ. 웃고 있어도 눈물이 나는 이유는 한사코 참아 보려 애쓴 자들만 안다. '참는 것'이 '터뜨리는 일'보다 몇 곱절 버겁고 '저지르는 것'이 '망설임'보다 훨씬 덧없으며 무모한 과업임을 '자각하는 것'도 뼈저린 '드러냄'이 자취를 드러낸 다음에야 시나브로 깨닫는 법이다. 흔히들 말하듯, 하루 중 가장 어두울 때가 동트기 직전이라면 제일 서럽고 힘겨운 격정의 극치는 눈물 터지기 '조금 전 순간'일 터다.

ⅲ. 선과 색과 면으로 이들 모두를 미술로 '드러내는' 일이 드러내려는 그 '무엇'에 앞서는 절체절명의 과업이 될 때 작가의 고통이 배가倍加되는 건 당연하다. 방법이 내용에 앞서며 의지가 욕망을 가로지르는 통증의 징표인 것이야 어찌 반드시 언어로만 표현할 일일까.

ⅳ. 표현의 미학이 미술의 온갖 철학과 정치성을 넘어서는 까닭은 단순히 방법론적 차원으로만 따져 볼 일이 아니다. 격정과 좌절, 한탄과 모멸, 분노와 방황, 극단의 자기부정과 일탈, 사회부적응과 소외, 가족의 해체와 고독의 체질화, 과묵과 흥분의 조울적manic-depressive 교차 혹은 반복, 폭음과 마약 탐닉, 질병의 만성화와 황음의 생활화, 걸식과 방황, 사취詐取와 자학, 나태와 정신질환 등 망가진 인간들이 국가 속에서 겪

는 숱한 경우의 수도 문제려니와, 이를 담아내는 미술적 노력의 디테일을 각기 어떻게 바라보아야 하는지도 간단치 않기 때문이다.

표현의 난감함이 문제인 경우는 '미술세계'로만 국한되지 않는다. 문학과 음악, 건축과 사진이라 하여 어찌 예외일까. 다만 미술의 정치적 효과는 '즉발성'과 시각적 '지속력'으로 압도적 우위를 점한다. 특히 한 인간이 겪는 상황의 압박과 고뇌의 부피는 당장 밀려오는 색감과 감동적 면 처리는 물론 선묘의 충격과 함께 입체적으로 삶을 이해할 당연한 도구가 된다. 미술이 정치가 되는 결정적 계기는 의외로 많(았)다. 중세의 기독교 미술이 추구한 정신적 구원이 그러하고, 모더니즘 이후 각종 표현의 '힘'이 동원하는 유형무형의 시각적 격정 역시 그 때문이다.

미술사상들이 때로 겹치므로 작가의 다양한 표현력 역시 엄정하게 변별해야 할 이유가 커지는 건 당연하다. 미술사상의 분화와 팽창이 본격화한 것도 프랑스혁명 이후임은 '상식'이다. 굵직한 줄기만 훑더라도 '사실주의-인상주의-신인상주의-후기 인상주의-표현주의-야수파-신즉물주의'로 이어지는 작가들의 생각변화는 다양하다. 이들이 구하려 했던 표현의 핵심과 그들이 펼치는 관객 계몽의 정치 과정은 또 무엇이었을까. 이른바 작가들의 미술정치가 추구하는 민중 동원의 단절과 지속의 맥은 어떤 입체성을 지닐까.

다음은 이를 살피기 위한 밑그림으로 이해의 단서를 제공한다. 따지고 보면, 세상의 어떤 신념체계도 느닷없이 사라지거나 뜬금없이 출현하지 않는다. 기존의 '하나'가 기운을 다하여 또 다른 '하나'

가 이를 대체·보완한다든지, 미리 약속이나 한 듯 인위적인 교체나 단속斷續의 맥을 상정하기란 어렵다. 전혀 다른 두 가지 혹은 그 이상의 믿음이 공존하면서 이들이 충돌하는 잠정적 갈등도 기이하지 않다. 그것이 운명이자 들끓는 현실임을, 이 세상 참모습인 것을 어찌 부인하랴.

겹침과 반복, 지탱과 공존을 골자로 삼는 미술사상의 힘은 같이 있을 수 없는 것들의 '있어야 함'에서 우러난다. 문제는 당대의 지배적 경향과 주변적 흐름을 총체적으로 파악하는 '안목'과 '능력'이다.[11] 아울러 당대 '사상'과 지배적 '흐름'으로부터 미술을 분별할 주관적 힘을 갖추고 있는지 답을 구하는 절차다. 따지고 보면, 미술사상의 전개와 변화 혹은 그 단절과 지속의 맥은 후대 인간들이 작위적으로 나눈 결과다.

사상의 전이와 혼존보다 중요한 것은 미술을 미술 그 자체로 보

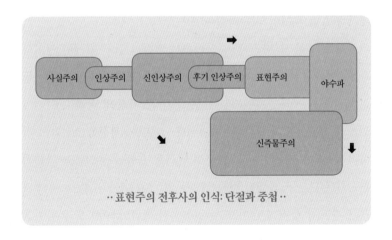

··· 표현주의 전후사의 인식: 단절과 중첩 ···

45

려는 자세다. 그리고 작가들이 정작 왜 '그처럼' 드러내려 했는지 그
(녀)의 의지와 인식세계로 스며드는 일이다. 줄여 표현하면, 모든 미
술은 사상과 이론에 선행하며 '내용'이 '방법'과 '기법'에 우선한다는
사실을 늘 재확인해야 한다는 점이다. 작가는 왜 그처럼 표현하려
하는가, 작가의 그 같은 의지는 관객들에게 대부분 고스란히 수용
되고 있는가, 아닌가. 작품을 통한 관객들의 인식 변화는 궁극적으
로 그(녀) 자신의 행복으로 끝나는 걸까, 아니면 작가의 정치적·전
략적 계산의 결과물로 이해해야 할까.[12]

　작가의 의지와 노력을 이처럼 헤아리는 건 작품을 둘러싼 온갖
인문적 수식이나 이론적 분장扮裝과 거리가 멀 것이다. 기왕의 편견
이나 현학적 선입견으로 미술을 재단·해석하는 일은 비효율적 동
어반복tautology에 지나지 않는다. 그리고 어떤 이해의 변화도 꾀하지
않으려는 지적 불안과 정체로 볼 것이다. 나아가 미술의 '정치적 학
습'이니, 미술정치의 '일상화' 같은 개념도 이처럼 지극히 보편화한
사회 관행의 또 다른 표현일 뿐, 그것을 마치 유별나거나 각별한 전
제가 필요한 용어인 양 파악할 필요는 없다.

　유념해야 할 또 다른 문제는 미술사 일반의 탐구 자세와 정치의
관계다. 특히 미술의 학문적 천착에서 미술사 부문이 차지하는 현
실 비중에 주목하면, 미술의 역사탐구가 곧 지적인 '권력'으로 뒤바
뀌는 현상은 충분히 감안할 대목이다. 그뿐만 아니라 정치와의 형
식적 '단절'이 기실, 미술사 탐구의 권력화 경향을 촉진하는 압도적
변수가 된다는 사실에도 밑줄을 그을 일이다. 이는 곧 미술 행위 자
체가 작가의 정치 수단이자 자기 목적적 행위의 구현 도구란 사실

을 순간 망각한 당연한 결과다.

'미술이 정치'임을 좀체 인정하려 들지 않는 무의식적 단절과 인습적 사고는 작가와 함께 관객들마저 편견의 철옹성 안으로 가둬 버린다. 정치를 정치인들이나 구사하는 극단적 이기주의의 결과물로만 바라보거나 자기중심적 타협쯤으로 이해하려 들면, 기왕의 선입견은 깨기 힘겹다. 이 같은 항구적 분리 기제로 말미암아 자동적 고립이나 정치적 자기소외는 극히 자연스러울 뿐 아니라 정치란 직업정치인들의 전유물이며 자신들과 전혀 관계없는 삿된 행위임을 감각적으로 굳혀 버리게 되는 것이다. 스스로를 편견의 포로로 만드는 시간은 전광석화다.

여기서 또 다른 편견이 움트는 것도 부인 못 할 사실이다. 정치를 자신과 분리하되, 자기는 궁극적으로 지고지순하며 누구보다 고결한 주체인 양 인식해 버리는 무의식적 승화 말이다. 얘기를 꺼내는 김에, '미술과 정치'에서 '정치'가 차지하는 새삼스러운 비중을 따져 보도록 하자. 오해와 편견은 털고 전제해야 할 조건들도 헤아리며 말이다. 인간의 삶에서 정치 '아닌 것들'이야 없지만, 그처럼 턱없이 넓은 잣대로 미술의 정치 개념마저 감싸려 듦은 무리다. 아니, 너무나 막막하여 그 같은 가설을 보편화하려 '함'은 무책임할 터다.

'권력'만으로 정치를 모두 설명할 수 없듯, 미술 역시 '정치적'이라는 형용사 하나로 논의를 갈무리하긴 힘겹다. 상세한 설명의 얼개와 논리적 보완이 치밀하게 필요한 이유다. 하지만 '미술이 정치'라는 사실은 그 자체로 존중해야 할 인문가치를 지닌다. 미술이 작가들만의 예술적 독점 대상으로 한정되거나 지독한 배타적 도구로 머물 수 없는 내력도 이 지점에서 섬세한 추적을 필요로 한다. 미술을 들여다보면 삶의 디테일이 보이고 작가의 나날을 뒤쫓다 보면 그들의 삶이 곧 치열한 정치 그 자체임을 알아차릴 수 있기 때문이다.

변하지 않으면 살아야 할 이유가 희박하며, 그대로 멈춰 버리면 이제껏 버텨 온 나날들이 한결 무색해지는 삶은 고스란히 '질식' 그 자체다. 하는 수 없이 앉아 죽느니 차라리 악이라도 쓰거나 몸부림이라도 치며 당장의 아연함을 딛든지, 아니면 자연적 생존과 막연한 기다림을 넘어 당장 뭐라도 도모하든지 해야 할 것이다. 이를 향한 최소한의 필요를 절감한다면 무엇이든 '해냄'으로써 '숨 막히는' 현재를 부수고 어떻게든 달라질 미래를 꿈꾸는 또 다른 고통을 무릅쓸 일이다. 이처럼 그 무엇이라도 지금 바로 시도하는 것, 나아가, 비록 오래 걸리더라도 목적지를 정하고 그쪽을 향해 애쓰는 일체의 행위와 노력, 이것이 곧 '정치'인 셈이다.

하다못해 술이라도 마시든지, 그림이라도 그리든지 현실적으로 가능한 일을 상황 타개를 위해 금세 꾀할 수 있다면 그나마 다행일 것이다. 버팀과 견딤의 방편은 결국 아무것도 하지 않음으로써 절멸할 통증을 줄여 주는 데 이바지할 터이니까. '술의 정치'가 나아가 그림으로 객관화하는 순간, '미술의 정치'를 자각하게 되는 것도 바로 그래서다. 여기서 다음 두 개의 그림을 살펴보자. 그림들은 각기 19세기 말 프랑스와 벨기에의 사회상을 담는다. 무엇이 저들을 저리도 술 마시게 했는지, 어쩌자고 서서히 술과 함께 잠들어 버릴 만큼 당대의 삶은 버거웠는지 그것까지 알 수는 없지만 말이다.

라파엘리의 〈압생트 마시는 사람들〉과 엔소르의 〈모주꾼들〉은

1880년대 초와 지금의 세상이 크게 다르지 않음을 증언한다. 적어도 이 순간, 술 마시고 있는 땅 위의 모든 이들을 위로하고 어루만지는 미술적 전거로 말이다. 의상과 차림새는 물론 술자리를 둘러싼 삶의 행색이야 다를는지 모른다. 하지만 취하도록 마시려는 정서적 동인과 술과 함께하는 동안의 감각적 안온함은 생화학적 감정이입에 관한 한, 동류의식으로 공존할 차비를 흔쾌히 마친 다음임을 잘 알 수 있다.

누구도 온전히 자신을 이해하지 못하며 오롯이 감싸 줄 존재마저 없다는 생각으로 절절할 때 사람은 그(녀)의 친구가 되지 못한다. 술의 정치는 지상 최대의 치유 수단이자 최고 권력이 되는 셈이다. 깨어나면 덧없고 초라해질망정, 순간의 쾌락도 행복이 아니었다고는 말 못 할 노스탤지어로 각인되는 터다. 그들도 우리처럼 혼미했고 저희도 그이들마냥 괴로운 존재임을, 그것도 하필 '미술'로 증거할 때 잠시나마 고단한 삶이 상큼하니 치유되듯 여겨지는 것도 착각만은 아니다. 마시는 동안 서로는 하나이고 만남을 작파하기까지 시간은 멈춰 주니 말이다.

따지고 보면 미술정치의 도구적 역할은 '술'로만 국한되지 않는다. 수많은 경우의 수와 적용 가능한 대상들로 가득한 공간이 이 땅임을 세상의 미술사는 엄연히 방증한다.[13] 그림을 보는 순간 시름없이 앉아 있는 사람들의 사연이 궁금해지고 하릴없이 곁에 함께하고 프기도 하며 동정과 관심을 넘어서는 감각적 동류의식까지 나눌 수 있다면, 작가의 의도는 성공적이지 않았을까. 하여, 그림의 흡인력이 나를 중심으로 한 주변의 시선을 더 강하게 집중시킬 측은지심

장-프랑수아 라파엘리, 〈압생트 마시는 사람들The Absinthe Drinkers〉, 1881, 개인 소장.

제임스 엔소르, 〈모주꾼들The Drunkards〉, 1883, 개인 소장.

마저 충분히 일군다면 당대 사실주의 화가들의 직설적 비판과 사회 고발 능력은 상당 수준을 넘어설 것이다.

그림의 방법보다 소재와 주제가 먼저 다가올 때, 미술정치의 즉발성은 매력을 더한다. 눈길을 끄는 대목은 그림 중앙을 장악하는 술병의 정체다. 술 먹게 만든 통증의 궁금함보다 끝내 저들을 홀연히 들이켜 육신의 고통을 잠재워 버리고 말았던 취기의 위력이란 압권 그 자체다. 잠시라도 졸거나 아예 잠들어 버리지 않고선 버티지 못할 삶의 무게란 정녕 술병보다 몇 곱절 더 버거웠던 걸까. 영영 깨지 않아도 좋을 만큼?

잠시 잊어야 할 고통이라면, 술의 도수야 반드시 높을 필요가 없을 것이다. 하지만 좀체 지독한 술이 아니고선 잊거나 견뎌 내지 못할 괴로움이라면, 악명 높은 프랑스의 압생트absinthe14가 발휘한 위력도 눈여겨볼 터다. 안 그래도 강렬한 독주의 나라지만, 마시고 또 마셔도 더 취하며 아예 오래도록 잠들고 싶게 유인하는 사연인즉 유독 그 나라에만 고통의 나락이 깊었던 걸까. 아니면 예술적 감수성으로 넘쳐 난 작가들의 층위와 절대 인구 탓이었을까. 미술표현이 사회적 구원으로 연결되길 기대한다는 건 무리였다. 하지만, 삶의 실질 개선과 물질적 행복은 꿈조차 꾸지 못할 상황의 절박함은 다음 디테일만으로도 충분치 않을까.

어느 작가가 술 마시는 사람들의 모습을 더 많이 그렸는지는 논의의 초점이 아니다. 어떻게 그리는지보다 무엇을 그리는지에 초점을 맞추되 왜 하필 그걸 다루는지, 작가의 입장과 동기를 상상하고 지속적으로 파고드는 게 먼저다. 예나 지금이나 '미술'로 '정치'를 읽

거나 '미술'을 '정치'로 보려는 작업은 낯설다. 의당, 미술을 미술로 이해하고 그처럼 다가서려는 지극한 인습론이 여전히 우세한 때문일 터다. 이 땅에서뿐 아니라 미술의 본고장으로 회자되는 서양이라고 월등한 것도 아니다. 이즈음 모두의 눈길이 각별해져야 할 이유다.

표현주의의 미술정치학이 유독 서양미술사 연구에서 생소하거나 나라 안팎에서 아직 변변한 텍스트 하나 마련하지 못하는 실정도 이 같은 인문적 무관심을 잘 말해 준다. 기왕의 어떤 흐름보다 유난스런 '정치성politicity'을 보인 예외적 미술이 뒤늦게 탐구의 촉수를 자극한 건 그나마 다행이다. 역설적으로 '표현주의'의 흐름과 그 농후한 경향이라도 있었음은 서양미술의 '정치적' 이해와 해석의 황폐함을 덜어 내는 데 도움을 준 셈이다. 회화뿐 아니라 주변 장르로까지 뻗어 나간 일련의 광풍은 또 어떤가. 어쩌자고 그들은 그처럼

'그리고' '빚고' '찍고' '쓰고' '움직였'을까.

이른바 '본다는 것^{seeing}', 즉 보는 행위 자체에 스민 압도적 정치성을 하필 미술을 업으로 삼는 작가들에게 설명하거나 말해 주도록 위임한다는 것은 엄밀히 말해 무리다. 작가, 특히 화가의 본업을 편의상 '그림 그리는 사람'으로 제한한다면, 그(녀)들에게 작품을 정치적으로 구성해 달라며 요구하거나 차후 그 작품들을 들고 왜 '정치적이지 않냐'고 묻는 건 무례할 뿐 아니라 불합리하기 때문이다. 작품의 정치성은 작품을 '보는' 관객들 모두의 '업'이며 모종의 책임까지 담보하는 사후적 결과다.

그것은 차라리 능력과 관계의 차이를 둘러싼 문제일 뿐, 궁극적으로 지배와 복종을 견인하는 본원적 정치를 뜻하는 건 아니다. 오해는 말자. 출중한 작가의 미술적 결과물이 '나' 자신을 사로잡고 순간 숨이 멎을 듯한 감각적 마비마저 얼마든지 무릅쓰려 들 때, 물밀 듯 압도하는 작품의 '감동이 곧 권력'이라고 말이다. 그 예술적 위력이 세상을 지배하는 '영원한 힘'이라도 되는 듯 말이다.

작품의 콘텐츠가 작품을 접한 관객의 행위 흐름을 지배하고 작가의 표현 의지 역시 '나'의 감각과 인식의 지평을 넓히는 데 이바지한다면, 미술정치는 그만큼 성공적이라는 사실을 인정하는 건 늘 중요하다. 이는 작가 자신의 의지와 그다지 큰 관계가 없다. 세상의 어느 예술적 행위에도 관객을 향한 직접 주문과 예술적 강요란 있을 수 없기 때문이다. 작가가 어떻게 생각하고 표현했든, 그로 인해 감정과 감각 나아가 행위의 변화를 이끄는 데 작품이 이바지한다면 얼마든지 이를 미술의 정치 혹은 미술의 정치력이라 말할 수 있을

것이다.[15]

문제는 —물리적이든, 의식적이든— 나의 인식과 행동이 그로써 변했는지다. 이는 예측 가능한 미래를 포함, 앞으로 다가올 시간 속에서도 나를 되돌리거나 다시 변하게 하지 않으리란 상당한 개연성의 크기를 말한다. 정치는 의도한 목표를 향해 목적을 이루어 나가는 지속적 설득과 상호 획득의 과정이며 사회를 위한 가치의 권위적 배분이란 고전 개념은 여기서도 중요하다. 이때 작가의 '뜻'과 관객의 '인식'이 극적 일치를 보인다면 더 말할 나위 없을 것이리라. 하지만 이를 늘 기대할 수 없는 문화 현실이고 보면, 작품의 정치적 감동과 관객의 예술적 추수를 둘러싼 조율의 폭과 깊이는 문제일 터다. 작품의 미술적 압도와 예술적 지배력이 관객에게 미치는 실질적 힘의 크기와 지속적 설득력은 중요하다. 그것이 바로 미술정치학의 키 콘셉트다.

다음 그림도 이 같은 사실을 잘 압축한다. 작품과 작가의 정치적 상호영향 혹은 상대적 지배력의 교류·교환을 말하려는 것이다. 관객들과의 무언의 교류가 감동과 창작이란 예술 행위로 되살아날 때, 이익의 교환은 정치적 계약 행위의 '그것'만큼 어김없다. 예술적 감동은 작가의 미술적 의지가 동원하는 정치전략이자 불후의 사회전술인 셈이다. 시대를 넘나드는 관객들은 공감과 조응을 통해 자신들의 이익을 시각적으로 확인하며 흥분과 행복을 공유한다.

미술이 정치인 이유는 이 지점에서 공평하게 확장된다. 비유컨대 마샬 맥루한의 말처럼 "미디어는 메시지message"[16]이며 "마사지massage"라는 표현[17]이 적합한 터다. 즉 '미술작품은 작가 자신이 지니는 예

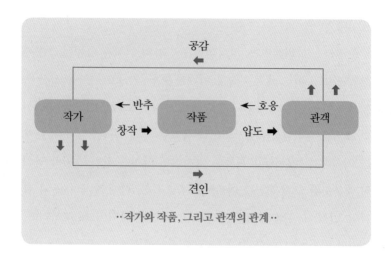

··작가와 작품, 그리고 관객의 관계··

술적 이미지의 연장이자 그 정치적 확장'으로 봐야 할 것이다. 모든 매체가 그의 주장대로 감각기관의 확장이라면 미디어는 인간의 확장, 느낌의 확장, 신체의 확장이 맞다. 여기서 말하는 미디어란 방송 매체나 인터넷 매체뿐 아니라 인간이 접하는 모든 사물을 뜻한다. 모든 '사물'이란 인간이 의사, 정보, 감각, 감정들을 전달할 수 있게 도와주는 매개체다. 비행기는 사람의 견갑골, 신발은 발, 카톡은 입, 수영복은 피부, 바퀴는 다리의 확장이라고 보는 감각의 펼침 말이다.

메시지가 뇌리를 뒤흔들고 행위의 방향과 내용의 콘텐츠까지 마련한다면, '미디어가 마사지'란 표현은 적확하다. 작품이 관객을 행복감으로 떨게 만들고 삶의 방향과 동력까지 일깨운다면 이보다 더한 감각의 혁명이 어디 있으랴. 시각의 강한 자극과 반응의 확산이 주는 문화적 영향력이 다른 어느 매체보다 강력하다는 사실은 상식을 넘어선다. 미술을 정치로 보기 위해 과거를 들춰 봄은 반동과 회고를 칭송하려 함이 아니다. 과거의 미술이 당대 정치와 사회 현실을 다루는 모습에 주목하려는 것이다. 기간은 짧지만, 미술이 정치로 지탱하는 현상은 다른 어느 시기의 예술운동이나 문화적 실천보다 돋보인다. '표현주의'의 출발은 그만큼 폭발적이다.

역설적이게도 기왕에 나부끼던 '인상주의'의 깃발은 혁명적이다. 유럽을 압도한 파도의 높이가 절대적이었기 때문이다. 때마침 등장한 주석 튜브는 물감[18]의 휴대를 가능하게 했고 교통수단과 광학의 동시 발전이 작가들의 기동적 공간이동까지 보장해 주는 혁명의 아이콘으로 작동하였음은 잊지 말아야 할 일이다. 미술 환경의 파괴[19]와 함께 '빛'과 '시간'의 변화가 시각적 희열로 되살아나는 회화적 경험은 강한 인상의 잔상 굳히기로 구체화한다.

마음을 다스리고 기억을 각인하는 진짜 힘은 인상이었다. 오죽하면 '의식'이 '무의식'마저 붙잡아 매는 새로운 형상의 표현이었을까. 그림이라면 초월자의 얼굴 아니면 성스럽고 거룩한 존재의 표징 수단쯤으로 인식하던 과거가 생전 처음 보는 자연과 풍광의 표현으로 대체되는 나날은 그 자체로 가슴 울렁이는 혁명이자 감동이었으니까. 붓질 몇 번만으로도 그것이 가능하고 빛과 그림자의 현란한 향연이 눈 감아도 강렬한 기억으로 되살아나는 인상은 정녕 '인상적'이었으니까. 이 작업의 놀라운 결과는 절대자나 초월자의 피조물이 아니며, 단지 살아 있는 보통 인간의 색다른 의지로부터 우러나왔던 것이니까.

2.
공격과 바로 드러내기: 굶주린 야수여, 먹이를 뜯어라

인상주의에 대한 '반발'과 '저항'으로 표현주의가 외계인처럼 등장한 것인지 가리자는 게 책의 목표는 아니다. 사상사연구 일반이 그렇듯, 특정 이데올로기의 생성과 소멸은 본디 칼 같은 변별과 구분이 가능하지 않다. 특히 사상사의 발전과 분화는 기왕의 신념체계를 해체·분열시킬 만한 새로운 독선과 고집으로 두드러진다. 편견의 표출 역시 세월의 흐름에 따라 풍요로워진다는 사실도 유념할 것이다.

미술사상 역시 기왕의 사상이 시효를 다한 다음 새로 출현하지 않는 건 상식이다. 현존하는 신념체계 위에 새로운 믿음의 얼개가 꼴을 갖추며 그 위에 겹쳐지는 사실도 지적한 바 있다. 문제는 후발사상의 촉발과 성장이 현존하는 기왕의 사상체계에 대한 불만과 모순으로 계기화하는 것인지 혹은 절대적 독자성과 자율성의 산물인지로 모아진다. 전대 사상이 후대의 그것을 자극할 만한 텃밭으로 작동하는지, 아니면 그 자체로 자신의 생명과 예술적 적실성을 마련하는지 여부다.

이 역시 과학적 증거와 물리적 근거는 담보할 수 없다. 애당초 '사상'으로 치환해야 하는 만큼, 이는 그 자체를 '거대 흐름'으로밖에 인지할 수 없는 현실적 한계까지 감안해야 한다. 아울러 확연한 미술 사상으로 자리 잡기까지 당대를 지배한 문예적 '시대정신'으로 지탱한다는 사실도 잊어서는 안 된다. 그럼에도 불구하고 인상주의와 표현주의의 역사적 이음새는 물론 그들의 사상적 중첩이 새삼 눈에 밟히는 까닭은 극적인 상반성과 시대적 동시성 혹은 동시대적 혼존의 예외성 때문일 것이다.

같이 자리할 수 없는 이질적 요소들의 문화적 공존은 단순한 우연이나 일회성 출몰쯤으로 치부하기 어려운 시대적 필연성을 지닌다. 그것도 하필 대지의 지축을 뒤흔든 사회혁명의 온상에서 한 세기 이후 풍미한 미술사상의 판이한 속내라니. 혁명의 '완성'이나 '지탱' 같은 거대 구호에 앞서 고작 빛과 그림자의 '단순화'라든지, 밝고 찬란한 색조의 무한 반복으로 가득하였음은 그 자체만으로도 아이러니다. 아니, 세상은 원색의 영롱함과 무지갯빛 오묘함으로 가득하여 최대한 간단명료하게 드러내도 좋을 만큼 만만하고 가벼운 대상인 양 빛나던 터다. 밝고 환하기만 하여 어둠은 사라지고 탁함은 영영 보이지 않는 국가? 아름다움을 내세워 추함을 가리는 고도의 기술이 정말 미술이라고?

미술이 시대를 이끌거나 역사를 결정하는 핵심의 동력일 수는 없다. 때로 시류에 영합하거나 권력의 비위를 맞추는 도구이기도 했

지만 그게 전부는 아니다. 사회변동의 흐름을 항시 외면하거나 내
면의 욕망과 허기에 취한 감각적 도구이기만 했다면 미술사의 흐름
은 크게 혼미하였을 것이다.[20] 하필 또 다른 세기말에 즈음하여 파
생·확장하는 인상주의가 정작 모국의 사회혁명과 맺는 정치적 관
계는 서양미술사 연구에서 흥미롭다. 시대의 전환기에 일어나는 서
양미술의 정치화 과정에서 인상주의와 표현주의가 빚는 예외적 긴
장관계도 눈길을 끈다.

　다음 몇 가지 의문은 이를 풀기 위한 미술정치학적 쟁점의 단서
를 암시한다. 둘은 과연 역사적 인과관계를 지니는 걸까, 아닐까.
인상주의의 태동과 확장을 '실증·예고'한 프랑스의 미술 지평이 독
일의 문화지층 앞에서 무너지는 까닭은 뭘까. 미술의 정치성이란
작가의 의지와 예술적 목표를 관통하는 궁극의 도구일까 아니면 지
극히 사적인 동기를 '은폐·두둔'하는 예술적 핑계에 지나지 않는 것
일까.

i. 인상주의와 표현주의의 관계가 대척적이란 분석은 서로의 이질성과
　상반성에 주목한다. 특히 표현주의가 인상주의에 대한 내재적 불만과
　정치적 저항의 결과이며 미술적 비판의 소산이라는 데 방점을 찍는다.
　국가는 무능하고 권력은 무책임하며 정치는 타락의 길을 걷는데 빛의
　변화와 이미지의 강력한 각인에만 몰드는 인상주의 작가들의 자세는
　너무 편안한 게 아닐까. 예술을 핑계 삼은 자발적 소외 아니면 미술적
　분노를 인식중심에 놓는 표현주의는 그렇다면 인상주의를 향한 반항
　의 열매인가?

ⅱ. 표현주의의 정치적 적극성이나 공격적 비판과 별개로 '표현'이란 단어
의 뜻은 너무 넓다. 압도적인 의미와 광범위함만으로도 인상주의와 표
현주의의 갈등은 쉽게 무너질 수 있다. 인상주의뿐 아니라 과거의 모
든 미술사상을 포용하는 초광역성마저 용인해야 할는지 모르기 때문
이다. 그럼에도 표현주의는 인상주의를 압도할까?

ⅲ. 표현주의의 문예 지평은 미술세계로만 국한하지 않는다. 음악과 무용,
문학과 영화는 물론 사진과 건축으로까지 확장하는 일련의 영향력 분
산 때문이다. 표현주의가 미술의 범주에만 갇혀 있었다면 그 문화 정
치적 파급력은 붓을 든 작가들만의 제한권력이었을 것이다. 장르 간
파급력이나 본원적 영향력의 우열은 가리기 어려운 게 사실이다. 서로
간의 삼투와 대중적 호응 정도도 변별력을 지니지 않는다는 점은 의외
로 쉽게 잊고 만다. 표현주의의 확장 과정에서 정작 미술이 발휘한 영
향력이 어느 정도인지도 분간하긴 어렵다. 표현주의의 예술적 종주는
미술인가?

ⅳ. 성화 같은 호응과 불꽃보다 찬연한 미술적 열기가 그처럼 차갑게 식어
버린 까닭도 과학적 근거까진 마련하지 못하는 게 현실이다. 천둥처
럼 출현한 표현주의 미술의 발아 계기는 하필 전쟁이다. 또 다른 대전
의 종결이 모처럼의 정치미술을 삭게 만든 결정적 계기였다는 분석도
미술사 연구의 가설로만 남을 뿐, 사실史實은 아니다. 느닷없는 광풍과
거침없는 들불이 유독 미술가들의 손과 의지에 따라 번지는 데다 예고
없는 냉각마저 뒤를 잇는 기이한 인과관계는 무엇으로 설명이 가능한
걸까. 설득력의 소멸? 매력의 상실? 군사관료의 절멸과 독재권력의 종
결? 그렇다면 표현주의는 이제 상상만으로 가능할까?

거친 화풍의 요소들로 선이 굵고 원색적이거나 도발적 콘텐츠를 여과 없이 드러내는 표현주의는 자칫 '이미지화한 상징'으로 통한다. 아니면 미술기법 가운데 잊지 못할 '강렬한 메소드'쯤으로 관용화한 게 사실이다. 아울러 이 용어 안에는 위에서 말한 네 가지 의문과 아직껏 명쾌히 답을 구하지 못한 콘셉트들이 엉거주춤 섞여 있다. 때로는 무진장 넓고 깊다가 어떤 경우는 콕 집어 몇몇 작품에만 적용하는 기괴의 기법처럼 말이다.

용어의 광범위함은 모든 미술이 일정한 '표현의 결과'라는 논리의 모순 때문에 치러야 할 혼돈의 결과다. 하지만 인상주의에 대한 반작용으로 출현한 이 흐름이 '운동'이자 '정치'의 결과물로 미술에서 인문영역으로 확장한 문예 이데올로기라는 데 큰 이견은 없다. 표현주의가 인상주의와 크게 다르거나 모든 미술사상이 자칫 표현주의 울타리 안에 갇힐 수 있다 해서 '표현주의' 그 자체의 갑작스러운 소멸이나 결정적 퇴조를 감안해야 하는 건 아니다. 서로는 다르며 '같지 않은' 이유와 고유한 원인을 지닌다. 중요한 건 그들 각자를 치밀히 다루고 독자적으로 인정하며 체계적으로 헤아릴 안목이다.

그러나 정작 둘이 왜 어긋나는지 명쾌한 설명이 없었던 게 현대 서양미술사의 현실이다. 곰브리치조차 적절히 뭉뚱그릴 뿐이다. 그는 이렇게 말한다.

싫든 좋든 20세기의 미술가들은 창안자가 되어야 했다. 그들은 주목을 받기 위해 과거 대가들의 감탄적인 솜씨보다는 독창성을 추구해야 했다. 전통과 단절함으로써 비평가들의 주의를 끌고 추종자들을 매료시킨 것은 무엇이든 새로운 '주의'가 되어 미래의 미술을 주도하곤 했다. 그 미래는 언제나 오래 이어지지 못했다. 20세기 미술의 역사는 이처럼 끊임없는 실험으로 쓰여져야 한다. 그 시대의 수많은 재능 있는 미술가들이 이러한 노력에 가담했기 때문이다. 표현주의 실험은 아마도 기타의 다른 미술운동에 비해 가장 쉽게 설명될 수 있을 것이다. 표현주의라는 용어 자체는 그다지 잘 고른 말이라고 할 수 없다. 왜냐하면 우리는 모든 행동을 통해 우리 자신을 표현하고 있기 때문이다. 그러나 그 단어가 인상주의와 반대되는 것으로contrast to 쉽게 기억되었기 때문에 편리한 명칭이 되었고, 꽤 쓸모 있었다.[21]

이 같은 주장은 상당 기간 이어진다. 두 사상이 극히 대조적인 이유나 표현주의 출현의 원인보다 표피적 차이에 집착하는 미술사학의 고집은 생각보다 강하다. 둘은 다르되 어떻게 다른지, 후자의 출현이 전자에 대한 불만과 저항이라면 이를 설명할 온전한 근거가 뭔지, 특히 미술사상의 유럽적 공간이동은 어떻게 분화하는지 궁금해지는 건 당연하다.

린튼 역시 기왕의 관행과 그에 물든 미술사적 동어반복을 무릅쓴다. 서양미술사를 일방으로 좇는 대신, 동시대적 변화를 국가별로 파악할 필요가 있다고 강조한다. 프랑스의 압도적 우위가 독일로 확장하는 현상이나 그에 따른 미술사상의 공간분화에 주목한다. 두 나라를 통해 미술표현의 새로운 생각들이 독자적 지평을 넓혀 나가는 건 운명 같았다.

'표현주의'라는 말은 처음에는 인상주의에 반대되는 경향을 지칭하기 위하여 사용되었다. 즉 프랑스 미술에 있어서 인상주의의 선취권先取權을 부정하는 의미로 사용되었던 것이다. 특히 독일에서는 인상주의 이후의 모든 미술 경향을 지칭하는 넓은 의미로 사용되었다. 그러나 역시 광범위하기는 하지만, 표현주의에 특별한 역할이 주어진 것도 독일에서였다. 표현주의는, 미술뿐 아니라 음악, 문학(특히 시와 연극)에 있어서, 주제와 기법을 개인적 표현형식으로 삼는 한 경향을 가리키는 것이었는데, 그 경향은 명확히 정의된 것은 아니었다. 표현주의는 반反자연주의적인 형태와 색채에 의하여 전달되는 세계에 대한 극히 개인적인 시각을 통하여 관람자를 감정적, 정신적으로 감동시키고자 하는 경향이었다. 그러나 이 같은 특성을 공통적으로 가진 회화들이 최초로 나타난 곳은 파리에서였다.[22]

19세기 말의 혼돈과 역사적 전환기를 넘어 새롭게 열리는 밀레니엄의 기대가 미술세계에 어떤 영향을 줄는지는 당연한 의문 가운데 하나였을 것이다. 한 세기에 걸친 혁명의 제도화와 그 확장 과정에서도 유럽의 현실정치가 눈에 띄게 나아지지 않았다는 실망감은 컸다. 숱한 사회적 무질서도 한몫했지만, 이는 결국 아무 해결능력 없는 유럽 각국의 정치적 무책임이었다. 역사의 이행이 행복과 희망의 실현과 관계없는 정치심리적 허무와 직결된다는 새삼스러움도 얼마든지 몸으로 겪는 일상이었다.

민중의 욕망은 그에 따라 섬세하게 분화한다. 평등을 향한 계층

간 기대효과도 어긋나고 있었다. 신분은 사라지고 있었지만, 특권과 자본의 힘을 통한 지배계급의 반동적 욕구는 그대로였다. 귀족들은 노스탤지어를 간직한 채 애틋하게 몸부림치고 있었고 민중의 감각적 정치문화는 단순한 질투나 이기심을 넘는 도도한 흐름이었다. '혁명'은 역시 제 꼬리부터 잡아먹어야 살 수 있는 신비로운 괴물이었던 터다.

모든 직업이 세력화하며 사회적 재생산 대열에서 스스로 권력화하는 상황을 감안하면, 미술 역시 정치화하는 현상은 '참여'나 '운동'으로 볼 수 있었다. 이는 세기말의 특수성이 아니라 항상적 화두이자 심지어 이데올로기적 근거로 무장하는 사회주의 혁명 도구[23]로까지 '존재'와 '실천'의 물리적 근거를 넓힌다. 미술마저 정치화하는 20세기는 그래서 출발부터 소란하였다.

미술이 시대의 투쟁을 외면하지 못하고 표현의 전면에 나선 시기가 세기의 전환 직후였고 그 공간이 하필 독일이었다는 사실은 극적 이중성을 더한다. 사회혁명 같은 단어는 다른 나라의 일이었다. 역사가 격동의 세월을 거치더라도 독일은 그대로였다. 변혁은커녕, 과거 질서에 안주하거나 새로움을 거역하는 반동기류는 그것만으로도 예외적이었다. 뒤를 잇는 전대미문의 전쟁은 역사가 일깨운 정치모순치고 혹독했다. 혁명을 기다리는 국가에 전쟁의 수행과 참혹한 패배가 안겨 준 모순의 세월이야말로 드라마 그 자체다.

전쟁의 규모로나, 죽거나 다친 사람의 숫자로나 좀체 감당키 어려운 상황은 단순히 '비극'이란 용어로만 드러내기도 힘들다. 게다가 한 번이 아닌, 두 번씩 치러야 했던 전쟁과 살육의 처참함이란 독일이 영원히 감당해야 할 막중한 업보였다. 중요한 것은 작가들이 표현의 형식보다 내용을 강조하기 이른다는 점이다. 특히 자연의 재현에서 미술의 존재 이유를 찾지 않고, 내면의 욕구를 왜곡시키는 온갖 불편함을 부수며, 참고만 있던 온갖 속내를 드러내는 일을 본연의 책무처럼 부르짖는 이들이 등장하는 것이다.

표현주의를 '운동'이자 '정치'로 감 잡을 이유는 흐르고 넘친다. 새로운 시대를 향해 분출하는 정신적 갈증과 문화적 허기만으로도 설명 가능할 정도다. 그것은 권력의 허구와 민중의 위선을 동시에 갈파한 작가들의 예리한 눈썰미와 맞닿는다. 누군들 좀체 나서지 않으려는 반민주적 비동성에 쐐기를 박으려는 문예적 도발로, 얼굴 없는 격정의 복잡한 속내도 충분히 반영한다. 급격하고도 구조적인 변화를 바라지만, 자발적 혁명을 무릅쓸 용기는 전혀 없고 누군가 대신 나서 주길 강력히 바라는 독일 민중의 다면성이란 모순이자 위험천만한 패러독스다.

총체적 무능과 무책임의 틈새를 메우겠다고 국가가 앞장서 부르짖고 전대미문의 단일정당이 함성의 고삐를 움켜잡는 광기의 페스티벌이 가능했던 것도 본격적 운동으로 표현주의가 정치성을 노골화하려 작정한 즈음의 일들이다. 세기말fin de siècle이란 용어만으로도 관심을 독점하다시피 한 시기에 그처럼 논쟁적인 권력 교체와 지성사의 격동이 가시화하는 건 미술사상의 변화 역시 이미 시작하고 있음을 증명한다. 다음 두 주장은 이 같은 전환이 극적으로 병행하고 있음을 잘 말해 준다. 김영나와 곰브리치는 각기 이렇게 말한다.

1905년에서 1914년에 이르는 독일 표현주의는 당대를 물질주의가 지배하는 데카당한 시기로 본 일련의 화가들이 창조적 미술을 통해 인류의 긍정적 재생을 꿈꾸었던 미술 운동이었다. 젊은 다리파 화가들은 자신들을 새로운 독일인으로 생각했으며 자유로운 인간으로 느끼며 살고, 생각하기를 원했고, 그들이 감지했던 자연의 외형 너머의 비전을 직설적인 회화 양식으로 표현하고자 하였다. 경우에 따라서 다리파의 작품들은 정통적 권위와 가치에 도전하기 위해 지나치게 감정이 과장되기도 하고 충동적 비명이 느껴지기도 하며, 청기사파의 작품들은 지나친 감성적 미학으로 장식적으로 흐르기도 한다. … 작품에 묵시록적 비전이 나타나는 것은 앞으로 도래될 새로운 정신적인 세계를 제시하여 새로운 세계에 대비시키는 것이 화가의 임무라고 생각했기 때문이었다. 그러나 1914년 발발한 제1차 세계대전의 전율과 살상은 이들 화가들이 꿈꾸었던 세계와는 거리가 멀었고 곧이어 허무주의적 다다 운동이 탄생되었으며 그 이후의 표현주의는 다른 양상으로 전개되었다.[24]

미술사상 어떠한 혁명도 제1차 세계대전 이전에 시작되었던 미술 운동만큼 성공적이었던 것은 없었다. 이 미술 운동 초기의 전사들을 알고 있거나 적대적인 언론과 대중의 조롱을 견디어 낸 용기와 쓰라림을 기억하는 많은 이들은 지난날의 반항아들인 그 전시회가 공공의 후원으로 열리고 새로운 표현 방식을 배우며 빨아들이려는 열성적인 사람들로 혼잡을 이루는 것을 보

면 자신의 눈을 의심하게 될 것이다. 이것이 바로 내가 경험한 역사의 한 단편이다.[25]

특히 곰브리치는 인상주의의 퇴조와 표현주의의 등장이 현실로 다가오는 세기말 미술의 정치변동을 증언한다. 새삼 강렬한 어조로 당대 변화를 묘사한 건 운동으로서의 표현주의와 그 이전의 인상주의의 영향이 미술사에 남긴 발자국이 컸음을 시사한다. 하지만 곰브리치도 정작 둘 사이의 미술사적 긴장과 판이한 정치적 동기를 드러내는 데는 실패하고 만다. 둘은 정작 어떻게 다르며 후자의 등장을 자극한 실질적 동인이 있다면 그건 무엇이었을까.

일상적으로 넘기기 쉬운, 그러나 누구도 명쾌히 분간하지 않았던 이들 물음을 미궁의 늪에서 건진 건 그나마 로저 카디널이다. 그는 집약적인 언어로 둘 사이의 긴장을 녹이고 합리적 균형을 꾀한다. 이들은 결국 취향의 문제이며 바라보는 이들의 의지와 선호의 주제이기 때문에 어느 한쪽이 맞거나 다른 한편이 틀리다는 식의 선택이 불가능하다는 데 주목한다. 카디널의 분석이 돋보이는 건 상대적 시각의 지탱과 당대 미술사 전반을 훑는 특유의 통찰력 때문이다. 그는 이렇게 압축 진술한다.

표현주의가 그처럼 대중들에게 폭력적으로 다가갈 수 있는 건 근대 유럽예술전통과 등진 것처럼 보이기 때문이다. 마치 자연주의와 리얼리즘이 상징주의와 구성주의에 의해 익숙해진 예술세계를 뒤집거나 상쇄해 버리듯 말이다.[26] … 지극히 중요한 건 고흐가 견뎌 낸 심리적 위기를 제대로 간파하는 게 아니라 우리가 아직 정의 내리지 않은 채 마주하는 내면적 위기의 표현적 진술로 그의 그림들을 증명하는 일이다.[27] … 표현주의자들의 예술세계에서 꿈틀대는 열정적이고 시급하며 창조적인 충동은 개인의 진실에 대한 우선적 고집과 지극히 현실적인 세계의 '증명자'로 자신의 주관성을 내세우려 들 때 더 생생히 샘솟는다.[28] … 그래서 창녀는 본능과 자연성을 즉시 육화肉化한 눈에 띄는 표상이 되기 마련이다. 키르히너의 숱한 그림들 속에서 '병든 사랑'이란 근대의 확실한 감정의 암호처럼 등장한다. 마치 퇴폐와 부도덕의 표면적 악센트 아래 역설적 순수가 빛나듯 말이다.[29] … '표현주의자'라는 꼬리표의 성공은 거칠지만, 당대 두 가지 운동들이 판치던 시기에 주로 비판적이며 극히 상반된 진술을 과감히 내뱉을 수 있었기 때문이다. 즉 가시적 대상 위에 쏟아지는 빛의 향연과 그 과학적 재생산으로 인상주의를 바라보는 반면, 표현주의란 감히 인지할 수 없는 사물들의 장엄한 세계에 다다른 그 무엇처럼 여겨졌던 터다.[30] … 맹렬하지만, 종종 잘못에 이르는 논쟁이란 표현주의자들 스스로 촉발하는 경우가 대부분이다. 그저 순수하고 충동적인 반항적 고집에서 출발하여 이내 진지한 논의로 고삐를 트는 그런 경우 말이다. 정말이지 표현주의자들은 그처럼 인상주의를 경멸하는 걸까?[31] … 미학적 영향력에 덧붙여 표현주의가 투쟁·추구하려 한 운동의 여파는 여전히 도덕적이거나 사회적 힘을 지닌 듯 여겨진다. 하지만 모든 부문의 존재론적 투쟁에 근거한 보편적 저항의 한 운동형식인 예술혁명이라고까지 인정할 수는 없다. 그들의 정신세계에는 대신 기계론적이거나 실증주의적인 부르주아 문명에 맞서려는 강한 충동이 깃들어 있다. 표현주의는 화폐와 물질주의적 계산, 기계화의 온갖 이데올로기를 혐오한다. 아울러 제국주의와 자본주의는 물론, 애국주의와 계급체계에 맞서며 장군들과 아버지들마저 배격한다. 이윽고 히틀러가 독재자가 되자, 표현주의는 그에 맞섰을 뿐 아니라 그와 어떤 타협도 맺으려 들지 않았다.[32]

이 같은 주장은 기왕의 어떤 작업에서도 보기 어려운 명쾌한 가치판단과 상대적 시각을 담는다. 표현주의의 강점과 약점은 물론, 인상주의와의 갈등도 비교론적으로 다루는 데 인색하지 않다. 경멸과 혐오를 뜻하는 단어 '디스파이즈despise'를 서슴없이 사용하되 그역시 문제 제기만 하는 건 유감스럽다. 하지만 인식의 균형을 잃지 않기 위해 긴장하고 있음은 바람직하다. 나아가 저항과 도발의 적극성이 본격적인 예술혁명으로까지 이어지지 않는다는 지적은 표현주의자 자신들의 진솔한 자아비판을 넘어선다. 각별히 주목해야 할 대목이다.

카디널의 분석을 단순화하면, 표현주의의 강점이 인상주의의 한계를 웃도는 예술적 대안일 수 있다는 점에서 판단의 부등호는 상대적으로 크게 쏠린다. 표현주의 미술이 '정치' 바로 그 자체이며, 작품의 형식과 내용은 물론 목적 대부분이 '정치적'일 수밖에 없다는 데 방점을 찍는 것이다. 작업의 결과가 미술사 자체를 뒤집진 않지만, 작가들 개개인의 활동과 미술실천이 곧 전복의 정치이며 혁명적 도전의 공격성으로 넘쳐 난다는 데 인식을 같이한다.

정작 표현주의를 복잡한 미술사상으로 오인하게 만든 까닭은 따로 있다. 표현주의 내부의 유파별 다양성이나 작가별 정치사상의 복합성으로 얼핏 논의의 중층성을 강화하는 경우도 있다. 그렇지만 크게 보면 1·2차 대전 사이 사상적 동요를 겪는 독일 사회의 모순과 지극히 수동적이거나 반동적인 민중 일반의 신민형 정치문화와 깊은 관계가 있다. 1차 대전에서 패한 다음 고스란히 스러진 자존심과 당장 돌이킬 수 없는 심리적 쓰라림이 출구를 찾지 못할 때 독일 민중은 크게 흔들리고 있었다. 스스로 일어나 국가를 다잡거나 권력을 갈아 치울 정치적 능력까진 좀체 기대하기 힘든, 분연함의 빈곤은 독일 최대의 비극이었다.

분노로만 끝나는 분노와 감각적 동요로만 들끓는 감성정치의 틈새를 파고든 인물이 아돌프 히틀러였음은 상식이다. 홀로 해결할 기운은 극히 약하되, 대신 누군가 나서 주길 바라며 허약한 속내를 강한 리더십으로 치환하려는 심리란 집단이 내세울 정치적 명분치고 심히 이중적이었다. 유럽에서 가장 뒤늦은 근대화 여정을 밟고 사회혁명의 부재와 능동성 빈곤의 연약한 정치문화까지 떠안으면서 세기의 전환마저 감당해야 한다는 건 역사의 와류치고 격하기만 하였다.

문화의 인위적 변화는 힘겹다. 바람직한 상황을 일부러 만들거나 그 같은 조건이 저절로 무르익기를 기다리기란 더 어렵다. 사회 곳곳에 스며드는 패배의식과 음울한 무드를 일거에 갈아엎을 묘수를 기대하긴 터무니없기 때문이다. 하물며 전쟁의 패배를 잊을 최대의

'방편 찾기'는 어떨까. 독일의 경우, 그건 하필 '전쟁' 다시 치르기였다. 혁명이 필요한, 그야말로 세상을 뒤집어야 할 민중의 정치적 절박함은 뒤로한 채 도리어 엉뚱한 전쟁으로 모두의 여린 정서를 달래려는 권력의 계산은 순수하지 않았다.

민중의 피와 땀과 눈물의 대가로 자발적 민주화의 길을 선택하려는 아래로부터의 체제변화는 턱도 없는 독일이었다. 대신, 철저한 '의존'과 '위탁'으로 가장 수월하게 변화를 꾀하려는 '위로부터의 국가 재구再構'가 있었다. 민족개조니, 군사력 강화니 하는 살벌한 슬로건들도 문약해져 가는 민중의 자존심과 취약해질지 모를 충성심을 한층 강고히 도모할 방편이었다. 이 같은 통치전략은 모두가 버리지 못할 당연한 '수치'였다.

가장 위험한 유형의 복종문화는 국가의 의도를 과감히 접수하려는 협력 의지다. 본연의 양심을 배반함은 물론, 집단적 망각의 길로 서슴없이 들어서려는 동반 묵종의 문화까지 재생산한다. 하지만 이를 좀체 허락하려 들지 않는 속내와 불가피한 추종의 틈새에서 견디기 힘든 세월은 깊어 가고 있었다. 강고한 의식의 중심을 지탱하는 이들의 원색적인 창피함과 이를 무릅써야 할 모멸의 나날은 어떻게든 삶의 비상구를 요구한다.

'애수'에 젖고 '퇴폐'에 물든 독일은 물에 잠긴 솜이불이었다. 누군가 기운 센 사람이라도 나타나 치대 주지 않으면 스스로 몸을 가누긴 어림없었다. '역사의식'은커녕, 찰나의 쾌락이나마 즐기려 줄지어 선 군상은 부끄럼이 뭔지 그것부터 헤아린 도피 행렬이었다. 왜 그다지도 화려하며 고혹蠱惑해져만 가는 광장의 숱한 창녀들이었는지 남정네들은 그게 궁금하지 않았다. 버리지 못할 순간의 욕정 곁에는 도피와 탈주를 꿈꾸는 서글픈 욕구들만 허겁지겁 웃자라고 있었다. 아직도 끈적이는 육욕의 끝자락에서 뒤척이는 늦은 아침이면, 지친 육신은 다시 초라해지고 있었다.

술값은커녕, 들어갈 입장료조차 어림없어 까치발로나마 지분 냄새 풍기는 환락의 살롱 안을 기웃거려야 하는 상이군인의 심사는 참담했다. 버리지 못할 목발의 처지는 학다리보다 처량했다. 그렇게라도 버티지 않을 수 없는 외다리 퇴역군인의 찢어진 군복 사이로 1차 대전의 기억은 오롯이 되살아나고 있었다. 어울리지 않는 두 가지 혹은 그 이상의 것들의 강제 조합은 고통의 순간들만 재생산하는 법이다. 극단의 이질적 요소들이 억지로 함께해야만 할 현실이라면, 공존은 고통이요 공동체는 그 자체로 지옥이다. 검은 동굴 안에서 빛나는 연보라 촛불은 왜 한결 고운 것일까. 붉은 장미 다발 곁 함초롬 자리하는 초록빛 잎새는 어쩌자고 더 선연하기만 한 걸까. 보색 광채를 악마처럼 뿜내는 극한의 현장에서 둘을 동시에 바라보는 일이야말로 화려한 '고통'이 틀림없다.

선이 빛나자 악이 죽어 버리는 이치는 또 어떨까. 마찬가지로 희망이 사라지려 할 때 절망의 촉수가 제 모습 갖추며 서서히 잿빛 기지개를 준비하는 나날들은 대관절 어쩌겠는가 말이다. 서로가 서로를 극적으로 되비추는 삶은 불행해지게 마련이다. '처참하다'는 건 반드시 피가 철철 흐르거나 살점이 튀며 뼈마디 꺾여 나가는 불쌍한 인간을 보아야만 절감할 수 있는 게 아니다. 폭력의 잔해가 반드시 요란하거나 늘 견디기 힘든 굉음의 산물일 것이라고 믿는 건 중

대한 오해다.

지나치게 슬프면 눈물보다 웃음이 앞서는 사실. 앞뒤 가릴 여유 없이 퍼붓는 포탄 파편들이 조금 전 하복부를 관통한 총알보다 더 두려워지는 시간. 끼니를 거를망정, 거침없는 유혹과 호객의 순간들이 자꾸만 편안해지는 나날. 죽음보다 깊은 잠이 그리워도 조금 전 마신 독주의 취기가 핏줄 끝까지 멀리멀리 나아가길 바라는 헛헛한 소망. 실낱같은 희망이야 허구한 날 거듭하지만, 오늘도 한 개조차 팔지 못한 부끄럼을 이제 자살의 분명한 핑계로 굳혀 버리고 싶어지는 욕망. 전쟁의 패배를 인정할 수 없어 다시 살육과 포격과 포로들의 행렬을 그리며 가상의 승리에 진저리 치고 미리 치 떨어 보는 감각의 총체적 마비. 희망보다 더 독하고 욕망보다 훨씬 찬란하며 갈망의 색깔보다 사무치도록 푸르른 절망의 마력. 그 때문에라도 오늘 하루 더 살아 보려는 맥 빠진 환희. 그리고 아무 보상 없이 다가오는 종말.

'불행'이란 추상명사는 누가 처음 썼을까. 이를 배양한 온갖 사회적 책무를 모조리 국가에 묻긴 어렵다. 절망이란 어디까지나 개인의 무능과 불운의 결합 때문임을 자인하면서도 상황의 악화와 지속적 꼬임의 계기를 사회로만 돌리고 싶어지는 마음의 한계는 분명하다. 하지만 국민 전체가 견디지 못할 군사 경제적 난관에 봉착하고 그 결과적 폐해마저 공유하지 않을 수 없다면, 국가가 도망갈 명분은 어디에도 없다. 독일의 불행이 전쟁 패배에서 깊어지고 다시 더 큰 전쟁 준비와 연이은 패전으로 '밑바닥'을 헤매게 된 저간의 사정은 힘주어 말할 필요 없으리라.

그러나 전쟁보다 더 큰 슬픔이 전쟁이 끝나고부터였음을 모르는 이들은 너무 많다. '절망'이란 희망이 끊김으로써 비로소 생겨나는 고통의 '단어'가 아니다. 그럼에도 불구하고 삶은 나아질 것이란 기대가 자꾸만 모두의 뇌리를 간지럽힐 때 제 모습 드러내는 마물의 얼굴인 걸 깨닫지 못하는 사람들은 지천이었다. 고통을 바로 보는 작업은 '죽음보다 더한' 두려움과 아픔을 전제하는 법. 육신 멀쩡한 걸인의 구걸보다 다리 없고 눈까지 멀어 버린 전역군인들의 좌판이 한결 애처롭기만 한 건 그 때문이다. 그렇다면 동정이나 센티멘털리즘의 표현은 '만용'일까.

덮치려는 남정네의 달궈진 육신보다 '자기방어' 따위야 잊어버린 호스티스의 풍만한 육신이 더 서글퍼지는 까닭은 뭘까. 악마의 화려한 손짓이, 아니 전갈의 독보다 달디단 내일이 다가오리란 꿈이 그녀들을 괴롭히는 최악의 메시지인 걸 정말이지 사람들은 왜 자주 잊어버리는 걸까. '성관계'를 위해 함께한 이로부터 잔인하게 음부를 난자당하고 목숨 잃는 여성들이 엄존한다는 사실은 살해자와 피살자의 특수한 '관계 지움'만으로 이해할 일일까. 엽기와 원색의 성 정치적 절망을 작업 중심으로 삼는 작가들의 의중에는 슬픔과 불의를 참지 못하는 미술적 정의가 충만하였을까.

성적 살해sexual murder 현장에서 전쟁이 불러온 정치 사회적 환멸과 국가권력의 무능을 벨 듯 노려보는 작가의 눈은 예전과 무엇이 달랐을까. 미술의 존재 이유가 '표현'에 있다는 믿음 하나로 버티려한 작가는 만족했을까. 매춘과 전쟁, 상처와 이별, 빈곤과 구걸, 질병과 죽음, 타락과 나태, 황음荒淫과 중독, 실존과 소외라는 시대적 과제들을 놓고 전쟁에 나선 작가들의 미술정치는 그래서 성공했던 걸까.

시간의 변화에 따른 빛의 굴절을 캔버스에 드러내는 일은 매력적이고 아름답다. 태양이 중천에 올라 대지를 달굴 때 그 빛이 루앙 Rouen 성당의 정문을 비추고 광도변화에 따라 색조와 음영의 입체성을 최대한 단순화시키는 작업은 또 어떤가. 어디 그뿐이랴. 디테일은 최대한 억제하고 오로지 빛과 그림자로 그림을 이어 간다니. 때로 흔들리며 이따금 반짝이는 강물의 일렁임을 간단명료하게 그려 내는 일이라니. 저만치서 보면 영락없이 애잔한 물결도 다가서면 그저 힘들이지 않고 짓뭉개 버린 유화 페인트의 점점點點이라니. 물안개와 잿빛 하늘까지 담고 먹구름마저 끌어안는 테임즈의 풍광이 저 강물이라니. 보고 나면 눈망울에 고이고 망막과 가슴에 도장처럼 찍히는 인상印象의 기묘함이라니. 표현의 재주도 혁명이라면, 인상주의가 표현주의에 앞선다는 사실을 뒤집을 재간은 없다. 하이퍼리얼의 극렬한 세부묘사와는 전혀 다른 이끌림으로 말이다.

그러나 어쩌랴. 빛과 어둠의 깊은 '인상'이 역사변동을 이끌 시대적 분노를 각인하거나 사회정의를 도모할 감각의 촉매는 아니었으니 말이다. 표현의 미술정치가 지니는 최대의 강점은 기억의 환기와 의식적 소생효과다. 교육이나 계몽이 늘 의존하는 시간정치[33]의 한계를 크게 앞지르기 때문이다. 인상주의를 이끄는 모네와 드가는 적어도 사회혁명 구호나 그 최소한의 필요를 암시할 어떤 단서도 작품 안에 숨겨 놓지 않는다. 몽롱한 붓 터치와 그로 인한 매력의 지탱이 우선 관심사일 뿐, 그들의 그림에서 세상이 이대로는 안 된다거나 보다 나은 내일로 가기 위해 최소한 무엇부터 해야 하는지 울부짖으려는 함성의 미술 언어는 들리지 않는다.

표현주의의 사상 지평은 의외로 넓다. 그리고 복잡한 줄기와 가지를 공유한다. 인상주의 계보도 계보려니와, 표현주의 역시 내재적 갈등과 해체가 후반의 새로운 반발로 이어지는 복잡성은 서로의 거울이다. 따라서 19세기 말 미술사상의 단절과 지속이 지니는 단층구조의 복잡성을 그 자체로 이해하는 일은 중요하다. 세기의 전환기에 나타나는 미술사상의 굴절은 '인상주의-신인상주의-후기 인상주의'의 밀물과 표현주의의 단층구조를 더욱 복잡화하는 '진실주의-신즉물주의'의 썰물을 총체적으로 파악해야만 변화의 얼개를 제대로 인식할 수 있다.

미술의 사상적 변화를 굽어보면 프레임은 자주 바뀐다. 기왕의 흐름 위에 새것이 겹칠 때 '공존'이란 개념은 어느 하나의 완벽한 소멸이나 절대적 퇴조보다 어느 한 압도적 기운의 상대적 약화로 이해함이 옳을 것이다. '주의主義'라는 표현 또한 몇 년 혹은 몇십 년 정도의 강력한 호응과 대중적 인기를 후대 인물들이 정리·호명하는 미술사적 작업의 결과일 뿐이다. 당대의 누구도 그 같은 타이틀을 의식하거나 자임·자부하지 않았던 역사를 보면, 모두가 작위적이며 해석학적인 시도에 지나지 않는 것[34]도 사실이다. 인상주의 시대에 인상주의는 없고 표현주의 시대에도 표현주의는 없다.

세기의 전환을 전후로 인상주의와 표현주의의 산맥이 서양미술사를 가른다고 보면, 각기의 움직임과 이를 추동·분화시킨 운동사적 동력의 정체를 옳게 파악하는 건 늘 중요하다. 다음의 그림 안에,

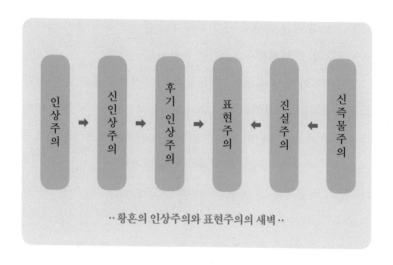

그리고 그 주변부에 숱한 작가들이 모이고 흩어지며 기왕의 압도적 미술사상에 대한 동의와 저항을 인정하는 일도 감안해야 할 것이다. 모네와 마네, 드가와 르누아르의 초기 인상주의가 쇠라의 점묘법을 거쳐 고흐와 고갱의 후기 인상주의[35]로 이어지고 끝내 독일의 새로운 미술사상에 의해 꺾이는 거시변동 과정도 주목하게 된다.

　주목할 것은 키르히너를 필두로 한 '다리파선언Die Brücke manifesto' (1906)에 이어 진영 내부의 저항과 반대가 더 순수하고 지고한 결연함을 낳고 철학적 심화의 자원이 된다는 점이다. 낳고 이끌며 키운 사람은 키르히너였지만, 다리파는 그의 것이 아니었다. 크면 다투고 돌아앉는 경우도 흔한 법이다. 주관적 열정을 표출하는 것만으로는 정치적 격정의 내용을 알 수 없고 추상의 언어로는 소통의 얼개를 마련하기 힘들다는 교훈. 사회정의와 삶의 평화는 국가권력의 일방 계도나 억압으로 실현할 수 없다는 점. 막연한 반동과 과거에 집착하는 온갖 옛것들은 사라져야 하며 대책 없는 기득권 고집은 폐기해야 한다는 사실. 이제 스스로 낡은 세상에 다리를 놓아 전혀 다른 세계로 건너는 데 자신을 녹일 것.

> 발전에 대한 믿음을 지니고 창조하는 새로운 세대에 대한 믿음을 갖고 우리는 모든 젊은이들에게 함께하자고 호소한다. 미래를 맡을 젊은이로 우리는 가난으로부터의 자유와 생명의 자유를 창조하면서 우리의 길목을 차지한 낡은 힘들에 맞서고자 한다. 창조의 충동을 왜곡 없이 표현하는 사람이라면 누구나 다 우리 편이다(다리파선언).

동인들의 알력과 다툼이란 것도 균열 때문이 아니라 사소한 의견 충돌에서 비롯하였다. 의도치 않은 행위의 결과로 모임이 작파하거나 운동 중추가 무너지는 현상을 자주 보게 되는 지성사였고 보면, 1913년 브뤼케의 『크로니크Chronik』에 기고한 키르히너의 한 문장을 놓고 시작한 의견 분열로 1913년 5월 27일, 끝내 모임을 해산[36]한 건 지극히 예민하고 개성적인 예술가들다운 행태였을 것이다. 우정을 기반으로 한 친구들의 결집이 경제적 성공을 낳은 전시공동체이자 미술 단체로 성장하면서 독선적 경향의 키르히너를 거부한 건 당연했다.

오죽하면, 키르히너는 기억을 되살려 그룹을 정리하던 '그날'을 생생히 형상화했을까. 미술 단체 활동 8년 중 하필 실패현장을 소재로 삼았으랴. 그즈음 옛 동료들로부터 그룹 재결성 제안을 받았음에도 '다리파는 이미 과거 미술'이라며 단호히 거절까지 마다치 않았을까. 위의 선언만 내세운 채 명확한 강령조차 없이 —인상주의적 '분리파Sezession'를 단호히 거부하면서— 자발적으로 노동자 촌에서 생활하고 공동체 제작활동으로 기운차게 표현주의 운동을 추구해 간 그들의 사회비판적 열정은 서양미술사의 귀한 정치적 연료다.

중요한 건 그들의 주제다. 다리파 작가들은 물질적이며 타락한 세계에서 느끼는 인간의 억압, 극한감정, 고립과 갈등의 스토리텔링을 주제로 삼는다. 그들은 형태를 적극 왜곡하고 자신들의 주관적 감정을 표현하려 애쓴다. 이것이 바로 그들의 '힘'이자 '짐'이며 동시에 그룹의 '독'이었다. 감정의 표출통로로 그들이 자주 사용한 코드의 공약수는 도시의 매춘과 누드다. 자본주의 사회의 부르주아적 나태와 외면 그리고 국가권력의 고의적 방임이 주는 몰염치를 비판 표적으로 삼되, 다리파 작가들이 자주 그린 누드는 기성세대의 무기력과 무책임한 권위주의의 보수성을 정면으로 거부하는 저항의 도구였다.

특히 키르히너가 빈번하게 채택한 거리의 여인들[37]은 누구도 시선을 마주하거나 소통하지 않는다. 하나같이 날카롭거나 뾰족한 형태로 과장·왜곡시켜 당사자는 물론 바라보는 이들도 예민해진다. 신경질적인 얼굴들은 모두 가면 쓴 것처럼 허구적이거나 차갑다. 색채는 강한 대비를 이루지만 전체적으로 우울한 느낌을 떨쳐 내지 못한다. 키르히너가 바라본 당시 베를린 거리의 모습은 더없이 화려하다. 하지만 도시의 이면은 어둡기 그지없고 머잖아 다가올 전쟁의 비극을 예고한다.

키르히너 그림의 선 처리는 각지고 부자연스럽다.[38] 색조와 형태
도 임의적이거나 주관적이며 표현의 콘텐츠만 중요시할 뿐 고전형
식과 전통을 전혀 의식하지 않는다.[39] 다음 두 그림에서도 작가는
여인의 직업과 당장의 처지를 특정하지 않는다. 처음 그림만 보더
라도 가뜩이나 우울한 블루와 함께 칙칙하며 예민한 붓 터치는 거
북하다. 거울 앞에 앉은 여인의 심사도 밝을 리 없고 이를 대하는
관객 역시 불편할 수밖에 없다. 작가가 먼저이며, 관객은 철저히 나
중인 '것'이 표현주의의 우선 특징이다.[40]

거울 안 여인은 느물느물 묻는다. '누가 그리 고단하게 살라 했냐'
고. '비치는 대로 비출 뿐, 나야 당신처럼 꾸미거나 가리려 한 적 있
냐'고. '언제까지 허겁지겁 좇기만 할 현실이냐'고. 생각과 달리 자
꾸만 욕망을 배반하는 육신의 변화는 여인의 새로운 고민거리다.
표현주의 미술이 매력적인 까닭은 사정없이 드러내는 불편함과 감
추지 못할 진실의 알림이다.

불편한 진실과 관객들을 향한 호된 질문 앞에서 사람들은 난감해
진다. 너는 '그런 적 없냐'고, 그대는 '늘 자신 있냐'고. 안 그래도 부
담스러운 그림 구도가 더욱 짐스럽기만 한 건 자꾸만 찔러 대는 표
현의 각진 칼날 때문이다. 그림만으로도 거북한데 자꾸만 주변 사
람 눈치까지 보게 만드는 것도 작가의 재주치곤 곤혹스럽다. 거울
속 여자와 들여다보는 여인이 전혀 딴판인 것도 능청스럽다.

그다음 그림도 그렇다. 두 남녀 사이가 얼마나 진지한지 그림만
으론 모른다. 오른쪽 남자가 작가 자신인지 아닌지도 그리 중요하

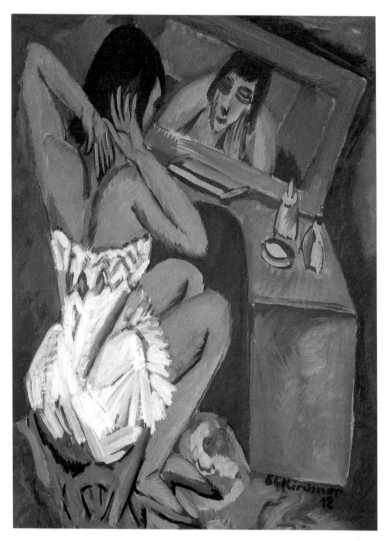

에른스트 루트비히 키르히너, 〈거울 앞의 여인Woman Before the Mirror〉, 1912, 퐁피두 센터.

지는 않다. 즐거워야 하겠지만, 남자는 어딘지 불안하다. '행복'을 생각해야 할 자리는 아닌가 보다. 여인의 불만과 초조도 말끔히 사라지긴 글러 버린 모양이다. 삶의 근본까지 해결해 주지 못하는 남자 처지야 그렇다 해도, 이 순간이 지날망정 크게 달라질 것 없는 나날이야 어차피 고단하기만 할 테니까. 진작부터 애틋하고 살가웠다면 어찌 본능만 따르려 애면글면했던 삶이었을까. 아늑하고 안락한 쿠션도 애꿎게 불편해지며 달갑잖은 순간의 부담을 잊기 위해서라도 쾌락만 절실해지는 이유다. 가뜩이나 현란한 빨강과 짙은 파랑, 그리고 눈부신 노랑(의 삼원색)만으로도 차고 넘치는 건 그래서였을 것이다. 허하면 고프고 더 그리워지는 법.

술과 마약과 섹스는 어차피 문제 해결책이 아니다. 알코올의 몽롱함이니, 약 기운의 알싸함이니 다 마찬가지다. 격정의 사출射出과 음란의 극치를 넘어설 세상 그 어떤 쾌락은 없으려나 다시 헤매어 봐도 핑계는 핑계일 뿐이다. 정녕 괴롭고 또 괴로운 것은 아무리 피하며 숨어 본들, 고통은 엄연하며 감각의 도구만으로 절망의 목뼈를 꺾진 못한다는 점이다. '그'들은 도리어 끝없는 반복과 기다림의 명분만 쌓을 따름이다. 깨고 나면 다시 취해야 하며 잠시 죽어 버린 열락悅樂의 더듬이가 또 한 번 강렬한 탐닉의 기회를 노릴 때, 육체는 땅 위에서 가장 여리고 믿지 못할 삶의 군더더기임을 뉘라 감히 도리질할 것이었을까.[41]

하지만 어쩌겠는가. 쾌적하게 안기어 쉴 요람은커녕, 하소연이라도 들어 줘야 할 국가는 민중과 너무나 멀리 떨어져 있는 것을. 통치의 손길이야 어림없으며 세상사로부터 도망갈 핑계로 넘쳐 나던

에른스트 루트비히 키르히너, 〈즐거움: 기대어 있는 여자Unterhaltung: Liegende Frau〉, 1911, 쿤스트팔라스트 미술관.

패전국가 '독일'의 역사를. 이기기라도 한 전쟁이었던들, 국민에게 한껏 큰소리치고 삶의 미세한 어려움일랑 더더욱 외면할 국가였음을. 야만과 무지는 과감한 실천과 거침없는 저지름에서 꽃피며 그 열매 역시 민중의 '피'와 '눈물'과 '땀'을 마셔야만 오롯이 익어 가는 이치야말로 벌써 터득한 다음인 것을.

작가가 직접 권력을 장악하거나 국가를 접수하는 건 터무니없을 것이다. 손수 문제를 해결하기 위해 직업정치인들이 나서는 것은 당연하다. 그러나 직업정치인들의 무기력과 무책임이 기대의 근본을 무너뜨릴 때, 권력의 퇴폐와 국가위기는 본격화한다. 민중의 분노가 얼굴을 드러내고 '비판'과 '공격'의 경계가 녹아내려 정치적 혼미가 커지는 것도 역사가 일깨운 상식이다. 하물며 그림으로 꼬집고 미술언어로 공박하는 예술정치가 가시화하는 건 '미술정치'의 부자연스러움을 녹이는 매력이다. '우회'나 '비유'가 아니라 '직설'과 '본질'을 파고드는 소위, '진실 알리기'의 노골적 형식을 취할 때 기왕의 표현 지평이 흔들리고 중심축 또한 교란의 터널을 헤쳐야 했던 일들은 잊지 말아야 할 문화변동이다.

매력적인 패러독스에도 불구하고 표현주의 미술정치의 한계는 뚜렷하다. 반항적이며 개척적인 미술정치로 다리파의 실험적 도발은 오래가지 못한다. 내부의 인간관계와 성격적 한계도 문제지만, 구성원들의 작품을 관통하는 주관주의의 과잉과 표현의 팽창이 불러온 설득력 퇴조는 대중적 공감의 위축으로 이어진다. 7년 가까운 세월을 함께했지만, 그들은 결국 각자도생의 길로 접어든다. 미술적 분열을 피하지 못하고 소수가 감당하기에는 도저하기만 한 역사의 와류로 빠져든 것이다.

미술사도 전쟁이었다. 인상주의와 표현주의가 뒤섞이는 미술사의 혼돈은 '탈근대'를 앞세운 작가들의 자유의지로 들끓는다. 일체의 전통과 기하학적 추상에 염증 난 작가들의 반구성주의 경향은 표현주의의 세포분열을 자극한다. 국가는 흔들리고 있었고 가족과 사회는 해체 중이었다. 1차 대전의 화약 내음이 부추긴 정치 비극은 유럽의 국경을 부수고 유로피안의 애간장마저 녹이고 있었다. 전쟁을 막지 못한 나라의 무능이 고난의 씨앗을 퍼뜨릴 때 미술마저 정치에 나서야 했던 과거는 또 다른 아이러니다. 어쩌자고 '정치'는 그리도 무책임했던 걸까.

군인들이 싸우고 작가들이 다투며 직업정치인들이 무지의 세월을 보낼망정, 피 튀기고 살점 뜯기는 전쟁터보다 호된 고통을 치러야 했던 건 전쟁 이후의 '일'이다. 해거름만 되면 거리와 광장에서 과감한 유혹에 나서야 하는 여인들의 처지나, 하룻밤 이름 모를 여인의 품 안에서 과거나마 기꺼이 추억해야 하는 상황은 당대 독일을 들여다볼 창이다. 기다려도 오지 않는 남편은 '그렇게' 전장에서 사라졌고, 당장의 끼니 걱정도 면할라치면 치욕과 수모쯤 기꺼이 견뎌 내야 했으니까. 철학을 이끌고 문학을 빛냈으며 음악을 풍요롭게 한 게르만의 천재들이야 누구와도 맞바꾸지 못할 자존심이어도 그들이 나를 밥 먹여 주는 건 아닌 터였으니까.

큰 전쟁을 물리적으로 다시 막지 못한 독일의 정치적 무능은 크다. 비판과 견제는커녕, 방임과 관음으로 일관한 1920년대는 바이마르의 치명적 자유[42]를 배양한다. 감성적이고 문약하며 쉽게 상처받기 쉬운 '예외공화국'이라는 바이마르 시대(1919-1933)지만, 독일 현대사에서 이 기간은 인문학의 가장 왕성한 발전과 과학기술문명의 성과를 뽐내는 기간[43]이다. 특히 문학, 예술, 철학이 융성한 당대는 히틀러의 후발 억압이 없었더라면 어떤 모습으로 분화·발전했을지 자주 상상을 자극한다.[44] 표현주의는 이 시기를 대표하는 문학사상이자 미술사상체계다.[45] 표현주의는 전쟁 전 아방가르드의 한 부분으로 등장하지만, 20년대를 관통하는 핵심사상으로 개인 위주의 시각을 철저히 고집한다. 그뿐만 아니라 작가를 둘러싼 시대상황을 극도로 '왜곡'시켜 '현재'로 표현한다.[46]

그들 가운데 일부는 인상주의 진영을 떠나 새로운 둥지를 틀기도 하고 부르주아 계급으로부터 대중적 기반을 향해 눈길 돌리거나 좌익으로 과감히 전향[47]하기도 한다. 표현주의의 매력은 미술이 발동한 의도적 왜곡을 영화와 문학[48]이 채택하고 연극[49]과 건축도 기정화하는 탈장르화 과정에서 커진다. 바이마르 시대를 거치며 분명해지는 초기 표현주의에 대한 불만과 이를 기꺼이 넘어서려는 노골적 시도도 주목 대상이다. 그것은 단순히 과거의 표현을 초월하려는 의지 '표출'로 그치지 않고 대상 자체를 바라보는 시각과 이를 향한 접근방법의 근본을 바꾸려는 진영의 내부변화로 본격화한다.

'신즉물주의Neue Sachlichkeit, new objectivism'와 '진실주의verism'라는 용어의 난삽함은 미술사연구에서 허투루 지날 대상이 아니다. 본디 미술 집단의 이름 붙이기entitling나 사상적 흐름에 대한 정리는 '후대' 역사탐구의 결과물이다. 경우에 따라 이들을 한데 묶어 '후기 표현주의'란 용어로 재범주화[50]하기도 한다. 하지만 '포스트post'라는 접

두사 역시 시기적으로 '나중'이란 뜻과 아예 이탈의 의미까지 동시
함축하는 사실을 감안하면 그것만으로도 상당한 논란거리다.

이들 용어의 의미경계는 애매할 뿐 아니라 일정 부분 겹친다. '리
얼리즘'과의 차이 역시 어떻게 변별[51]할는지도 감안해야 한다. 그럼
에도 불구하고 신즉물주의와 진실주의는 쉽게 동일시하거나 녹일
수 없는 독자형식으로 이해할 필요가 충분하다. 기왕의 표현주의는
거부하지만, 당대 시각예술의 개척자들과 새롭게 '뭉칠' 필요를 강
하게 의식한다는 점에서 후자의 행보는 '정치적'이다. 미술의 사회
적 역할은 물론 국가가 이룩해 내지 못하는 삶의 개선을 현실적 반
어로 드러내기 위해서는 별도의 용기가 필요했다. 사실과 현상 자
체에 깃든 진실의 속내를 정밀묘사하려면 어지간한 의지로는 힘겨
웠기 때문이다.

권력의 무능과 유약함을 파고드는 작가들의 표현 자세에 대중은
박수를 보낸다. 무기력한 일탈과 부박한 일상으로 겉돌며 삶의 이
유를 잃어 가는 민중의 이중성과 비겁함을 고발하는 미술적 반어는
권력의 가증스러움을 낱낱이 드러내기 때문이다. 문제는 1) 진실주
의의 태생적 근거로 신즉물주의[52]를 꼽자면 둘의 관계는 무엇이며,
2) 이때 '진실주의'가 표방하는 진실성[53]을 미술사상 전면에 내세울
경우, 주변 미술사상체계가 지닌 '그것'이 자동적으로 부정·희석될
수밖에 없는 모순을 어떻게 이겨 낼 것인지, 3) '정치적 뜻'은 같이
나누되, 끝내 '그룹'은 결성하지 않고 각자의 예술적 귀속을 달리하
는 신즉물주의자들의 침묵이 무엇인지 밝혀내는 일이다.

'신즉물주의'를 모태로 삼는 '진실주의'는 표현주의 운동의 마지

막 장을 이룬다. 대표적 진실주의자인 오토 딕스의 정신적 후원자로 파울 페르디난트 슈미트Paul Ferdinand Schmidt는 진실주의를 심지어 극찬하는가 하면, 구스타브 하르트라우프Gustav F. Hartlaub처럼 '신즉 물주의의 좌파'라고까지 주장하는 이도 있다.[54] 이 같은 해석은 곧 궁극적 탄압 계기로 작용하는 독이 되기[55]도 하지만 전쟁과 전쟁 사이의 사상적 공백을 메우고 누군가는 했어야 할 말을 다 하는 정치적 메신저로 돋보였던 게 사실이다.

누가 어떤 성격의 표현주의를 표방하며 그룹의 분화와 해체를 재촉했는지, 그들 대부분은 과연 동종의 미술사상을 나누는 동지인지 아닌지 살펴보자. 다리파에서 본격 출발하는 표현주의는 사실상 '세대'와 '학파'라는 길고도 견고한 기준을 바탕으로 삼긴 어렵다. 왕성하게 타들어 가긴 하였으되, 현존 권력의 허망한 폭력 의지마저 온전히 재로 만들진 못했기 때문이다.

불꽃에서 별빛으로 화석화해 버린 그들의 과거는 20년 조금 넘는 짧은 기간(1906-1933)으로 좁혀진다. 정확히 말해, 키르히너의 '다리 파선언' 이후 등장과 소멸을 거듭한 작가들이 별도의 그룹 없이 (히틀러에 의해 퇴폐예술가로 낙인찍히기까지) 표현주의의 명맥을 이어 간 건 고작 27년가량이다. 그들의 예맥이 생각보다 길지 않았던 건, 뒷심의 모자람을 잘 말해 준다. 분방함만으로는 표현의 역사를 잇기 힘겨웠던 것이다.

표현의 본질은 '정확성'에 있고 이를 위해 작가는 '잘 보아야' 한다는 것. 정밀하게 보려면 표현하려는 대상을 향한 각별한 의식과 감각으로 진중하게 다가서야 한다는 사실. 이들을 동시에 '각인함'은 그래서 중요하다. 그러려면 표현주의의 고전성을 딛고 평소에 보지 못한 것들을 같은 오브제에서 추출할 수 있는 기운, 즉 진실한 안목이 필요했다.

그것은 일상으로 지나치던 사물과 사람을 향한 새삼스런 애정과 각별한 관심을 전제한다. 빠져들 듯 다가서더라도 빠지진 않기. 그려야 할 것들과 껴안고 싶은 것을 끝끝내 분간하기. 불보다 뜨겁게 보되, 얼음보다 차갑게 표현하기. '즉물'과 '신즉물'을 가르는 차이다. 철학적 진지함의 지탱은 미술에서도 가혹한 업이다.

··독일 표현주의의 단절과 지속··

표현주의 작가 유형	작가
다리파	에른스트 루트비히 키르히너 Ernst Ludwig Kirchner 에리히 헤켈 Erich Heckel 카를 슈미트-로틀루프 Karl Schmidt-Rottluff 막스 페히슈타인 Max Pechstein 오토 뮐러 Otto Müller
북부 독일 표현주의	에밀 놀데 Emil Nolde 파울라 모더존-베커 Paula Modersohn-Becker 크리스티안 롤프스 Christian Rohlfs
청기사파	바실리 칸딘스키 Wassily Kandinsky 프란츠 마르크 Franz Marc 알렉세이 폰 야블렌스키 Alexej von Jawlensky 가브리엘레 뮌터 Gabriele Münter 마리안네 폰 베레프킨 Marianne von Werefkin
라인파	아우구스트 마케 August Macke 하인리히 캄펜동크 Heinrich Campendonk 빌헬름 모르그너 Wilhelm Morgner

도시파	막스 베크만 Max Beckmann 오토 딕스 Otto Dix 조지 그로스 George Grosz 콘라트 펠릭스뮐러 Conrad Felixmüller 루트비히 마이드너 Ludwig Meidner 라이오넬 파이닝어 Lyonel Feininger
빈 표현주의	오스카어 코코슈카 Oskar Kokoschka 에곤 실레 Egon Schiele
신즉물주의	브루노 율리우스 플로리안 타우트 Bruno Julius Florian Taut 에른스트 마이 Ernst May
진실주의	오토 딕스 조지 그로스 막스 베크만 크리스티안 샤드 Christian Schad 루돌프 슐리히터 Rudolf Schlichter 게오르크 숄츠 Georg Scholz 카를 후부흐 Karl Hubbuch
마술적 사실주의	안톤 레더샤이트 Anton Räderscheidt 게오르크 슈림프 Georg Schrimpf 알렉산더 카놀트 Alexander Kanoldt 카를 그로스베르크 Carl Grossberg 잔 마멘 Jeanne Mammen

이 표는 키르히너 이후 마술적 사실주의에 이르는 제한된 시기의 표현주의 계보를 압축한 결과다. 신즉물주의가 진실주의로 분화하는 일련의 과정과 마술적 사실주의로 정착, 다원화하는 모습을 볼 수 있다. 키르히너의 위상은 여기서도 공고하며 확장성 역시 엄연하다. 미술적으로 '용감하다'는 평가와 천재적 성실성의 인정은 좀체 한 작가가 동시에 얻기[56] 어려운 법이다. '탁월하게 부지런'한 호

전적 작가?

표현주의 미술사상이 강고히 지탱할 수 있었던 건[57] 우연이 아니다. 신즉물주의의 출현이 진실주의와 마술적 사실주의의 등장을 자극·견인하는 과정[58] 역시 표현주의의 이론적 분화로 이해할 필요가 있다.[59] 하지만 이에 대한 학문적 합의는 아직 이루어지지 않았다. 사상사 일반의 단절과 지속의 맥이 애당초 불분명하거나 상당 부분 겹치는 것처럼 이들 사이의 변별도 명쾌하진 않다. 후대의 사상적 파장은 기왕의 영향력의 부정과 극복을 발판으로 삼는다. 하지만 '신즉물주의'와 '진실주의'가 '표현주의'라는 기왕의 미술사상과 관계 맺는 방식은 앞서 다룬 인상주의와 표현주의가 지니는 그것과 근본적으로 다르다.

신즉물주의와 진실주의가 표현주의에 반대하는 것처럼 비치는 모습도 인상주의에 저항하던 표현주의와는 뿌리부터 다르다. 전자가 후자를 복제한다고 믿는 건 오해다. 이들 사이는 단절과 이질성을 근본으로 삼지 않는다. 신즉물주의와 진실주의는 표현주의가 내건 비의도적 주관주의와 그 과잉을 솔직하게 비판한다. 하지만 엄밀하게 따지면, 표현주의 없이 신즉물주의는 존재할 수 없다. 동시에 진실주의의 예술적 태생도 불가능하다.

표현주의가 감수해야 할 오해의 지평은 의외로 넓다. 표현주의 작가들의 역사적 무게는 그들을 담는 꼬리표로 판가름 나지 않는다. 보는 이들의 입장에 따라 상대의 역량과 위상이 달라지기 때문이다. 앞의 표만 보더라도 작가들의 역사적 자리매김이 간단치 않고 해석의 디테일 역시 다양함을 알 수 있다. 특히 주도적 작가들로

오토 딕스와 조지 그로스, 막스 베크만 같은 경우는 하나의 잣대로
만 측정하기 힘든 미술정치성을 공유한다.

　이들의 무게중심은 '표현주의'를 벗어나지 않는다. 미술로 혁명
하고 회화와 드로잉으로 이어 가는 풍자와 저항은 충분했다. '표현'
그 자체만 의식하며 자기 의지를 '전면화·총체화'하는 일은 물리지
못할 미술정치였다. '그들'이 신즉물주의자인지, 진실주의자인지는
중요하지 않다. 그들 모두가 표현주의자가 아니었을 것이라는 의심
은 하지 말도록 하자. 차라리 그들이 새로운 '인상주의자'라는 억지
주장을 하지 않을 것이라면 말이다. 놓치지 말 것은 그들의 용기와
열정의 값어치다. 이를 모르면 그들은 그저 은하수 속 이름 없는 별
들로만 남으리라.

주석

×

1   표현의 논의가 미술의 독점 대상이 아님은 어제오늘의 일이 아니다. 예술의 전 영역을 누비는 격렬한 주제 가운데 하나다. 문학창작은 물론 영화제 작과 미술교육현장에서도 표현과 재현은 대표주제다. 이를 둘러싼 탐구의 대 강으로 다음 연구들을 참조할 것. 정병기, 「정치적인 것의 영화적 재현과 표현, 그리고 재현과 표현의 정치학」, 한국사고와표현학회, 『사고와 표현』 제9집 1호 (2016), 263-292쪽; 장석정, 「재현과 표현」, 가톨릭관동대학교 인문과학연구소, 『인문학연구』 제19집(2014), 61-90쪽; 남영림, 「미술 표현 교육의 변화 모색: 재 현을 넘어 표현으로」, 한국국제미술교육학회, 『미술과 교육』 제18집 1호(2017), 103-120쪽.

2   이 가운데 국가적인 명분, 특히 위기와 절망상황을 내건 총체적 민중 동원까지 마련되는 까닭도 이해 못 할 리 없다. 하물며 정치권력을 장악한 자들 의 무능과 무책임으로 역사적 핍박과 억압을 무릅써야 한다든지, 당장 상대를 죽이지 않으면 내가 죽어야 하는 전쟁의 절박함까지 감안하면 미술도 무위와 침묵만 되풀이할 수 없었을 터다.

3   작가의 사회적 주변과 문화적 대척점에 관객과 화상(畵商)들이 자리 하는 건 극히 자연적이다. 여기서 미술정치의 지평과 인식의 한계가 어디까지 넓혀질는지 묻는 작업은 자못 중요하다. 그리고 그들 삼각관계의 정치경제학적 매커니즘과 합리적 선택 과정 역시 탐구 대상이다. 서로 다른 의지와 목적, 혹

은 동기유발의 장을 마련하게 될 것이라는 데 남은 관심이 쏠리는 건 당연하기 때문이다. 그 어느 미술정치적 주체도 스스로 손해를 감수하거나 일방의 자기 희생을 무릅쓰진 않을 것이라는 게 일상의 사회적 판단이니 말이다. 관객의 목적과 갤러리 운영자의 그것이 일치할 리 없고, 이를 의식하는 작가의 진짜 속내가 같을 수야 없지 않겠는가.

4   단 프랑크 지음, 박철화 옮김, 『보엠 1: 몽마르트르의 무정부주의자들』(서울: 이끌리오, 2000a), 7-8쪽.

5   작업의 추동 주체는 반드시 직업정치인이나 혁명가들로만 귀착되지 않는다. 예술가들의 활동과 인간됨을 각별히 주목해야 하는 이유다. 새로운 미술사상의 태동과 확산 과정에서 작가의 역할을 강조하는 프랑크의 다음 주장에 주목할 것. "정직한 예술가의 영원한 언어를 구성하는 힘은 바로 회의(懷疑)다. 새로운 작품은 결코 거저 얻어지지 않는다. 기존의 어떤 것에도 근거를 둘 수 없고, 심지어는 앞서 존재했던 예술 작품에도 바탕을 둘 수 없기 때문이다. 성공이나 대중들이 묻는 관심은 일시적인 것이므로, 매번 다시 원점에서 출발해야 한다. '0'인 원점은 하나의 심연이다. 예술가는 오직 자신만의 호흡으로 살아가는 존재인 것이다. 만일 이런 고유한 호흡이 사라지면 모든 것이 끝장난다. 이렇게 태동 중인 작품과 대면하고 있는 인간들이 있다. 바로 예술가들이다." 위의 책, 11쪽.

6   이들의 만남과 관계에 대한 인문적 상상으로는 다음을 참조할 것. Sue Roe, *In Montmartre: Picasso, Matisse and Modernism in Paris, 1900-1910* (London: Penguin, 2015); *In Montparnasse: The Emergence of Surrealism in Paris, From Duchamp To Dali* (London: Penguin, 2018).

7   "뭉크는 '카메라가 천국이나 지옥에서 사용될 수 없는 한, 사진은 결코 그림의 경쟁 상대가 될 수 없다'고 말한다. 그림이 카메라가 가지 못하는 곳에 갈 수 있다면, 이 세상에서 보이는 것 이상을 보여 줄 수 있어야 한다"는 것이

다. 로라 커밍 지음, 김진실 옮김, 『자화상의 비밀: 예술가가 세상에 내놓은 얼굴』(파주: 아트북스, 2018), 356쪽.

8   피카소의 파리 라이프에 대해서는 단 프랑크 지음, 박철화 옮김, 앞의 책 다시 참조할 것. 더 구체적인 실증자료로는 다음을 주목할 것. Billy Klüver, *A Day With Picasso: Twenty-Four Photographs by Jean Cocteau* (Cambridge, MA: The MIT Press, 1999). 우리말 번역으로는 빌리 클뤼버 지음, 이계숙 옮김, 『피카소와 함께 한 어느날 오후』(서울: 창조집단 시빌구, 2000) 참고.

9   근대미술이 본격 태동할 무렵까지 '사실'과 '현실'은 외면의 대상일 따름이다. 이는 단지 다가올 미래를 비추는 한갓된 순간이자 덧없는 욕망과 허무를 대변한다. 아주 잠시나마 별빛처럼 영롱한 기운을 띠거나 생명과 자연의 텃밭으로 엄존하지만, 그것만으로는 있어도 '없고' 보여도 존재하지 '않는' 시간의 주변으로만 지탱한다. 구원 대상으로만 여긴 인간과 땅의 이야기들이 본연의 색을 찾는 시기는 19세기에 들어와서다. 현실, 특히 사회 현실의 사실 인식을 둘러싼 의외의 지체와 표현유보는 미술사의 비극으로 다시 들여다볼 이유가 충분하다.

10   단 프랑크 지음, 박철화 옮김, 앞의 책, 135-136쪽.

11   마넌 영과 같은 경우가 대표적이다. '빛의 예술'이라며 열광하였던 19세기 말 '인상주의' 시대에도 '리얼리즘'의 파괴력은 엄연했다는 것이다. 시각적 이미지가 아로새기는 아름다움과 그 영향력이 아무리 미술의 본령을 장악한다 해도 빈곤과 고통, 절망과 고단함이 압도하는 사회 현실과 함께 노동의 신성함은 표현미학의 추구에서 빠질 수 없다. 리얼리즘의 위력이 당대 인상주의의 위용을 가리거나 증발시켜 버릴 수야 없지만, 후자의 압도감이 전자의 예술적 비중 자체를 배제하거나 무시할 만큼 치명적이진 않다는 시각은 주목할 만하다. 르누아르와 마네가 그림판을 주름잡고 모네와 드가가 당대의 미술을 이끌었을망정, 미술현장에 '독재자는 있을 수 없다'는 게 마넌 주장의 핵이다. 가

을 추수가 끝나고도 쉬지 못하는 프랑스 농민들의 농업 현실을 건초더미 작업
(haymaking)으로 추적하는 쥘 바스티앵-르파주, 민중의 망중한을 즐겨 그리는가
하면 〈마루 깎는 사람들(floor-scrapers)〉로 유명한 귀스타브 카유보트, 광부들의
봉기를 표현한 알프레드-필리프 롤, 〈압생트 마시는 사람들〉처럼 오갈 데 없는
이들의 술 마시는 풍경을 묘사한 장-프랑수아 라파엘리, 허구한 날 술에 절어
사는 모주꾼(drunkards) 모습마저 뒤쫓는 제임스 엔소르 등이 그들이다. Marnin
Young, *Realism in the Age of Impressionism: Painting and the Politics of Time* (New
Haven, CT: Yale University Press, 2015), p. 34, 48, 110, 128, 153, 156-157, 161, 178.

12   너무나 식상하여 되레 클래식한 콘셉트로 전락하는 포스트모던 시
대에 여전한 위력을 발휘하는 '서예'하며 극사실주의도 모자라 실체 이상의 사
실적 묘사마저 뛰어넘으려는 사진까지 공존하는 오늘, 장르의 겹침과 비동시적
혼존은 무엇을 뜻하는지 다시 새길 일이다.

13   미술사 연구에서 시간의 종단과 횡단은 늘 중요하다. 미술사를 비롯
한 역사탐구 과정은 흔히 시간의 일방적 흐름을 당연시하는 종적 사고를 중심
축으로 삼는다. 연대기에 기대어 무의식적으로 과거를 지향하는 자세는 그래서
흔하다. 하지만 역사가 이루 헤아리기 힘들 만큼 숱한 '관계'와 '관계'의 유기적
결합이며 동시대적 공존의 단위들이 빚는 강제적·자연적 결과물이란 사실은
손쉽게 잊는다. 그렇다고 인습적 망각이 곧 실체적 부정과 물리적 배제를 뜻하
는 건 아니다. 자연스런 선입견이 탐구의 여백과 틈새를 늘 방치하고 만다는 사
실은 아쉽다. 중요한 것은 같은 시대를 걷는 '옆의 존재'들과 그들이 남기는 온
갖 궤적 가운데 탐구의 공약수를 찾고 분류하며 나아가 견줘 보는 일이다. 과연
1880년대 유럽의 시공간 속에서 참담하게 술 마시는 이들을 소재로 삼은 작가
들의 정치심리적 동기는 비슷할까, 다를까. 과거와 현재의 기계적 비교보다 당
대 작가들의 작업과 동일 주제를 둘러싼 횡적 성찰은 그 때문에라도 아무리 강
조한들 지나치지 않다. 역사를 '시간'의 흐름으로만 이해하려는 편견은 '곁'을 바

라보려는 노력으로 부단히 줄여 나가야 하지 않았을까.

14   웜우드(wormwood, 다북쑥속 식물)로 증류한다. 아니스(anise)를 비롯한 허브향이 강하다. 웜우드는 '수존(thujone)'이라는 약한 환각 성분을 포함한다. 물과 희석해 마시지만, 이 경우 색깔이 초록(혹은 연두)에서 우유처럼 불투명해진다. 페르노(Pernod)나 리카(Ricard), 삼부카(Sambuca), 우조(Ouzo) 등 아니스를 포함한 술 대부분은 불투명하고 압생트를 대신하는 칵테일 재료로 쓰이기도 한다. 이 술은 1900년대 초 미국과 프랑스, 일부 유럽국가에서 반입과 생산이 불가한 품목으로 지정되었고 현재는 체코공화국만 유일한 생산국으로 남아 있다. 고흐가 자주 마신 술로도 유명하다.

15   중요한 것은 미술의 '정치력'을 양적 부피로 이해하는 게 아니라 그것이 질적 기미임을 알아차리는 데 걸리는 시간이다. 순간, 자신의 감각 지평이 얼마나 크게 넓혀지는지 자각하는 정도는 그다음 문제다.

16   Marshall McLuhan · Lewis H. Lapham, *Understanding Media: The Extensions of Man* (Boston, MA: The MIT Press, 1994), p. 7.

17   Marshall McLuhan · Quentin Fiore, *The Medium is the Massage: An Inventory of Effects* (London: Penguin Classics, 2008), p. 10.

18   화가를 작가의 반열로 품거나 동일한 범주 안에 가두려 할 때 굳이 '페인터(painter)'라는 용어로 변별력을 키우는 까닭도 이즈음 다시 생각해 볼 일이다. '작가'란 용어는 본디 이 땅 위에 없는 문장을 지어내거나 만들어 '있게 하는' 작위적 주체로 인식·사용하는 게 사회적 관례다. 하지만 존재하지 않는 점과 선, 면을 창작하는 능동적 주역으로 화가를 작가와 동일시하는 용례의 확장은 이상할 리 없다.

19   증기기관을 장착한 기차의 출현과 카메라의 확산은 인상주의를 극적으로 자극한다. 시간과 빛, 대기에 의해 시시각각 변하는 색을 포착한 인상주의자들은 물감을 '찍고' 캔버스에 '묻히는' 찰나의 순간으로 기억해 낸다. 하지만

인상주의 작품들은 정확한 사물과 인물묘사가 없다. 붓을 댈 때마다 작가의 생각과 추억, 느낌에다 그림 그릴 때의 날씨나 빛의 양, 시간에 따른 모든 변화가 담기게 될 따름이다. '있는 그대로가 아니라 보이는 대로 그려야' 했기 때문이다. 김나은, "인상주의, 물감을 들고 기차에 올라 순간을 잡아내다,"『홍대신문』, 2018년 3월 6일 자 기사 참조.

20   '미술을 미술로만 보아서는 곤란하다'는 홍석기의 주장은 남다르다. 그가 보는 인상주의의 얼굴은 세 가지다. 첫째, 아방가르드 운동으로서의 인상주의다. 둘째, 인상주의를 근세의 해석자로 고려한다. 셋째, 국제적 예술 양식으로 인상주의가 지니는 비중이다. 홍석기, 『인상주의: 모더니티의 정치사회학』(서울: 생각의나무, 2010), 175-258쪽.

21   E. H. Gombrich, *The Story of Art* (London: Phaidon, 2001), p. 563.

22   노버트 린튼 지음, 윤난지 옮김, 『20세기의 미술』(서울: 예경, 2007), 25쪽.

23   방대한 탐구사의 흔적과 근거는 생략한다. 다만 논의의 핵심 단서로 다음을 참조할 것. Charles Harrison·Paul Wood eds., *Art in Theory 1900-1990: An Anthology of Changing Ideas* (Malden, MA: Blackwell Publishers, 1997), pp. 333-337.

24   김영나, 『서양 현대미술의 기원 1880-1914』(서울: 시공사, 2009), 211쪽.

25   E. H. Gombrich, *op. cit.*, p. 610.

26   Roger Cardinal, *Expressionism* (London: Paladin Books, 1984), p. 31.

27   *Ibid.*, p. 33.

28   *Ibid.*, p. 35.

29   *Ibid.*, p. 54.

30   *Ibid.*, p. 70.

31   *Ibid.*, p. 126.

32   *Ibid.*, pp. 126-127.

33   정치적 꿈은 당장 실현되지 않는다. 비용의 지불과 기다림을 촉구한

다. 자유와 평등을 이룩할 기간은 몇 개의 정권과 공화국 교체로 이해할 것이다. 그러나 미술정치 효과는 작품을 보는 순간, 즉발적으로 이루어진다.

34   마르크스가 자신은 '마르크시스트'가 아니라고 선언하는 것이나, 표현주의의 프론티어인 키르히너 자신도 당대의 열화 같은 운동 중심이나 '표현주의자'라는 고유명사 안에 갇히기 싫어했음은 '같다'.

35   '후기 인상주의'는 1890년에서 1905년 사이의 프랑스 미술사상을 일컫는다. 이 단어를 처음 사용한 사람은 영국의 비평가 로저 프라이(Roger Eliot Fry, 1866-1934)로, 그는 이를 '인상주의 이후의 흐름'으로 가볍게 사용한다. 이 말이 신인상주의·상징주의·야수파까지 포괄하는 의미로 자주 사용되기 때문이다. 프라이가 1910년에 개최한 '마네와 후기 인상주의자들' 전시회는 실제로 고흐·고갱·세잔 외에 신인상주의자인 쇠라, 야수파인 마티스·드랭·블라맹크의 작품까지 포함했다. 오늘날 '후기 인상주의'는 주로 고흐·고갱·세잔의 사상 등을 가리킨다. 이에 대해서는 다음을 참조할 것. 진중권, 『진중권의 서양미술사: 인상주의 편』(서울: Humanist, 2018), 220-250쪽.

36   이에 대해서는 다음 문헌을 참조할 것. Peter Selz, "E. L. Kirchner's 'Chronik der Brücke'," *College Art Journal*, Vol. 10, No. 1 (Fall 1950), pp. 50-54; *German Expressionist Painting* (Berkeley, CA: University of California Press, 1974), pp. 140-143.

37   Sherwin Simmons, "Ernst Kirchner's Streetwalkers: Art, Luxury, and Immorality in Berlin, 1913-1916," *The Art Bulletin*, Vol. 82, No. 1 (March 2000), pp. 117-148.

38   그의 초기 회화 전반에 대해서는 다음을 참조할 것. 김향숙, 「에른스트 루드비히 키르히너: 베를린 시대(1911-1918)의 여성이미지」, 서양미술사학회, 『서양미술사학회 논문집』 제16집(2001), 37-63쪽.

39   이현애, 「에른스트 루드비히 키르히너의 다보스 후기 작품 연구」, 서

양미술사학회, 『서양미술사학회 논문집』 제31집(2009), 95-122쪽.

40   모든 미술이 관객부터 '배려'해야 한다고 오해하지는 말자. 표현주의가 빠져드는 주관주의의 늪을 강조하려는 것뿐이다. 여기서 드가의 예술론은 중요하다. 그는 '미술이란 자기가 본 결과물이 아니라, 다른 사람들이 보게 하려고 만든 것(Art is not what you see, but what you make others see)'이라고 단언한다. 타자를 의식하지 않고선 드가의 미술이 불가능한 이유다. 다음을 참조할 것. Camille Laurens, *Little Dancer Aged Fourteen* [tr. from the French by Willard Wood] (New York: Other Press, 2018), p. 52.

41   성매매는 유럽 전역의 관심 대상으로 급부상하게 된다. 특히 1차 대전 이후의 프랑스 사회가 젖어 드는 환락문화에 대해서는 다음을 참조할 것. Brassaï · Richard Miller, *The Secret Paris of the 30s* (London: Thames & Hudson, 2001). 카바레는 19세기 말 프랑스에서 싹터 1920년대부터 1930년대 초까지 독일정치와 문화를 독특한 풍자 대상으로 꽃피운 아방가르드 배양소다. 다양한 유형의 카바레가 지니는 공동의 특징은 '공연'과 자욱한 담배 '연기'와 들뜬 '분위기'였다. 이에 대해서는 다음을 참조할 것. Jerrold E. Seigel, *Bohemian Paris: Culture, Politics, and the Boundaries of Bourgeois Life, 1830-1930* (Baltimore, MD: Johns Hopkins University Press, 1999), pp. 215-241. 당대 카바레 문화는 다음을 주목할 것. 리사 아피냐네시 지음, 강수정 옮김, 『카바레: 새로운 예술 공간의 탄생』(서울: 에코리브르, 2007); 정현경, 「예술장르로서의 카바레 연구」, 한국세계문학비교학회, 『세계문학비교연구』 제48호(2014 가을호), 271-294쪽.

42   '주어진 자유(the given liberty)'가 부담스러워 타자에게 맡기려 들던가 아예 도망까지 가려는 민중은 전체주의 최고의 먹잇감이다. 대가가 필요한 자유는 압박이며 짐이다. 이 같은 심리를 '모태환귀증(母胎還歸症)'으로 진단하는 에리히 프롬의 생각은 흥미롭다. 위기가 닥치면 당장 엄마 품부터 그립고 실제로 '안겨야만' 불안에서 벗어나는 심리는 나이 차이로 건줄 대상이 아니다. Erich

Fromm, *Escape From Freedom* (New York: Henry Holt, 1994).

43   신일범, 『바이마르 공화국 연구』(서울: 단국대학교출판부, 1999).

44   A. J. 니콜스 지음, 오인석 옮김, 『바이마르 공화국과 히틀러』(서울: 과학과인간사, 1980).

45   Eric D. Weitz, *Weimar Germany: Promise and Tragedy* (Princeton, NJ: Princeton University Press, 2018), pp. 251-296; 피터 게이 지음, 조한욱 옮김, 『바이마르 문화: 국외자들의 내부』(서울: 탐구당, 1983).

46   Rainer Metzger, *Berlin in the Twentieth: Art and Culture 1918-1933* [picture ed. by Christian Brandstätter] (London: Thames & Hudson, 2007).

47   Martin Kley, *Weimar and Work: Labor, Literature, and Industrial Modernity on the Weimar Left* (New York: Peter Lang, 2013); Martin Jay, "The Weimar Left: Theory and Practice," Peter E. Gordon·John P. McCormick eds., *Weimar Thought: A Contested Legacy* (Princeton, NJ: Princeton University Press, 2013), pp. 377-393.

48   김충남, 『표현주의 문학』(서울: 지식을만드는지식, 2013).

49   J. L. 스타이안 지음, 윤광진 옮김, 『표현주의 연극과 서사극: 현대연극의 이론과 실제』(서울: 현암사, 1988).

50   '다리파' 이후의 흐름을 거부하고 억압받는 현실의 구체적 진술과 정밀한 항변의 예술언어를 독자적으로 구사하려는 작가들을 한데 묶는 조어다. 하지만 이 용어가 '신즉물주의'와 '진실주의' 그룹을 대체하거나 광범위하게 감쌀 만큼 압도적 우위를 점하는 건 아니다. 후기 표현주의의 전개와 구성은 다음을 주목할 것. Dennis Crockett, *Post-Expressionism in Germany, 1919-25* (University Park, PA: Pennsylvania State University Press, 1999).

51   신즉물주의와 진실주의가 리얼리즘과 일정 부분 의미의 연대를 강화하거나 그와는 어떻게 다른지 파악하려면 리얼리즘 자체의 역사를 치밀하게 따

져 볼 필요가 있다. 특히 자연주의와 마술적 사실주의처럼 부분적으로 겹치는 인문사상들이 '리얼리즘'이란 이름의 거대 초상을 그리는 데 어떤 역할을 담당 하는지 살펴려면 다음 문헌을 참고할 것. Boris Röhrl, *World History of Realism in Visual Arts 1830-1990: Naturalism, Socialist Realism, Social Realism, Magic Realism, New Realism and Documentary Photography* (Hildesheim: Georg Olms Verlag, 2013), pp. 424-427.

52   회화와 사진부문의 분석으로 다음을 참조할 것. Hans Gotthard Vierhuff, *Die Neue Sachlichkeit: Malerei und Fotografie* (Köln: DuMont, 1980).

53   딕스와 그로스가 대표 주자로 나서는 진실주의의 '진실성'은 당대 미술사상 전반의 정치적 침묵을 정면에서 깨려는 '진지함(sincerity)'과 '솔직함 (frankness)'을 담고 용기와 '단호함(boldness)'을 골자로 삼는다.

54   Olaf Peters, "Verism in Otto Dix and George Grosz: Art and Politics in the New Objectivity," Ingrid Pfeiffers ed., *Splendor and Misery in the Weimar Republic: From Otto Dix To Jeanne Mammen* (München: Hirmer, 2018), p. 81.

55   안 그래도 못마땅한 진실주의 작가들을 좌익으로 몰아세우는 극우적 발상 위에 '퇴폐' 집단이라는 꼬리표까지 붙이는 건 시간문제였다. 나치의 그 같 은 계산을 건뎌 내지 못한 작가들이 철저한 자기부정으로 진실성을 지키려 한 점이나 한사코 폭력의 디테일을 확대 재생산한 당국의 광분은 상상을 넘어선 다. 퇴폐작가로 몰린 딕스가 스스로 고립해 버리는 경우나 점차 입지가 좁아 드 는 그로스와 베크만이 미국행을 결심하는 것도 모두 이를 잘 말해 준다.

56   키르히너의 평가는 간단치 않다. '용기'만으로 분석하면 특유의 정치 성을 놓치고 '실험'이나 전위적 '도발'로만 이해하려면 대중적 파장을 배제할 가 망이 크기 때문이다. 다음 연구들은 이들 사이의 균형을 꾀한다. Felix Krämer ed., *Ernst Ludwig Kirchner: Retrospective* (Ostfildern: Hatje Cantz, 2010); Katharina Sykora, *Weiblichkeit, Großstadt, Moderne: Ernst Ludwig Kirchners Berliner*

Straßenszenen 1913-1915 (Berlin: Museumspädagogischer Dienst Berlin, 1996); Deborah Wye, *Kirchner and the Berlin Street* (New York: Distributed Art Publishers, 2008).

57   신즉물주의의 등장 이전까지 표현주의의 고전적 전개에 대해서는 디트마어 엘거의 분류를 따르기로 한다. 이에 대해서는 다음 문헌을 참조할 것. Dietmar Elger, *Expressionism: A Revolution in German Art* (London: Taschen, 2018), p. 5.

58   다음 블로그 글을 참조할 것. 이웃집스누피, "79. [19장] 모더니즘 미술⋯ 14편 신즉물주의," 네이버 블로그(partlycloudy), 2017년 7월 27일. https:// blog.naver.com/partlycloudy/221061369742

59   Stephanie Baron・Sabine Eckmann eds., *New Objectivity: Modern German Art in the Weimar Republic, 1919-1933* (München: Prestel, 2015); Julia Bulk et al., *Otto Dix and the New Objectivity* (Ostfildern: Hatje Cantz, 2012); Emma Chambers ed., *Aftermath: Art in the Wake of World War One* (London: Tate Publishing, 2018); Otto Dix, *Das Auge der Welt: Otto Dix und die Neue Sachlichkeit* (Ostfildern: Hatje Cantz, 2012).

표현주의의 지속과 변화:
보이지 않는 것과 보지 못하는 것

1.
후기 표현주의의 분화:
진실주의 · 신즉물주의 ·
마술적 사실주의

　그림은 달라지고 있었다. 초상화와 종교화 아니면 사실적 자연묘사가 전부였던 중세미술에서 현실을 말하거나 권력을 조롱할 용기란 어림없었다. 프랑스혁명 이후 두 번이나 세기가 바뀌도록 미술이 사회를 논박할 정도로 국가와 역사의 앞줄에서 용감하지 못했던 과거를 돌아보는 건 허망하다. 예술 일반의 정치적 무관심 외에도 '언급'과 '개입'이 불러올 후환은 두려웠으리라. 권력으로부터 사게 될 '미움'의 대가와 공포비용을 모두 따져 본 결과였을 것이다.

　작가의 정치적 침묵을 사회적 직무유기나 무책임만으로 몰아갈 수는 없었다. 비판의 외면과 공격의 빈곤은 미술의 경우 당연했다. 권력 앞에 다소곳해야 한다는 주문은 관행이었기 때문이다. 예속이나 무언의 추수追隨가 지극히 당연했던 과거는 복종의 체화가 베푼 안온함의 열매였다. 세상 살기는 힘들고 나아질 리 없는 정치 현실 따위야 불만스러웠지만, 주문에 응하며 삶의 방편을 마련해야 하는 미술의 처지가 여기까지 나아갈 필요는 없지 않았을까.

당장의 빈곤과 어려운 처지 앞에서도 의연함은 그것만으로도 숭고하였을 것이다. 그런데 왜 '정치'인가. 빛과 그림자의 떨림이 미술의 새로운 감동을 재생산한다고 믿는 인상주의가 획기적 대안이라면서, 미술의 정치화는 왜 자꾸 들먹여야 하는가. 태양의 각도와 그림자의 몽롱함을 기운 삼아 굶주리고 허덕이며 어처구니없는 세상의 불공정은 물론 부도덕의 압도적 세례까지 이겨 내리라 기대하는 것도 그런대로 괜찮지 않았을까.

딱 '여기까지'였다면, 서양미술사는 시시하였을 것이다. 기법이 눈부시고 묘사가 기발했다는 이유만으로 표현의 미술정치력이 소임을 다하였으리라 믿는 건 지나치다. '새롭기'만 하면 전근대를 '벗어났다'고 믿든지, 변혁의 대중성을 담보하기만 하면 끝이란 생각은 곧 설익게 마련이다. 모더니티란 이름의 갑옷도 아무 때나 그리고 누구나 걸칠 견고한 패션은 아니었다. 그것만으로 중세성이 사라지는 양 인식하는 조급한 동일시 효과는 착시 아니면 시각적 어리석음이었다.

단지 두 개의 그림만 견주며 표현의 시대 편차와 그에 얽힌 복잡한 사연의 디테일을 내다 버리는 건 무리다. 과잉 단순화의 오류를 무릅쓰면서 다른 시대의 회화들을 함께 살피려는 문제 말이다. 아울러 '단순비교'만큼 차이의 크기를 즉시 헤아릴 방법도 드물다는 사실을 새삼 깨닫는다. 다음 두 그림에서 드러나는 확연한 '다름'은 작위적 결과다. 이는 인상주의와 표현주의의 편차를 짚을 강제적 메소드다. 그 결과 자연과 사회의 대립은 물론, 현상 자체를 달리하는 본원적 차이 때문이란 비판부터 감당해야 할는지 모른다.

작품의 연대 편차가 17년이란 사실은 별 의미가 없다. 이 간격은 자연발생적 진화나 화학적 발효 같은 일방의 변화를 뜻하는 기간도 당연히 '아니다'. 그것은 모두 작가 자신의 몫이며 대상을 향한 주관적 판단과 관찰 결과다. 표현의 정치력은 서로 다른 반응을 유도하고 감동과 공감범주를 넓힌다. 거기서 각자 자기영역을 마련한다는 점도 잊어서는 안 된다. 붓의 솔기가 대상의 사물을 각박히 뒤쫓지 않더라도 그 이상의 효과를 불러일으키는 까닭은 그렇담 뭘까.

검정과 인디고블루 사이의 어느 한 지점을 통과하는 기묘한 '파랑波浪'(혹은 푸르름)은 매력의 무게중심이 아니다. '리얼'은 아니지만, 실제 이상의 배의 흔들림으로 보는 이의 시각을 교란하는 표현방법 때문이다. 물과 배의 하단부를 가르는 흰색 굴곡을 경계로 흔들림의 크기는 생각보다 더하다. 이로써 불안한 멀미를 감지할 정도면, 작가의 묘사는 성공한 셈이다. 이처럼 표현하는 데 몇 번의 붓질이 필요했을까도 우선의 궁금함은 아닐 것이다. 그렇게 드러낼 수 있다는 재주와 시각의 탁월함에 먼저 눈길이 가면, 사람들은 왜 잔영으로 남는 인상에 그토록 매달렸는지 공감하게 된다.

인상주의가 시각의 유쾌한 이반을 부추길망정, 표현의 미학과 정치화의 지평은 달랐다. 현존질서의 타파와 변화 방향을 찾기 위한 '자아발견'은 인상주의에게 묻기 어려웠다. 사물에 다가가는 방법을 바꾸는 일은 궁극적으로 인상주의의 지평을 넓히는 것만으로는 부족했다. 인상주의가 한계를 드러낼 때 국가가 보이고 사회가 새삼스럽게 보이는 건 도리어 당연했다. 그것은 보지 못하던 것을 새

클로드 모네, 〈베니스의 곤돌라Gondola in Venice〉, 1908, 보자르 미술관.

오토 딕스, 〈어울리지 않는 한 쌍Ungleiches Liebespaar〉, 1925, 슈투트가르트 시립미술관.

로 보는 '일'이며 보지 않으려 했거나 놓쳐 버리는 데 익숙했던 과거를 적극 '성찰'하는 계기였다. 따라서 표현주의가 요구하는 '진실'과 '신즉물'의 방법은 의외로 단순하다. 접근 자세와 삶의 평소 태도를 바꾸는, 지극히 개인적인 변혁의 적극성에서 출발하는 것이다. 그리고 익명의 다수와 불특정 군중이 미래의 관객들로 포섭될 때까지 미술로서의 절규와 교육 혹은 계몽을 실천하는 정치화 작업을 되풀이한다.

표현주의가 인상주의를 갈무리하는 동안, 다시 자체분화의 길을 밟는 건 예견된 운명이었다. 진실주의와 신즉물주의의 경계가 뚜렷하지 않음에도 불구하고 표현주의가 점차 강고한 자기범주와 구체성을 부르짖게 된 데는 이유가 있다. 20년대 독일의 불안과 민중적 불만이라는 두 개의 사회심리 축을 제거하려는 정치적 적극성이 개재한 까닭이다. 이제껏 노골적이지 않았던 미술의 정치적 과감함은 물론 작가들의 솔직함이 개입하고 이를 잊지 않으려는 경계의식까지 진지하게 이어 간다.

정치적 솔직함이 미술과 결합하더라도 작가의 진지함은 용감함과 결합하게 마련이다. 불안과 불만의 터널을 더듬기만 할 뿐, 좀체 해야 할 말 하지 않고 침묵의 정치를 반복하는 일은 인간으로서의 본분을 잊은 짓이다. 그건 곧 홀연히 무너지기로 작정한 나약한 생명체의 비겁한 변명일 뿐이다. 대가는 치르지 않고 아무 일 하지 않는 것이야 가장 편한 삶의 방편 아닌가. 하여, 일상의 정치를 까치발 관행으로 훔쳐보는 일은 '인간은 약자'에 지나지 않는다는 평소의 정의를 되비칠 따름이다. 용감하지 않고선 솔직하기 어렵고 아무나 저지르지 못할 정치적 공격도 불가능하다.

바로 앞의 그림만 해도 그렇다. 그림은 자칫 누드와 포르노그래피의 중간지점 어디선가 훔쳐보기 대상으로 전락하기 십상이다. 아니, 음란물의 전조라며 거들떠보지도 않거나 얼핏 그렇고 그런 음험한 마음부터 따로 숨기려는 것도 사실이다. 예민한 사람이라면, 모네의 〈베니스의 곤돌라〉와 딕스의 그림을 도무지 왜 견주어야 하는지 반감부터 품기도 할 것이리라. 하지만 이는 단순히 미술사상의 극단적 비교를 넘어 회화의 방법과 솔직함을 둘러싼 변별효과에서 두드러진 차이를 보인다.

그림 제목처럼, '어울리지 않는 한 쌍' 혹은 '불편한 커플'이 애욕처리를 위해 공존하는 모습은 절박하다. 어떻게든 일을 진행하고픈 노년의 기진맥진과 더는 어려워도 애태우는 남자를 받아 줘야 할 여인이 애처롭기 때문이다. 좀체 같이 있을 수 없는 두 사람의 처지란 그렇다고 간단히 '갈등'이란 단어만으로 형용하기도 곤란하다. '욕망의 정치'가 어디 참는다고 말끔하게 사라질 삶의 장식이겠는가. '관계'보다 더 힘겨운 건 이를 드러내려 작정한 작가와 어쩌지 못할 두 사람의 '미지근한' 육신이다. 나아가 그 고백의 용감함이다.

현실로 겪는 자들에게야 삶의 흔한 구석일망정, 스스로 세상에 밝히거나 알릴 재간은 드물다. 그뿐인가. 구태여 보여 주고 싶지도 않은 데다 의식하지 않고선 보이지 않는, 아니, 보지 못할 행위의 정치란 점에서 그림이 말하려는 내용은 다층적이다. 하지만 단순한 표현만이 그림의 당초 목적은 아니다. 작품을 향하는 관객들의 사고를 점령하고 작가의 의지를 관객에게 전하는 데 끝내 압도적 힘을 행사한다면, 미술정치는 성공한 셈이다. 딕스에 주목해야 할 이유다.

딕스가 견뎌 내던 당대 독일은 보수적 전통과 변화의 새로운 물결이 부딪히고 있었다. 아울러 전체주의자들의 광기로 무너져 가는 세상을 부여잡고 한사코 과거를 애틋하게 그리워하는 기성세대가 어지럽게 공존하던 시기다. 그 속에서 딕스는 과거의 영광에 매달리는 '보수세력'이 일어서지 않는 '남성'을 부여잡고 헛된 욕망을 불태우는 '노인'과 다름없다고 본다. 되돌릴 수 없는 시간이 그리워지는 아련함이야 그렇다 쳐도 당장 어쩌지 못하는 육체적 무능 앞에 속절없이 무너지는 처지를 되새기자면 애수도 이런 애수는 없을 터다. 그림 속 시간은 저녁이지만, 창밖에 부는 변화의 바람은 살집 넘치는 여인의 머리카락을 감당 못 하도록 휘감는다. 노인의 무릎 위에 앉아 살아 움직이는 새 시대의 가치야말로 힘없는 듯 보여도, 당당한 몸매와 부릅뜬 눈빛은 머잖아 구시대의 가치를 제압할 준비가 끝났음을 거뜬히 예고한다.

노인과 여인의 관계를 당대 독일의 무능한 정치권력과 기대상승으로 들뜬 민중의 강제적 공존으로 이해할는지 여부는 관객 몫이다. 그림으로 말을 대신하는 작가들에게 이를 직접 묻는 건 무리다. 문약하고 여려도 권력의 최후 권위나마 인정해 준다면, 애써 부여잡은 여인의 하체는 자신의 존립기반을 묻고 또 묻게 만들 부끄러움의 지속적 근거가 될는지 모를 일이다. 황망함으로 놀란 여인의 가슴일랑 한결 황당할 터다. 언젠가 행복의 약속이 실현될지 모르리란 기대 때문에라도 더 부풀어 오를는지 정확히 헤아릴 사람은 많지 않을 것이다.

딕스의 미술정치가 적절한 이해 틀을 갖추기까진 시간이 걸린다. 하지만 어느 경우든, 그를 한낱 '포르노그래픽 어페어'의 호객꾼쯤 치부하는 결례는 피해야 한다. 여기서 그의 뜻을 헤아려 자기 생각을 진중히 바꾸고 스스로 되돌아볼 뿐 아니라 끝내 미래행동을 담보할 새로운 근거까지 마련한다면, 미술의 정치교육 효과는 그것만으로도 클 것이다. 작가가 관객을 지배할 힘의 원천은 오롯이 작품 그 자체이며 그림 그리는 자의 결정적 의지가 보는 이에게 거의 정확히 전달되기만 하면 그보다 더한 '약'은 없기 때문이다.

두 그림은 줄곧 묻는다. 그림으로 답을 대신하며 말이다. '표현의 방법이 먼저인가', '의지와 내용이 우선인가', 아울러 '욕망이 첫째인가' 아니면 '은폐와 절제가 더 절박한가'. 딕스의 천착은 집요하다. 특히 성 정치적 표현정치는 인간이 다다를 한계를 부수고 줄기차게 뛰어넘으려는 진격과 파격의 양면성을 공유한다. 그의 미술정치는 그래서 쉼 없는 주목 대상이다. 이런 저돌성이 표현주의 미술사의 와중에, 그것도 거의 모두 딴청 부리며 일상의 억압과 방임에 익숙해져 갈 때 오롯이 빛난 이유는 뭘까. 그것도 인상주의의 열기가 끝나 가는 역사의 한 자락에서.

그림이 묻고 그림이 답하는 성 정치적 표현은 딕스의 미술언어 구사에서 반복적이다. 물리적으로 존재할망정, 제대로 구실 못 하는 남성의 육신은 다음 그림에서도 어김없다. 단지 성욕의 분출을 위한 약하디약한 도구처럼 처연해지는 그림 속 남녀의 몸은 관계의 정치를 의식儀式처럼 의식意識한다. 장식처럼 존재하는 '국가'나, 도

오토 딕스, 〈늙은 연인들 Altes Liebespaar〉, 1923, 베를린 신국립미술관.

무지 일어서지 않는 감각이 흥분의 고비까지 진 꿈조차 꾸지 못하는 '권력'이나, 얼마 안 남은 생명처럼 닮아도 너무 닮아 애처롭다.

그러나 어느 경우든 성적 욕망의 추구와 누림에서 '나이'는 걸림돌이 아니다. 불현듯 떠오르는 주관적 장해일 뿐, 나이라는 '숫자'가 성적 불능과 향유의 부족을 변명할 절대 변수는 아니기 때문이다. 딕스의 성 정치적 미술 작업에서 성행위는 그 자체로 중요하지 않다. 관계를 지탱하되 종결과 포기의 시점을 언제 어떻게 할지, 그것을 쉽사리 결정하지 못하는 어려움이 문제로 떠오를 따름이다. 앞의 작품에서야 남성의 좌절을 굳이 나이로 돌릴 수 있겠지만, 여기서도 그 같은 생각을 고수하긴 쉽지 않다. 두 그림이 같은 내용의 다른 표현으로 안타까움을 더하는 건 끝내 섹스까지 못 해서가 아니다. 여인의 오른쪽 가슴을 떠받치고 있는 노인의 왼손이나, 남자의 어깨에 몸의 무게중심을 절반이나 의존하는 늙은 여성의 왼팔이나, 불안한 힘의 균형을 도모하는 궁극의 목적은 광란과 엑스터시 말고 따로 있지 않을까. 아직은 살아 있다는 안도?

딕스를 보면 왜곡과 과장, 원시성이나 환상 같은 단어들이 떠오르는 건 당연하다. 거칠거나 생생한 주제들이 즉시 연상되는 것도 자연스럽다. 주관적이다 못해 예외적 개성과 임의적 자기표현마저 겸비한 작가로 그를 먼저 거론하는 까닭은 뭘까. 표현주의 작가들 대부분이 그렇듯, 신인상주의와 야수파에 가까운 그가 불규칙하게 비뚤어진 선과 거칠고 빠른 붓놀림으로 눈에 거슬리는 색을 사용하는 건 또 어떤가. 불안과 긴장으로 잔뜩 물든 도시풍경이나 끝내 외면 못 할 동시대 주제를 다루려는 그에게 웬만한 이들의 시선이 꼼짝없이 갇히는 건 다반사다. 다른 어떤 단어들보다 '좌절·혐오·불만·격정' 등을 환기하고 삶에서 부딪히는 불유쾌한 모순들에 반응하며 거기서 솟구치는 광기를 표현하는 것도 상식이다.

딕스는 고흐와 니체를 탐독한다. 리얼리즘까지 섞어 미술의 철학적 자기반성을 재촉하고 정치적 자각까지 불 지르도록 채근한 배경에 그들이 '있었음'은 새삼스런 '고전'이다. 강렬한 사회 비판적 미술양식으로 신즉물주의의 시각은 폭발력 강한 원료다. 추상표현주의·신표현주의 등 이후의 여러 미술운동에서도 표현주의의 자발적·본능적·감정적 특징들은 이어진다. 딕스의 응용은 압도적이다. 생각의 전파가 진지하며 사상의 전염이 치열한 것도 그래서다.

사람의 믿음이 아무리 무거울망정, 모두에게 꼭 같은 비중이나 질감으로 전해지는 건 아니다. 기왕의 강한 콘텐츠를 녹이고 창조적으로 꼴을 바꾸려면 때로 목숨을 걸거나 힘겨운 실천도 무릅써야 한다. '신즉물'이라는 난삽한 단어도 이 같은 진지함과 치열함을 동시에 요구한다. 비용의 처절함을 암시하는 것이다. 이제까지 보지 못한 것을 새로 보려면, 모든 사물에 새롭게 다가서야 한다는 것. 새롭게 다가선다는 건 기왕의 편견과 고집을 버리고 자신의 시각적 오류와 과거의 미진함을 묻어 버리는 것. 엄연히 놓치고 지나쳤다면, 책임의 대부분은 자신에게 있음을 겸허히 인정하는 것. 보지 못한 걸 새로 보아야 하는 건 아티스트들의 삶의 이유이며 예술 행위의 근본이라는 것.

잘 보면 보이는 '것'을 보지 못하고 산다는 건 문제다. 찬찬히 들으면 들리는 걸 듣지 못하고 지내는 것과 다름없다. 꼼꼼히 읽으면

읽히는 '것'을 제대로 읽지 않고 넘겨 버리는 책장처럼, '즉물' 개념
은 작위적 의지와 목표의 감각적 재확인을 전제한다.[1] 거기에다 '새
로울 신新' 자까지 하나 더 얹는다는 건 구태여 뭘 의미하는 걸까. 대
단한 무언가를 새로 만들거나 각별히 요구하는 부담스러운 주문이
아니라 관찰의 진지함을 부디 놓치지 말라는 것, 혹은 손쉬운 판단
과 성급한 상상을 멈추라는 것, 어쩌면 나의 조금 전 '봄'이 대상의
본원적 존재가 아니라 부분적 허상 위에 과장까지 허락한 일체 허
구는 아니었는지 진중한 반성도 늘 무릅쓰라는 것이 아닐까. 그리
고 '본다는 건' 항시 겸허와 자기성찰을 요구하는 철학적 행위이자
때로 종교적 자기 순화淨化까지 필요로 하는 스스로 '돌아보기'의 또
다른 표현 아니었을까.

보이는데 보지 않거나 그렇게 하지 못하는 행위를 원초적 무능과
시각적 무책임으로 몰고 가는 것도 할 짓은 아니다. 마찬가지로 이
처럼 '본다'는 행위의 진중함은 항구적 주눅이나 반복적 강요가 아
닌, 단지 신중함의 예민한 요청이다. 가능한 한, 생활 속의 익숙함
으로까지 내면화시켜야 할 다소 무거운 예술적 권유임을 자각할 필
요가 있을 것이다. 이 같은 주문이 지속적인 부담으로 작용한다 해
도 행여 신즉물의 자세를 지탱하거나 이를 구현하는 데 대단한 재
주까지 필요한 건 아닐는지 오해는 말자. 만일 '신즉물'이 대단한 능
력의 소유자들이나 이룰 개념이라면, 이를 뛰어넘는 각별한 힘마저
요구하는 것이었다면 진작부터 힘주어 말할 예술적 믿음은 아니었
을 것이다. 미술의 역사에 구태여 뽐낼 개념이란 게 언제 한 번이라
도 제 모습 홀연히 드러낸 적이 있었던가.

표현주의의 반인상주의적 가치관에도 불구하고 필자는 그들 사이의 예술적 길항이 오히려 새로운 매력의 원천이 되고 있음을 발견한다. 표현주의의 미학적 기초는 도리어 인상주의의 후기 국면과 맞닿고 있음도 새삼 감지한다. 딕스는 대체 왜 고흐에 기대며 시각적으로 환호했던 걸까. 니체까지는 그만두더라도 딕스의 철학적 괴팍스러움이 굵고 거친 붓놀림으로 깊어 가는 건 정말 고흐에게 진예술적 채무로 이해해야 할까. 부분적으로든 압도적이든 딕스가 고흐의 미술에 젖어 드는 건 그의 '보는 법' 때문일까, 아니면 생각하고 또 생각하는 사유 관행이나 그처럼[2] 끝까지 밀어붙이려는 예술적 저돌성 탓일까.

딕스의 미술정치사상 구성에서 고흐의 어떤 생각이 지배적 영향을 주었는지 탐색하기란 간단치 않다. 특히 딕스가 고흐에 몰입하게 되는 시기가 학창시절을 중심으로 한 삶의 전반부였고 보면, 그의 삶 전체에서 미래(주의)파의 영향과 함께 미학적 비중의 상당 부분을 차지할 것이라는 추론도 얼마든지 가능하다. 만년에 이르도록 딕스 자신이 그리스도의 물리적 고통과 자신의 그것을 동일시하려는 남다른 종교적 진지함마저 갖추는 사실을 감안하면, 고흐가 어떤 촉매 역할을 했는지는 지속적인 관심 대상이다.

딕스의 미술적 감화는 고흐의 회화로부터 견인·추동되었을 것이라는 게 일반적 견해다. 그들 사이의 물리적 소통과 직접교류를 전제할 수 없는 건 둘의 생몰 연대만으로도 충분하다. 딕스는 고흐가 세상을 떠난 다음 해(1891)에 태어났으니 말이다. 중요한 것은 둘의 미술 감각이 지니는 유난스러운 친화력이다. 그리고 그 같은 어울림이 채근해 대는 예술적 재생산과 창작의 저력을 구성하는 미학적 공약수다. 아울러 죽도록 천착하는 표현의 공명, 즉 관객들과의 교감과 미술적 동의의 접점을 찾는 여정을 중단하지 않는다는 점이다.

다음은 영화, 〈고흐, 영원의 문에서At Eternity's Gate〉(2018)의 대사 일부다. 감독 줄리안 슈나벨은 여기서 고흐의 죽기 직전 삶을 담는다. 다큐멘터리 형식을 빌린 시나리오와 이를 지탱하는 영화적 상상력 역시 사회적 설득의 주요 자원으로 빛을 발한다. 딕스가 이 대목에 절대 공감했다든지, 그 때문에 고흐의 평생 팬덤으로 살았다는 근거는 물론 희박하다. 하지만 고흐와 딕스의 예술적 접점을 찾는 데 이처럼 적합한 인문자료도 구하긴 버겁다.

고갱: 왜 꼭 자연을 그려야만 하는데?

고흐: 뭔가 보지 못하면 나는 늘 허전해. 나는 뭔가 볼 게 필요해. 세상에는 볼 것들이 참 많지. 난 뭔가 볼 때마다 예전에 보지 못했던 걸 봐.

고갱: 그렇지, 그런데 말이야. 네가 그린 건 네가 지닌 그 무엇을 해낸 거야. 너는 그 무엇도 고스란히 복제할 필요가 없어.

고흐: 난 복제 안 해.

고갱: 알아. 그런데 너는 왜 네 마음속에 있는 걸 그리지 않지? 네 머리는 도무지 뭘 보는 거야?

고흐: 자연의 본질은 아름답거든.

고갱: 뭔 소리야?

고흐: 내가 뭔 말을 했냐고?

고갱: 마다가스카르에는 왜 안 갔어? 세상 사람들로부터 멀리 떨어지도록 말야.

고흐: 그래 봤자 전체 속의 한 부분일 뿐이지. 네가 거길 가서도 아름다움을 찾으려면, 자연은 어김없이 거기 있을 거야. 그리고 그때 그건 네가 전에 알고 있던 그런 것과 전혀 다를 거야. 게다가 그건 네 그림을 달리 보이게 할 거야. 나는 자연을 볼 때 좀 더 분명히 봐. 그러다 보면 우리 모두를 한데 엮는, 연대 같은 걸 느끼지. 떨리는 에너지, 신의 목소리에 담긴 음성 같은 것 말이야. 이따금 그 기운이 너무 강렬하다 보면 난 정신을 잃기도 해.

고갱: 진정해.

고흐: 나는 맹세할 수 있어. 이내 나는 정신을 차리지. 하지만 나는 내가 어디 있는지, 뭘 하고 있는지 모를 때가 있어. 심지어 내 이름을 떠올리는 데도 몇 분 걸릴 때가 있지.

고갱: 잘 들어, 빈센트. 화가들에겐 이제 뭔가 필요치 않은 시간들이 올 거야. 모델을 필요로 하거나 자연 앞에 반드시 앉지 않아도 될 그런 시간들 말이야. 왠 줄 알아? 우리는 머리로 자연을 보기 때문이야. 딴 게 아니거든. 눈이 없으면 자연도 없는 거니까. 게다가 우리들 가운데 그 누구도 우리 주변의 세상을 같은 방식으로 바라보는 이는 없지. 우리는 여기 이렇게 자네와 함께 자연의 풍

광 앞에 앉지. 하지만 그런다고 우리가 같은 산, 같은 나

무들을 바라보는 건 아니야.

고흐: 그게 바로 내가 말하려는 거야.

고갱: 내가 그리는 나무는 내 거야. 심지어 네가 그리는 얼굴

들도 네 거야. 그들 모두는 네 것이기에 네 것으로 머무

를 거야. 네가 그걸 그렸기 때문에 사람들도 그리 알 거

야. 그 사람들이 아닌 바로 너만의 그림이기에 어떻게

그렸는지 너는 잘 알지.

고흐: 좋아.

고갱: 그리고 사람들은 그려진 사람들을 보기 위해서가 아니

라 그저 사람들의 그림을 보러 박물관에 가겠지.

고흐: 그거 알아? 사람들은 늘 같지 않지. 내 그림에서도 그들

은 다 달리 보여.

고갱: 우리는 이제 혁명을 시작해야 해. 무슨 소린지 알겠어?

고흐: 그래, 그래야 해.

고갱: 우리, 우리들 세대에 해내야 해. 자네가 자연이라 부르

는 것과 그림 사이의 관계를 철저하게 바꿔야만 해. 그

림과 현실 사이를 말이야. 그려진 현실도 그 자체로 현

실이기 때문이지.

고흐: 맞아.

고갱: 인상주의자들 있지? 그자들은 딴 세상에 살아. 안 그래?

고흐: 글쎄.

고갱: 생각해 보라고. 그들은 단지 제 아이들을 자기 정원 속

에서 그리고 있을 따름이지. 그자들은 조금도 더 나아
가려 하지 않아. 쇠라는 그림과 과학을 혼동하고 있어.
광학 실험들을 하느라 스스로를 잃어버렸단 말이야. 르
누아르, 드가, 모네에게도 기대할 거라곤 아무것도 없
어. 부질없는 짓들만 되풀이하고 있지. 그자들은 자기
네가 할 수 있는 모든 걸 해 버렸어.

고흐: 너무 심하군. 드가를 좋아했던가, 자네? 자네는 자네가
좋아하는 그림들에게 우선 고맙다는 말부터 해야 해.
모네야 참 훌륭하지.

고갱: 이제 우리들 차례야. 책임이 너무 커.

고흐: 나야 여전히 모네가 아주 훌륭하다고 생각해.³

고갱과 고흐의 불편한 사이는 오래된 얘기다. 그래도 그것이 서
로의 질투나 콤플렉스의 결과물이었는지는 관심사다. 둘의 다툼
이 물리적으로까지 이어진 점, 고흐가 끝내 자신의 귀를 잘라 낸 사
실,⁴ 이를 개비Gaby라는 이름의 웨이트리스에게 주었지만 그녀는 창
녀가 아니었다는 것, 고흐의 '권총 자살'은 전혀 잘못된 사실⁵로 그
날 시골 젊은이들이 벌인 권총 시비에 말려들어 뜻하지 않게 위를
관통한 오발 때문이었다는 새로운 지적. 영화는 이 같은 사실들을
분명히 한다.

눈여겨볼 대목은 대사에 깃든 고흐의 '생각'이다. 게다가 지독하
도록 성실한 그의 시선이 세기의 전환 이후 딕스에게까지 맞닿는
미술적 친화의 지점을 정확하게 찾아내는 일이다. 이들은 놔둔 채,

자존심 과한 고갱과 승부보다 동지적 공존을 바란 고흐의 자기연민을 항상 논쟁의 도마 위에 나란히 올려놓는 일은 생산적이지 못하다. 사물과 자연, 인간과 사회, 타인과 자신의 '관계'를 끝없이 천착하되, 이 모든 것들을 새삼스레 보며 또다시 생각하고 그 속에서 새로운 무언가를 찾고 미술로 확인·기록하는 일은 그의 습성이었다.

남들이 보지 못하는 것을 보고 미술로 표현해 내는 작업의 전말은 인상적이다. 감독이 드러내려 한 '영원성'과 그에 다가서려는 진지함 역시 고흐가 헤매고 헤매며 되풀이한 극한관찰과 끝없는 조응의 도구였다. 감독이 제목에서 말하려는 '영원의 문'도 소박한 대중적 공감과 사회적 확장의 한순간, 고흐의 설득이 통하는 누구에게든 소리 없이 열릴 터였다. 이를 담보할 작가의 표현세계도 '진실'에 훌쩍 근접할 수 있음이야 말할 필요 없이 말이다.

하루 일을 끝낸 가족들이 고단하게 마주 앉아 간소한 저녁 식사를 앞둘 때 시커먼 어둠을 생명처럼 빛내는 한 줄기 촛불은 어쩌자고 감당 못 할 폭포처럼 산지사방散地四方으로 퍼지는지, 금세라도 화폭을 뚫고 하늘 오르는 황금 들녘 까마귀의 검은 날개가 세상 가장 또렷한 절망 자국처럼 처연하기만 한 건 그처럼 바라본 작가를 위로하려 한 하늘의 지극한 보상이 아니었는지, 하나라도 제대로 그리기 어려운 자화상을 수도 없이 반복한 작가의 의도는 고집인지 집념인지, 아니면 이 땅에서는 어떻게든 구원받기 힘겨운 여리기만 한 인간의 병든 집착에 지나지 않았던 것인지 미술 속 진실은 그처럼 불타며 그렇게 삭고 있었다.

'성실'이란 끔찍한 '정성'의 이음동어이며 세상에서 가장 겸허한 아름다움이란 생각도 이즈음 빛난다. 그의 이름이 반드시 '빈센트'여서만도 아니고 작가가 꼭 '딕스'라서도 아니었다. 둘의 진정성을 간파하는 순간, 더 또렷해진다. 표현주의의 분화를 서양미술사의 이해 과정에서 한층 어렵거나 무슨 대단한 사상적 난삽함이라도 개입하는 양 부담스레 여길 필요 없어지는 대목도 이 지점이다. 진실주의의 정착과 확산의 길목에서 한층 분명해지는 셈이다. '보이지 않는 것'과 '보지 못하는 것'의 차이는 꽤 크지만, 그와 같이 뛰어넘고 메워지는 것이었다. 늘 숨어 있기에 '진실'이 아니라 다가서지 않으면 보이지 않고 보려고 애쓰지 않고선 없는 듯 '가라앉아 있는' 기묘함 때문이다. 안 보여서 없는 게 아니며 보지 못한다고 멀리 있지 않은 것. '진실'이다.

표현주의 예술의 기반은 개인의 진실에 매달리는 자세에 있다. 특히 무엇이 가장 리얼한 것인지 증명할 도구로 자신의 주관성에 호소하는 태도의 힘이다.[6] 주관주의는 표현주의의 결정적 힘이자 치명적 짐이다. 키르히너의 도발적 표현이 자신의 지나친 주관성을 넘지 못하여 신즉물주의의 내부 저항과 마주하듯, 진실주의의 결과론적 (진실)집착은 자신의 주관성에 스스로를 다시 옭매는 족쇄이자 울타리다.

어느 유파의 주관주의가 더 나은지 아닌지 묻거나 견주려 함은 무리다. 예술을 앞세워 일상의 비교를 뛰어넘는 엄정한 규준이란 여기서도 세우기 어렵고 그에 따를 온갖 책임 또한 피할 재간이 없기 때문이다. 모두가 하나같이 자신의 주관을 딛고 믿으며 진실세계를 두둔하자면, 표현 주체의 머릿수만큼 진실의 개수도 어마어마

할 것이다. 최종 집계 역시 감안하면, '진실의 진실'은 어떻게 담보
할는지 아이러니다.

중요한 것은 당대의 정치 사회 현실을 미술사적으로 다시 걸러
보는 일이다. 현실로 좀 더 들어가 역사는 사람을 어디까지 망가뜨
리고 어떻게 휘젓는지 살피고 미술이 최소한의 자기 의무를 언제까
지 담보하는지 좇아 보는 것이다. 1920년대 독일의 리얼리즘과 표
현주의의 분화도 그래서 치밀하게 들여다볼 필요가 있다. 세기의
전환기에 등장한 미술의 많은 유파들에 대해 당대를 겪은 이들이
쓴 이야기가 흥미로운 것도 그 때문이다.

프란츠 로Franz Roh는 표현주의가 퍼지고 그에 대한 반동까지 뚜
렷해질 무렵, 새로 등장하는 '후기 표현주의nach-Expressionismus'를 아예
'마술적 사실주의magischer Realismus'라고 표현한다.[7] 흔히 중남미 문학
의 주요 특징으로 거명하는 마술적 사실주의는 60년대 이후[8] 활발
해진다. 그는 이렇게 말한다.

> 표현주의는 체계적인 자아(정신) 구조를 상정하고 이를 토대
> 로 세계(대상)를 추상화하려 하였다. 그러나 정신은 표현주의가
> 생각하는 것처럼 그렇게 쉽게 파악할 수 없다. 적어도 이상적 사
> 실주의인 신사실주의는 이 점에서 표현주의가 오류를 범하고
> 있다고 본다. 신사실주의에 따르면, 표현주의는 인간 감각의 기
> 본 토대를 성찰함으로써 개인주의와 절연하였지만, 결국 집단
> 적 주관성collective subjectivity의 테두리 안에 머물고 말았다. ··· 후
> 기 표현주의는 대상에서 출발하여 정신을 발견하기보다는 정신

127

에서 출발하여 대상을 발견한다. 이런 이유로, 정신적 형식을 장
엄하고 순수하고 명료하게 유지하는 데 최고의 가치를 부여한
다. … 실제 세계에서 벗어나 순수 정신의 자유로운 공간으로 뛰
어들려는 표현주의의 시도는 불가능하다. 후기 표현주의는 외
부 세계에 충실함으로써, 확고한 개념에 입각하여 세계를 형상
화해야 한다고 생각한다.[9]

미술의 정치화politicization가 이 지점에서 뚜렷해진다는 사실은 주
목할 필요가 있다. 미술사의 공간분화와 시간의 흐름 어디를 보아
도 이때만큼 주관의 과잉과 노골적인 목적성을 드러내는 경우도 드
물기 때문이다. 필자는 이를 일컬어 '보이는 대로' 그리는 게 아니라
'보려는 대로' 그리려는 시대였음을 분명히 한다. 작가의 의도와 '다
다르려는' 지향이 표현세계에서 명확해진다는 사실은 일찍이 찾아
보기 힘든 미술적 능동성과 회화적 역동성으로 넘쳐 난다. '그림'
이라면, 그저 '정물화'나 '초상화', 아니면 종교적 '상상화'가 대부분
을 차지한 과거를 떠올리지 않아도 미술이 일정한 목표를 향해 관
객을 동원·계몽하고 의식을 바꾸며 참여시키기 위한 차별성을 지
닌다는 점은 그것만으로도 감동적이다.

과일 몇 송이나 일상의 집기류를 담는 정물화가 국가과제를 대체
할 수 없는 노릇이고 특정 인물 몇몇과 이들의 주변 가족쯤 부각시
키는 초상화의 파장이 공동체 전체의 고민을 해소할 수도 없을 터
였다. 아직 현실로 다가오지 않는 종교적 계시와 초월적 예지를 담
은 그림 몇 점만으로 미래의 행복을 상상하기란 정말이지 견고했을

까. 그러기에는 저들이 함께 겪어야 할 고통과 환난의 부피가 막중했고 이를 현실로 받아들인다는 것 또한 만만치 않았던 이유는 군이 말할 필요 없지 않을까.

미술의 정치가 현실정치의 방향을 구조적으로 틀거나 역사의 방향까지 결정할 대단한 힘까진 없는 걸 너무나 잘 알고 있는 우리다. 그렇지만 전례 없는 미술정치가 사회비판의 강력한 도구가 되고 권력의 무능과 부패를 탓할 막강한 공격 수단이 되는 시기가 이때 집중적으로 펼쳐진다는 사실은 아무리 강조해도 지나치지 않다. 표현주의의 전개와 지속 혹은 그 단절적 변화에 새삼 눈떠야 할 이유다. 통렬하면 오래가지 못한다. 하지만, 신비로운 것들이 감동의 정치력을 끌어낼 정신적 틈새까지 마련하는 인문의 이변을 미술에서 찾는 건 어떤가. 고단한 삶의 여정에서 이는 예기치 않은 감각적 파문 아니었을까.

사상의 소멸이나 퇴조만큼 허망한 경우도 드물다. 신즉물주의를 표현주의의 노골적 후기 국면으로 받아들이거나 그 믿음의 체계가 다시 진실주의와 마술적 사실주의로 나뉘는 경우도 마찬가지다. 전자를 좌익으로, 후자를 우익으로 편의에 따라 임의분할하는 방식도 당장은 괜찮아 보인다. 그렇게 볼 수도 있으리란 그럴듯함을 그대로 믿거나 상당 기간 강하게 고착화할 수 있음도 의문 대상은 아니다.

그러나 '마술적 사실주의'라는 표현주의의 후발 사상에 자꾸 끌리는 건 왜일까. 사상의 압도와 생각의 지배적 힘을 중립적으로 받아들이려 애쓰더라도 이들 작가의 드로잉과 색조배합에 휘둘리고 마는 모종의 미술적 마력은 어떻게 설명해야 할까. 현실을 거부하거나 피하려 하지 않고 마주하려는 한, 리얼리즘의 모든 입지는 가상하다. 후대의 인물들이 리얼리즘 앞에 붙인 온갖 접두어나 형용 문구 역시 등가적이지 않은 걸 보면, 작가들이 취한 치열함의 크기 역시 단순화시킬 수 없음은 물론이다.

유독 마술적 사실주의에 눈길 가는 까닭은 치열함과 진지함에 덧붙는 섬세함 혹은 감각적 고혹의 미학 때문이다. 본디 아름다움이란 비교나 상대적 우위의 관점에서 견줄 수 없는 본원적 고유성을 지닌다. 누가 누구보다 훨씬 고우며 저것이 이것보다 한결 탁월한 '예쁨'으로 빛을 발한다는 주장은 그야말로 주관의 소산일 뿐이다. 어느 경우든 영구적 타당성이나 온전한 평가의 마지막 기준을 마련하기 힘겹다.

이처럼 처연하며 가슴 떨리는 표현의 극한을 손쉽게 감지하고 시각적으로 이를 지탱할 수 있다는 점은 그것만으로도 다행이다. 이는 리얼리즘 일반이 추동해 내는 감정의 극한을 순간 다시 냉각하거나 증발·소진시킬 만큼 가열하는 희한한 (양)극성을 공유한다. '뜨거운 얼음'이나 '차디찬 용암'이란 물질은 가시적으로 확인 불가능하지만, 표현의 양립불가능이나 양면가치의 등가성을 유감없이 발휘한다. 도망가고픈 현실로부터 탈주나 일탈은커녕, 이처럼 지독한 애착과 집착에 빠져드는 걸 손쉽게 본 적 있는가. 아니, 집착보다 더한 간절함으로 그 속에 가라앉아 더없는 자기모순으로 일관하는 예외적 리얼리즘의 세계란 바로 그 '마술성'에서 자라나고 있었을 것이다.

흔히들 말하는 '징함'과 '짠함'이 그러할 터다. 대상이 발휘하는 정서의 지극함과 감각의 극성을 온전히 받아들이기란 만만치 않다. 그렇다고 버릴 수도 없고 당장 그대로 받아들여야 하거나 꼼짝 못할 현실로 자각해야만 할 때, 절감하는 열패감이니 황망함 같은 정서가 영락없을 것이다. 거기서 한 치, 두 푼 도주할 재간도 없고 간히며 짓눌리는 주눅 때문에라도 불편하다면 그에 한층 가까우리라.

거꾸로 생각해 보자. 의식의 강제분할과 구분은 억지다. 그래도 뒤집어 생각하면 궁금함의 틀 자체를 바꿀 출구 찾기는 한결 편해진다. 남들은 벗어나지 못해 안달인 현실을 오죽하면 '그들'은 그 자체로 하염없이 천착하였던 걸까. 중요한 건 '리얼리스트'라는 어휘로 자신을 감싸는 게 아니라 리얼리티 그 자체로 향하려는 새삼스러움에 있지 않았을까. '고통의 즐거움(?)' 같은 것. 지극한 마음으로 현실을 들여다보면, 이상과 꿈 혹은 희망 같은 건 자꾸만 무색해지고 리얼리티가 끝내 유토피아에 이르는 입구이자 마당이며 안채까지 이르는 툇마루 자락마저 끌어안고 있음을 알아차린 건 아닐까.

단어의 화려함은 고단하기 짝이 없는 이승을 좀체 벗어나기 어려워 만들어 낸 허구의 발로라는 '것'. 그걸 정녕 다가올 것처럼 믿고 기다리는 건 고통만 배가시킨다는 '점'. 다가오지 않은 시간들이 오늘 당장 자신에게 안겨 줄 선물이란 조금, 아주 조금 나아질지도 모르리란 소박한 기대일 뿐이란 점. 생각이 삶의 얼개를 바꿀 가능성은 전면적으로 막혀 있다는 좌절. 현실이 희망이며 오늘이 꿈의 공장을 돌리는 마지막 순간일지 모르리란 사실을 겸허히 아주 겸허히 받아들이지 않으면 안 된다는 '진실'.

현실 속에 꿈의 단서가 있고 오늘이란 순간의 집적물 안에 희망

의 온갖 출구가 지뢰처럼 파묻혀 있음을 깨닫는 일은 혹독한 노동
이다. 기미조차 감지하지 못한 채 스러지거나 사라져 버리고 마는
삶의 덧없음 앞에 소스라치게 놀라는 일도 보통이다. 그것이 바로
이승의 일상이다. 내려가되, 아예 바닥의 바닥까지 가닿는 처절한
과업은 삶의 정치전략이 별것 아님을 일깨운다. 산다는 건 곧 '버팀'
이자 '견딤'일 뿐, 별도의 엄청난 교훈이나 버거운 진리를 열쇠 삼아
야만 비로소 열리는 까다로운 자물통이 아니다. 사는 목적이 단지
버팀이나 견딤으로 제한될 것이었다면, 애당초 쳐다볼 하늘은 딴
데 있지 않았다. 꿈조차 꿀 필요도 없었다는 생각 역시 허튼 게 아
니란 자각은 뼈저리도록 쉬웠다.

두려운 건 희망과 꿈이 사라졌거나 아예 없다는 처절함 때문이
아니다. 이제 더는 나아질 낌새조차 엿보이지 않고 이대로 버티거
나 이처럼 견뎌 내야 한다는 속절없음 때문이다. 미약한 변화나마
아예 닫혀 버리고 말았다는 생각이 뇌리에 붙박일 때, 바라볼 창문
의 윤곽조차 희미하기만 하여서였을 것이리라. 희망의 반어는 실망
이나 환멸이 아니라 '절망'으로 되살아난다는 것. 끊어져 버린 희망
이 싫어지기만 하는 현실보다 더 고통스럽고 버겁다는 것. 그것이
었다. 도망가고픈 현실이 엄연한 사실처럼 버티고 서서 꼼짝 않을
때 조금만, 아주 조금만 상황이 변해도 절망의 밧줄은 마치 '희망'의
전령처럼 허허롭게 다가오는 것이었다.

얼마나 흔들리고 무너져 내렸으면 눈앞의 현실일랑 꿈처럼 펼쳐
지고 말 일일까. 단지 '살아 있음'이 기적 같은 마술로 여겨진다면,
죽음의 문턱에서 더 나아가지 않도록 제어하는 절망의 무게는 도리

어 은총 아닐까. 갈 곳이라곤 밑바닥 외에 더 없고, 헤맬 데라면 주변의 나락밖에 없던 이들은 안다. 삶의 급격한 변화는 필요 없다는 것을. 혁명도, 정치변화도 절박한 오늘의 구호치곤 너무나 화사하며 행복이니 자유니 하는 단어들조차 너무 멀리 있다는 것을. 중요한 것은 내일의 풍요나 다음다음 날의 만족이 아니라 당장 오늘을 버틸 어지간한 빈터와 바람막이뿐이란 것을.

마술적 사실주의 작가의 정치적 의도를 읽어 보자. 무엇을 말하고 어떻게 각인시키려는지 마음의 얼개를 추론하는 작업은 유의미할 것이다. 숱한 '리얼리즘'들을 제치고 마술적 사실주의라는 용어에만 기대어 봐도 작가의 '묘사'는 치밀하다. 선과 색 처리도 치열하고 꾸준한 나머지 영락없는 환각이나 악몽처럼 여길 정도다. 현실 그 자체에 과장적으로 탐닉·몰입하는 자세는 극사실의 소름 돋는 정밀성과는 또 다른 무게를 지닌다. 그림이 사실과 똑같아서가 아니라 그리려는 작가의 생각을 여지없이 알 수 있기 때문이다.

그림을 보노라면, 로Roh가 말하는 '존재의 마술성'[10]이나 '물질의 경이'라는 새로운 형식의 '놀라움'과 마주하게 된다. 이는 초현실주의의 '정신적 경이'와는 다르다. 초현실주의는 관객들을 놀라운 경지로 이끌기 위해 현실을 애써 뛰어넘거나 왜곡하지만, 마술적 사실주의는 지나칠 정도로 현실에 집중함으로써 전혀 경험해 보지 못한 참신한 놀라움을 보여 준다. 이를테면 빈주먹에서 비둘기가 날고 내 호주머니에서 느닷없이 기나긴 스카프 뭉치가 나오는 황당함 같은 것 말이다. 그런 장면은 모두가 예측하는 미래를 여지없이 무너뜨리거나 전면 부정해 버림으로써 경험해 보지 않은 경이로움을 선사하니까. 일상의 생각을 뒤집는 건 마술가의 전업만이 아니다.

마술을 보고 있는 '일'은 그 자체로 '과업'이다. 놀라움의 색다른 지탱과 기대의 과잉, 속임수를 넘어서는 결과의 창출과 관객 압도의 정치력 확장, 끝나고 나면 되돌아가야 할 '현실제국'을 최대한 거부하려는 환상의 집착, 허구인 줄 알면서도 믿고 싶고 거짓을 확신하면서도 순간 안겨 버리고 싶은 망상과 현혹, 깨어남과 미망의 경계에서조차 욕망의 확장을 꿈꾸고 마는 의식적 무모함, '지금' 이 순간이 온전히 사라질망정 현실은 마술처럼 변하고 괴로운 과거는 영영 망각의 늪으로 묻어 버리고픈 또 다른 희망의 팽창.

마술은 마술일 뿐, 마술이 현실로 되살아나길 바라는 건 그 자체로 무리임을 어찌 모르겠는가. 하지만 이 순간, 조금도 달라지지 않는 세상이 마술처럼 다가오는 까닭은 도대체 뭔가. 벗어나려면 한층 깊이 빠져들고, 타협하고 작정하며 흠씬 젖어 들려면 그 순간 악귀처럼 달려드는 마력의 기운이야말로 설명 불가능한 매직 아니면 무엇으로 변명할 일일까. 현실의 존치가 마력적 매력 아니면 매력적 마력 등 용어의 도치마저 허여한다면, 이승의 세상과 물질은 물론 만나는 이들과 맺고 헤어지는 온갖 인간들과의 '관계'란 것도 그런 것일까. 마법의 성에서 빚는 요술과 기행의 차마 말 못 할 조화때문이었을까. 미래와 꿈, 희망과 내일 따위와는 애당초 전혀 관계없는?

잔 마멘은 마술적 사실주의의 표현세계를 압도적으로 대변한다. 살아 있다면 잡아떼겠지만, 마멘만큼 역사의 와류를 온몸으로 겪거나 시대의 아픔을 절감한 경우도 드물 것이다. 이 같은 표현을 피하기 쉽지 않은 건 삶의 굴곡과 기울기의 가파름 때문이다. 1890년에 태어나 1976년 사망할 때까지 그녀의 삶을 지배한 결정적 공간은 독일(베를린)이다. 하지만, 혼돈의 세기말과 격정적 변화를 겪으며 온몸으로 절절하게 확인한 현장은 유럽 전역에 걸쳐 있었다. 미술을 제대로 배우려 발 디딘 프랑스에 이어 벨기에와 이탈리아가 젊은 그의 감각을 압도했다면, 두 차례 큰 전쟁과 이를 통한 인간의 인간 살육이 인간을 얼마나 피폐·절박하게 만드는지를 보여 그녀를 남다른 사실주의 작가로 거듭나게 한 독일의 공은 턱없이(?) 컸다.

특히 전쟁을 직접 몸으로 겪은 (딕스나 베크만 같은) 남성 작가들과는 달리, 피 튀기고 살점 뒹구는 폭력의 현장 대신, 마멘은 몰려오는 사회모순과 깊어 가는 국가의 음습한 그림자를 예민하게 다룬다. 세상의 척박한 어둠을 스스로 헤매며 '겪고 응시하며 나포하는' 힘겨운 노동을 조금도 게을리하지 않는다는 점에서 예외적인 작가적 성실성을 고수하는 것이다.

'견딤'과 '버팀'만으로도 고통스러운 상황 속에서 이를 미술로 녹이고 온몸으로 이겨 내는 행위는 간단치 않다. 단순히 예리한 예술적 감수성이라고만 말할 수 없는 내면의 독특한 결기가 가득한 까닭이다. 폭력적인 전쟁이야 끝났지만 삶의 가혹한 전쟁은 깊어져만 가고 그 속에서마저 한결 심각해지는 계급의 양극화란 체제의 아련함을 일러 주는 여전한 깃발이었다.

미술의 정치가 관객을 사로잡는 시각권력과 이를 지속적으로 담보하는 설득의 전략적 조화로 강해진다면, 마멘은 성공적이다. 그녀가 다루는 암묵의 오브제 가운데 '매춘, 동성애, 빈곤, 무기력, 소

잔 마멘, 〈궁리하는 맥주 머그들Bierseidelbetrachtung(삶의로의 도피Escape Into Life)〉,
1929, 소재 미상.

잔 마멘, 〈주식 딜러Börsianer〉, 1929, 개인 소장.

외, 침묵, 고립, 기다림, 무망, 유혹, 가식, 위악, 술집, 폭음, 흡연, 고독'은 미술적 상수다. 이처럼 일련의 밝지 않은 현상들을 하나로 꿸 의식의 공약수가 존재한다는 건 마멘이기에 가능했을 것이다. 놀라운 명성의 대부분은 적어도 온몸으로 체득한 '절망'과 직결된다. 이들 모두를 아우르는 선과 색조의 조율이 가능했다는 것도 후대의 관객들이 누리는 행운이다. 미술의 사회교육 효과와 역사 정치적 영향력을 값으로 매길 방법이야 없지 않겠는가.

이파리 하나로 숲을 거론함은 무리다. 어찌 부분이 전체를 대변할까마는 그러나 '어디'에 있는 '무엇'이든, 작은 '하나'를 자세히 들여다보지 않고선 헤아릴 '전부'가 없다. 밀림의 출발도 그래서 '엽록소'부터다. 진실주의와 신즉물주의 계보를 압도하거나 이를 이끄는 인물들을 따로 정리하느니, 작가 한 사람을 들여다보아야 할 이유도 여기서 또렷해진다. 마멘을 천착하지 않고 인간을 옥죄는 현실의 '마술성' 역시 선명치 않고, 천 번 만 번 도망가려 해도 매양 그 자리서 맴도는 마법의 리얼리티란 솔기조차 부여잡기 힘들기 때문이다.

앞의 그림 둘을 들여다보자. 적지 않은 마멘의 작품[1] 가운데 압도적 비중을 차지하는 수채화는 특히 매력적이다. 그림 속 인물들은 한결같이 관객들과 눈동자를 마주치려 하지 않는다. 애당초 타인의 시선을 의식할 것이었으면, 당장 겪어야 하는 오늘의 절망도 색깔을 달리하였으리라. '부끄러움'이니 '눈치'니 하는 단어란 그나마 도망갈 현실의 빈틈이 놀랍도록 넓어지는 순간, 홀로 내지르는 뻔뻔스러운 함성 같은 것이었을 테니까. 탈주의 가능성과 타자의 눈동자를 의식한다는 건, 그만큼 행복하며 윤택한 자들의 가증스러운 핑계밖에 더는 안 되는 노릇이니까. '절망'도, 숨 막힐 지경이야 어지간히 피할 즈음 내뱉을 단어일 터이니까.

모두가 제각각 흐린 눈빛을 견고하게 지탱하되, 그보다 관객들이 견디기 힘들어하는 대목은 하나같이 굳게 다물고 있는 입술 아니면 떨어질 듯 말 듯 간신히 물려 있는 담배들(의 불안)이다. 무거운 건 그러나 정작 담배가 아니며, 그들 모두를 입 다물게 하는 상황의 총합이다. 그것이 끝내 국가가 감당해야 할 몫이라거나 그 흔한 말들로 '사회적 부담'이자 당연한 '공적 책무'라 하더라도, 당장은 그림 속 당사자들이 헤쳐야 할 '현실'이란 벽의 두께와 높이를 작품은 잘 말해 준다. 너무나 두터워 질리고 높디높기만 하여 아련한 그런 벽 말이다.

'궁리하는 맥주 머그들'이나 '삶으로의 도피'란 타이틀도 역설투성이고, 언제쯤 평상심을 되찾을지 초점 잃은 눈동자들의 표류도 처연하다. 하지만 상황의 호전은 요원하다. 문제 해결은커녕, 자욱한 담배 연기 속 술집 분위기는 천근만근 가라앉는 저들의 마음만큼 무겁다. 얼굴을 다 담아도 좋을 크기의 술잔을 질리도록 비워 대도 다시 채울 의식의 여유는 가득하기만 하다. 그냥 보아도 버겁건만, 그림 전체를 압도하는 농담의 붓질이 몇 겹 가로 방향으로 덮치고 엎치는 부담은 무엇으로 어떻게 다스려야 할까. 그림이 일깨우는 분노가 궁극적으로 당대 국가권력의 무능과 사회정책 부재에서 우러나는 민중의 일탈로 이어지고 그것이 개인의 인간적 한계와 본원적 모순 때문이 아니라고 여기면 그건 무리일까. 술집의 극단적

침울은 과연 경쟁에서 밀린 개인의 문제일까, 아닐까. 게다가 그림 속 시대 풍경[12]을 마르크스의 눈으로 보려는 건 정치적 의도가 분명하다는 판단이야말로 크게 잘못된 생각 아닐까.

바로 앞 그림은 어떤가. 자신의 '끈끈한' 실눈이 탐욕 때문이 아님을 애써 변명하려는 남자의 직업은 그다지 궁금하지 않다. 제목이 '주식 딜러'라 그렇지, 아무려면 어떨까. 그가 오늘 챙긴 돈이 얼마인지 작가는 굳이 밝히지 않는다. 많다면 많았을 것이고, 적다면 형편없이 초라하였을 그 액수 말이다. 대신, 두꺼운 시가로 속내를 감추고 표정의 진실까지 적절히 연출함으로써 관객의 기를 미리 눌러버린다. 중요한 건 그림 중앙에서 관객의 시선을 홀로 독점하는 여인의 존재다. 아무리 뜯어봐도 가족이나 부인은 아닌 듯 여겨지는 '그녀'와의 관계가 뭔지 속단은 말자. 그리고 헤어지기 직전의 안타까움을 이제 막 삭이는 중이라는 직설적 표현일랑 삼가도록 하자. 아니, 어디를 향하려 나선 건지 아닌지도 더는 캐지 말자.

둘의 관계는 그렇다 치더라도 자꾸 여인 쪽으로 눈길이 끌리는 건 작가가 발휘하는 표현의 매력 때문일까, 아니면 거기에 깃든 마술적 사실성에 답이 숨어 있는 탓일까. 혹은 작가가 의도한 정치성일까, 그도 아니면 우연히 사로잡힌 관객들의 눈이 허허로운 덫에 갇혀 유난히 압도적인 기운에 잠시 마비되었기[13] 때문일까. 여인은 슬픈 듯 웃고 있고 안도하는 듯 우울해하는 '중'이다. 감정의 중간치나 감각의 평균값 따위는 처음부터 관심 없다는 표정은 정말이지 따질 대상이 아니다.

대가가 너무 초라하다고 여기는 경제적 불만? 도덕적 자기연민과 윤리적 방황? 체념과 탐욕의 중간지대에서 끝없이 방황하는 무한 고통? 가릴 수만 있다면, 탐욕도 가식도 양심마저도 모두 감싸버리고 여기서 그만 접고 싶다는 단호한 의지의 반어법? 진실과 허구의 혼합이 동원하는 지속적 무감각 혹은 무표정의 박제? 내일 없는 세상의 현실적 마력과 탐닉 대상이 제공하는 쾌락의 무한 반복? '깨어남'은 고통이며 '젖어 듦'은 행복이라는 이항대립의 악순환?

베를린의 20년대, 주로 대도시 여성들의 삶에 마멘은 눈길을 꽂는다. 그녀의 마술적 사실주의는 흔한 페미니즘의 사상적 단초나 막연한 휴머니즘을 그림의 얼개로 삼지 않는다. 대신, 현장을 묘사하되 도망 못 갈 현실의 연못 안으로 관객들을 가둘 마력의 접점을 표현하는 데 주력한다. 우리말로 '진실주의'라는 번역이 어감상 다소 부자연스럽지만, '베리즘verism'이라는 용어의 의미 기저로 통용하는 진정성이 먼저 와닿는 이유다. 신실함의 애초의 뜻도 위의 몇 가지 물음에 대한 답을 찾아가는 구극의 길에 관객들 스스로 헤아릴 '깨달음'의 이음동어쯤 될 것이라면 지나칠까. 마술적 사실주의도 마찬가지 아닐까.

작품 전반을 관통하는 '결정적 유사성'과 '전반적 차이'에 주목하면서 비교의 준거를 잃지 않으려는 긴장은 늘 중요할 것이다. 색조의 공통성과 주제의 유사성을 의식하면서 미술사의 특정 이데올로기를 좇는 작업이 필요한 것도 그 때문이다. 이를테면 표현주의의 후기 국면을 흑백 위주로 추적·천착하는 게 효율적 시각훈련이 되는 것도 그래서다.

마멘 말고도 안톤 레더샤이트와 게오르크 슈림프, 알렉산더 카놀

트와 카를 그로스베르크 등 마술적 사실주의 계보는 상대적으로 두 텁다. 같은 계열이더라도 개인별 표현 차이와 포인트 순위가 다른 점도 감안할 사항이다. 이들의 작품을 견주고 디테일마저 비교해 보는 것도 표현주의 내부의 차이와 다름을 헤아릴 좋은 준거가 될 것이다. 하지만 그중 마멘의 드로잉이 압권인 것은 단도 색조만으로도 가능한 표현의 극한 때문이다. 욕망의 확장은 물론 윤리와 도덕 같은 단어의 허황함도 선명하다.

세상 어느 색조로도 다 드러내지 못할 곡절의 높낮이지만, 사연의 복잡함은 굳이 컬러가 아니어도 표현 가능하다. 내공 깊은 작가는 요란하지 않은 법. 엄연한 개인사를 세상사로 키우고 색 하나로 전부를 담을라치면, 이쑤시개 하나로도 코끼리를 처치할 수 있다. '그와 그녀'로 이름 붙인 마멘의 드로잉은 앞서 살핀 〈주식 딜러〉의 그것만큼이나 원색적이다. 굳이 흘겨 대며 곁눈 주거나 혹여 바라보는 동안 분노가 일더라도 홀로 다스릴 몫이다. 엄밀히 따지자면, 이 같은 현장도 끝내 들키지 않길 바란 건 두 사람 모두의 숨김없는 속내였을 것이다. 그것도 간절히.

어딘가를 향하는 하필 그 순간, 남자의 고개가 거꾸러지고 옆의 여자쯤 아랑곳하지 않는 시치미란 뭔지 작가는 그림으로만 말한다. 하지만 암만 들여다봐도 그게 정녕 계산된 행동인지 아닌지 드로잉만으로는 알 수 없다. 그러려고 했던 게 아닌데 늦도록 함께 마셔 댄 술 때문이었는지도 작가는 따지지 않는다. 게다가 여자의 고개 돌림과 하릴없는 외면도 그림의 궁극적 관심사는 아니다. 하필이면 그 순간을 낚아채는 나포의 능력과 이를 통해 상황 전체를 일러두려는 미술적 저널리즘이 빛을 발하는 건, 그림 앞 관객들이 꼼짝없이 고개 숙이는 그 찰나일 터다.

어디 반드시 2, 30년대 바이마르에서만 볼 장면일까. 세상 어디서든 지금도 누군가는 가슴 졸이며 열락의 고통과 밀애의 회열을 무릅쓰고 있을지 당사자들은 알 터다. 성실한 불륜과 지극한 일탈도 자기변명의 미학으로 윤색할 수 있다면, 스러져 가는 국가와 피폐한 역사 앞에서 유독 무너져 가는 개인의 자태를 그려 내는 '뜻'과 '동기'는 유의미하다. 아는가, 정치가 빈곤할 때 인간의 전락은 더 도드라지고 연약한 권력으로는 제 몸의 흠을 가리기 힘들다는 걸. 국가의 무능은 자신의 타락을 덮을 핑계가 못 된다는 걸. 흔들리는 나라에서 무너지는 개인은 더 슬프다는 걸.

중요한 건 작가의 '직관'과 '통찰'이다. 그리고 그 지속적 담보를 위한 '냉정'과 '절제'다. 마멘의 경우처럼 그림으로 진술하는 부정의와 그에 뒤따르는 당연한 통탄쯤, 세상이 격렬하게 매도할 연료로 충만할 듯하다. 그렇지만 놀랍게 참아 내는 점하며 일체의 연민조차 전하지 않으려는 냉정함은 새삼 경이롭다. 세상을 그 지경으로 만들어 놓고도 태연자약한, 아니 더 즐기지 못할까 봐 애면글면하는 당대 베를린의 부르주아들마저 담담히 다루는 작가의 눈매는 매섭다 못해 두렵다. 여간해선 악의적 눈길이나 공격 대상으로 삼으려 생색내지 않는다는 건 사회과학적 가치중립과 견줄 또 다른 교훈이다.

분노하되 자제하며, 비판하되 색다르게 드러내려는 희한한 표현 욕구는 쉽게 설명하기 어렵다. 굳이 표현하면, 징그럽도록 '현실'에

잔 마멘, 〈그와 그녀Er und Sie〉, 1920—30, 소재 미상.

충실하고 잡아먹혀도 좋을 만큼 성실하게 현실 그 자체가 되어 버리는 전화轉化의 마술을 무릅씀이다. 그리고 전투적 자세의 '이어 감'이다. 그녀는 이미 알고 있었다. 치열하면 쉬이 지치고 격정적인 모든 것들은 그리 오래가지 못한다는 것을. 리얼리즘의 마술은 천천히, 그리고 잔잔히 진행해야 한다는 것을. 오죽하면 스스로 두 개의 '눈'이 되어 버렸으면 하고 바라는 시대표현의 마술사가 되고 말았을까. 마멘은 이렇게 말한다.

> 나는 늘 원했다. 아직 보지 않은 세계를 오롯이 걸으며 다른
> 사람들을 볼 수 있는 한 쌍의 눈이 되기를. 유감스럽게도 누군가
> 는 보았을 '그들'일망정.[14]

표현주의의 후기 국면은 '보는 문제'에 주력한다. 단순히 일상적 보완이나 미진함을 벌충하려는 잠정적 관찰로만 예술적 기본 의무를 국한하지도 않는다. 이미 본 모든 것들을 다시 훑고 더 깊이 들어가며 도피나 안주 대상이 아닌 건설적 탐닉과 창조적 천착이 가능한 물질현장으로 받아들인다는 점에서 다른 어느 시기보다 두드러진다. '보지 못한 것'들을 여전히 '보이지 않는 것'들과 변별해 가며 '보는 문제'에 치중한 것은 표현주의자들이 보인 모범적 사례들로 인정하지 않을 수 없다. 나아가 보지 못한 것들을 마저 보고 보이지 않는 것들까지 찾아내 세상에 드러내려는 '열정'은 '용기'라는 이름의 연료를 찾고 있었다.

'정치'는 그 가운데 독특한 위상을 지닌다. 이른바 '보는 문제'의

영역에서 밀려 있었거나 작가들이 못 본, 그리고 보지 않은(보이지 않은) 대상으로서의 특성을 공유한다. 정치를 예술이 의도적으로 멀리한 무관심 탓도 컸지만, 자칫 작가들마저 어느 한쪽을 선택하지 않을 수 없는 '정치적' 상황과 마주하게 된다는 불편함이 더 컸다.

정리하자. 신즉물주의는 바이마르 시대의 독일 예술로 선언문이나 일관적 양식은 없다. 하지만 대상의 재현을 넘어 '감정 없이' 차갑게 묘사하는 '대상에 대한' 태도를 공유한다. 이들은 대개 진실주의와 마술적 사실주의로 나뉘지만, 이러한 경향들로 당대 아티스트들이 뚜렷이 갈라진 건 아니다.[15] 신즉물주의가 미술의 이념화 경향을 재촉하여 좌파적 분파가 진실주의로 둔갑한다거나 마술적 사실주의는 우파의 소산이란 결정론적 해석도 이를 둘러싼 정치적 왜곡의 결과다.

진실주의 작품들은 대상의 진실을 냉정하게 드러냄으로써 사회 부조리와 모순을 비판할 뿐이다. 반면, 마술적 사실주의는 숨 막히도록 충실하게 현실을 묘사함으로써 물질적 놀라움과 리얼리티의 압박감을 보여 줄 따름이다. 현실을 넘어서야 할 대상으로 이해하지 않고 한층 깊이 파고들어야 할 오브제로 보는 까닭이다. 미술의 정치적 왜곡과 과장은 미술정치가 견뎌 내야 할 내면의 적이다. 권력과 맞서려 하지 않고 늘 비켜서거나 곁눈질할 때 사달이 나는 이유다.

이제껏 논의한 내용을 그림으로 압축해 보자. 오해와 단순화의 위험을 무릅쓰면서 이를 그려 보는 이유는 앞서 살핀 표현주의의 이론적 핵심을 '보는 문제'와 관련, 재구성해 두고자 해서다. 표현주의는 곧 숱하게 '보이는 것들' 가운데 '보고 싶은 것들'만 선별 집중할 때 놓치고 마는 시각적 빈터에서 자라난다. 즉 '보아야 하는 것들'의 소중함을 알리는 미술적 계기로 작동한다. 이때 '보고 싶은 것들'과 '보아야 하는 것들'의 교집합이 장차 표현주의 구성의 중요한 미술 자원이 된다는 점을 놓쳐선 안 된다.

그렇다면 '보아야 하는 것들'의 결정 주체나 이를 명령할 제3의 당국은 따로 있을까. 있다면 누가 어디서 왜 그 같은 지시와 불편한 신호를 보내는 것일까. '보고 싶은 것들'이 많아질수록 '보아야 할 것들'은 방치되고 '보게 될' 미래의 시점도 더뎌지리라. 설령 표현주의의 유파와 정치적 진영이 여럿이더라도, 그 같은 접근의 근본에 동의하는 이들이 염려하는 지점은 바로 여기다. 모든 미술이 표현주의의 길을 가야 한다는 주장은 분명 '독선'이다. 마찬가지로 시각적 욕망과 의무의 갈림길에서 자기검열을 피해도 무방하다는 생각은 이기적 '고집'이다. '보아야 할' 주체는 자기 자신이다.

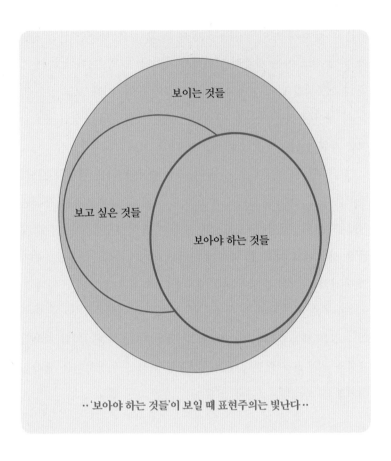

보이는 것들

보고 싶은 것들

보아야 하는 것들

‥'보아야 하는 것들'이 보일 때 표현주의는 빛난다‥

2.
바이마르의 미술정치:
국가는 덧없고
사람들은 흔들리는데

'미술'이 '정치'가 되는 건 '순간'이다. 표현을 염두에 둔 작가가 선과 색을 조합하는 자기 의지를 실천할 '때'다. 그 대상은 하필 정치현장의 노골적인 권력현상일 수 있고 직업을 정치로 삼는 자들의 특별한 자기중심적 행위나 철저한 명분 아래 제 몸 숨기는 사적 동기로 노골화할 수도 있다. 권력의 도덕성 상실은 물론, 이로 인한 정통성 소멸을 표현의 뇌관으로 삼을 때 미술정치는 가동한다. 무르익으면 모든 열매야 떨어지게 마련이지만, 그저 기다린다고 상황이 숙성되는 건 아니다.

그렇다고 미술정치가 늘 거창하거나 웅대한 모멘텀만 찾는 건 아니다. 앞서 말한, 그리고 앞으로도 들여다볼 미술정치는 특히 그렇다. 예전에도 그랬고 앞으로도 그러할 것이니 말이다. '악마는 삶의 디테일에 있다'고 들추지 않아도, 슬픔이나 분노 같은 격한 감정들은 본디 변방에서 빛난다. 화려한 중심일수록 감정의 체감 부피는 도리어 초라하다. 때로 작은 것이 눈물 나게 아름답고 '얄팍한' 것들이 '우람한' 것들의 목뼈를 사정없이 꺾어 버리는 '놀라움'도 감안해야 할 삶이다. 그런 경우가 그리 놀랍지만은 않은 건, 팍팍한 삶이 마련한 특별 메뉴일는지 모른다.

모든 미술은 정치성을 지니지만, 미술정치의 압권은 역시 정치미술의 표현 과정에서다. 그것도 유난스러운 역사 시기에 말이다. 현실은 암담하기 이를 데 없고 시대를 헤쳐야 할 민중의 삶은 척박하기만 하며 희망도 꿈도 사라진 가운데 생존이 목표 전부가 될 때, 작가들은 왜 뜨거워지는 걸까. 서양미술사에서 하필 '1919-1933'년 사이가 그다지도 격한 미술정치의 용광로로 작동한 사정은 어떻게 이해해야 할까. 거꾸로 묻자. 바이마르가 소멸하자 미술정치마저 시들해지는 까닭은 뭘까. 정치미술은 어쩌자고 바이마르에서만 융성했을까. 게다가 느닷없이, 기약 없이 허물어졌을까?

왕도 귀족도 사라진 절대 자유의 공간과 그 속을 누비는 지식인들의 인문적 감동 아니면 학문적 흥분? 벌 받지 않으리라는 정치적 안도와 비판심리 폭발? 창조적 공격과 음해성 비난은 물론, 논리의 정돈과 자기 절제의 빈곤이 다다르는 모순 과잉? 혹독한 자기검열의 결여와 신분 사회의 퇴조가 일으키는 사회적 이완 촉진? 혁명을 거치지 않은 정치체제의 공화국 출범과 가장 뒤늦은 근대국가의 문화적 기대 상승? 미술의 사회적 약진과 급진적 정치화가 불러온 용기의 팽창?

작가의 문화적 전진배치와 정치적 용맹성 강화는 독일 사회가 일찍이 체험해 보지 못한 이변[16]이었다. 굳이 독일뿐 아니라 이는 세계적 예외성을 반증하기 충분했다. 국가마다 정치질서의 변용이나 역사변동이 반영하는 문화 편차야 다양하지만, 독일의 경우가 눈에 띄는 건 시대적 집약성과 표현양식의 유사성 때문이다. 큰 전쟁 사이에 미술정치가 만개하지만, 그 같은 예외적 기세가 오래지 않아 꺾여 버리고 마는 의외의 허무까지 닮는다는 건 단순한 흥미 대상이 아니다.

문제는 일정 시기에 몰리는 예술적 기미의 농후함이다. 미술을 필두로 연극과 문학, 음악과 영화로 퍼져 나가는 표현의 용맹함은 크게 세 가지 공통점을 지닌다. 우선 주목할 것은 당대의 사회적 절망을 인지·조망하는 감각적·문화적 직관력이다. 그것은 주로 전쟁 이후의 정신적 피폐와 물리적 파괴가 불러온 인간성 파괴는 물론 국가와 권력 부재의 정치적 공허에 대한 정면 도발이다. 세기말을 휩쓴 인상주의 표현기법으로도 '절망'은 그릴 수 있었다. 고흐가 그랬고 밀레 또한 이를 외면하지 않았던 걸 보면, 절망이 표현주의의 전유물이라고 제한하긴 어렵다.

그러나 빛과 그림자의 대비가 일으키는 감각적 매력과 시각적 흥분만으로는 모조리 쓸어안기 버거운 고통의 절대량이 캔버스 너머 넘쳐 나고 있었던 건 놓치지 말아야 할 역사현상이다.[17] 설령 미술이 역사를 바꾸거나 권력의 메뉴판을 갈아 엎을 만한 직설적 파괴력은 발휘하지 못한다 해도 감동과 공감의 정치력은 어디까지나 표현의 다름으로부터 동원할 수 있었다.

둘째, 넘쳐 나는 실업자와 사회경제적 고통을 방임하는 정치권력의 무능은 물론, 문제해결을 외면하는 국가의 무책임을 향해 모처

럼 용기를 보인 미술의 정치력은 정체가 뭘까. 아울러 작가들의 실
험적 도발이 이어지는 현상은 통제와 처벌의 위력을 잃은 당국을
향한 당연한 반작용일까. 분명한 것은 정치비판과 문화저항으로 인
한 처벌이 국가의 우선 관심사가 아니고 작가들의 상대적 자신감을
양산한다는 사실이다. 벌 받지 않으리란 정치심리 확장과 안도의
사회심리만큼 튼튼한 미술문화 조건은 따로 없었다.

셋째, 오늘의 국가위기를 과거의 영광과 맞바꾸고 국민 불편과
일사불란한 동조로 극복하려는 국가는 '폭력' 그 자체로 변한다. 국
가의 전체주의화 경향을 피부로 자각하는 작가들의 경계심과 작위
적 경고도 점차 예민해진다. 이 같은 미술정치 확장과 예외적 강화
가 나치의 정치적 발호에 따라 묵살·유린된 다음 좀체 복원하기 힘
들어지는 이변은 또 다른 관심 대상이다. 표현주의의 미술정치 마
저 '억압하면 주눅 들고 방임하면 고개 드는' 사회통제 대상으로 치
부하긴 곤란하다. 하지만, 정치폭력 앞에서 무참히 힘을 잃는 작가
들의 유약함은 기왕의 예술적 무력감과 표현주의의 이중성을 다시
생각하게 만든다.

전례 없이 폭력적인 전쟁이 끝나고도 문약하기 이를 데 없는 정
권이 들어선다는 건, 독일 역사의 또 다른 아이러니다. 바이마르의
출현을 어찌 우연의 조화로만 볼까마는, 혁명 없는 조국에 민주주
의 이론을 알뜰히 적용하려던 꿈마저 무의미했다고 보긴 어렵다.
하지만 전쟁의 패배가 불러온 자존심 훼손을 급기야 더 큰 전쟁 준
비로 이겨 내겠다는 오기야말로 작가들의 예술적 호기심과 비판 대
상이 되기 충분했다. 나아가 국가의 칼끝이 정면으로 자기를 겨눌

때, 여지없이 위축되고 마는 현상은 연약하기 이를 데 없는 인간의 진짜 얼굴 아니었을까.

리얼리즘 역시 압박과 부담을 무릅쓰기로는 마찬가지다. 문학과 미술을 비롯한 예술 보편이 직접 뛰어들어 바꾸거나 해결해야 할 '현실'은 분명 아니었다. 하지만 전혀 나아질 리 없는 사회상황이나 학문조차 어쩌지 못하는 국가의 악조건을 그려 내지 못할 작가(리얼리스트)들이야 어디 있었을까. 오죽하면 질곡과 욕망으로 넘쳐 나는 '현실'을 두고 알 길 없는 누군가가 부려 대는 현란한 '마술'이라 이해할 정도였을까. 일루전과 매직의 합성물로 공룡 같은 현실을 피하고자 애쓰려 한들, 리얼리즘의 전통이야 어찌 이 대목에서 망가뜨릴 아티스트들이었을까.

1920년대 바이마르의 양면성도 이와 같다. 비판과 낭만 과잉이 규제와 억압 없는 인문적·예술적 영혼팽창으로 귀결되는 작가들의 15년간 자유도 제한적이다. 미술로 인간의 욕망을 어찌 다 그릴 것이며 표현주의에 기댄다 한들 권력의 야만성을 어디까지 드러낼 수 있었으랴. 샐쭉하게 눈 흘기되, 개입도 간섭도 접고 마는 국가의 침묵이 끝내 가열찬 독재 시대로 이어지는 아이러니도 언어만으로 표현하긴 어렵다.

히틀러의 등장 이후, 퇴폐로 낙인찍히는 표현의 자유와 모처럼 열린 미술정치적 숨통을 다시 닫아야 하는 고통은 예술과 억압의 공존이 얼마나 버거운 것인지 뼈저리게 각인한다. 작가들이 견뎌 내야만 했던 이데올로기적 세례와 단련은 정치적 자유의 대가 역시 얼마나 비싼지 학습시킨 게 사실이다. 서로 다른 정치 공간일망정,

전체주의와 사회주의의 '동시체험'은 표현주의 시대의 작가들이 경험해야 할 여러 불편함과 직결되기 때문이다.

러시아혁명 이후 볼셰비즘의 사회 전방위적 압박은 당연했다. 리얼리즘 역시 소셜리스트의 혁명 기조를 벗어날 수 없다고 당이 규정하자 그 역사적 책무는 커진다. 이 같은 정치적 사고가 혁명 완수를 위한 폭력과 결합함으로써 국제주의적 팽창기류를 낳는 저간의 사정도 이제는 상식이다. 때마침 세계 제패와 정치적 영향력 확장을 위한 군사적 관심에 주력하던 독일이 러시아와 공존의 터전을 갖추긴 힘겨웠다. 혁명의 확장을 위한 반제투쟁노선과 게르만의 순수성이나 우월성을 입증하기 위한 전체주의 국가철학의 강화는 애당초 양립하기 힘겨운 과욕의 미학을 바탕에 둔다.

공산주의와 전체주의에 포위된 리얼리즘의 처지는 그와 친화할 수밖에 없는 표현주의 진영의 고통을 잘 반영한다. 안 그래도 견뎌내야 할 통증의 무게로 등골 휘는 민중이지만, 이제 다시 국가 동원과 당의 명령으로 삶의 질곡을 무릅써야 할 길은 덤불이자 가시밭이었다. 작가가 표현해야 할 대상은 흐르고 넘칠 지경이었다. 굳이 '정치적'이란 형용사나 접두어를 의식하지 않더라도 현실이 반영하는 혼돈의 부피는 감당하기 힘들 정도였으니 말이다.

보이지 않는 대상을 읽고 파며 끝내 꿋꿋이 드러내야 함은 표현주의 작가들이 무릅써야 할 공통의 과업이다. 그것은 1) 엄연히 보이는 대상이지만 보지 못하는 자들을 위한 '시각계몽'이자, 2) 좀체 자세히 관찰·천착하려는 의지가 없다면 결코 볼 수 없는 '경험적 자각' 계기이며, 3) 선도적·실천적 표현을 통해 일상의 방치와 외면을 각성시키려는 '예외적 교화'이다. 그리고 4) '보이는 것'과 '보이지 않는 것' 사이의 불가지적 경계분간 혹은 '볼 수 없는 것'과 '보지 못하는 것' 사이의 시각적 구분 능력을 기르는 미술의 사회교육효과 강화와 깊은 관계가 있다.

이는 물질세계의 이면과 정신세계의 마력적 작동을 애써 뽐내려는 신비주의나 종교적 컬트를 간접 과시하려는 게 아니었다. 그보다는 권력의 정치조작과 공적 합리화의 간극을 헤아리고 그 허구적 면모를 적나라하게 노출하려는 반정치적 사고를 중심축으로 삼는다. 그것은 곧 모든 정치권력의 사적인 동기추구와 은밀하고 원색적인 탐욕의 명세를 추적·분석하려는 심리적 통렬함과 직결되고 있었다. 권력의 헤게모니 확장을 둘러싼 궁극적 의도야말로 극한의 권력 행사와 이를 영구히 누리려는 탐진貪瞋의 의욕 그 자체였으니까.

이 같은 계략을 안전하게 숨기고 남모르게 분식할 가장 그럴듯한 핑계가 바로 '정치'인 것이야 또 다른 설명이 필요할까. 이른바 가림(은폐)막과 변명(합리화)의 공학적 명분이 정치인 것은 인류의 삶과 궤를 같이한다고 보면 틀리지 않는다. '보여도 보이지 않는' 듯 드러내고, '볼 수 있지만 보지 못하는 것'처럼 돌려 드러내는 패러독스의 미술 역시 생각할 수 있을 것이리라. 그 좋은 증거 가운데 하나가 막스 베크만의 표현주의 미술사상이다. 알려진 것처럼, 그는 독일 표현주의의 트로이카를 구축한 인물로 히틀러의 압제를 피해 미국으로 건너간다. 딕스나 그로스에 비해 덜 각지고 굵은 선을 자랑하며 원색배합과 콘트라스트로 명징성을 반영하는 그의 작품은 표현주의 진영에서도 변별력을 더한다. 그는 이렇게 말한다.

> 내가 작품에서 보여 주려 원하는 건, 이른바 리얼리티가 그
> 이면에 숨기고 있는 생각 그 자체다. 나는 보이는 세상에서 보이
> 지 않는 세상으로 이끄는 다리를 찾는 중이다.[18]

흥미롭게도 키르히너가 처음 말한 세기 초의 '다리'는 1938년, 베크만에 의해 다시 가설을 준비하고 있었던 셈이다.[19] 고통의 자락을 적절히 숨기고 직접 보고 겪지 않아도 미술이 절망의 세계를 잠시 다녀올 역할을 자임하거나 이를 가교할 도구로 작동할 것이라면 다행이었을 터다. 감동의 정치를 넘어 격정과 공감의 이입 수단으로 얼마든지 기운을 전할 수 있지 않았을까. 미술의 예술적 마력을 사회화하고 나아가 문화 메신저로까지 자기 역할을 키울 수 있음은 리얼리즘의 정치적 부가가치로 주목할 만했다.

프란츠 로와 구스타브 프리드리히 하르트라우프가 예술의 새로운 경향을 적확하게 지적한 지 10여 년도 더 지나 베크만은 마술적 사실주의의 매서운 등장과 흐름의 근본까지 다시 진술한다. 하지만 근본적으로 국가를 의심하고 민중의 편에서 권력의 온갖 지배 동기를 음험한 흉계와 자기중심적 탐욕으로 규정하는 표현주의를 곱게 볼 리 없는 당국이었다. 이를테면 이들을 일컬어 퇴폐집단으로 규정하기 이전부터도 히틀러는 ─자신도 한때 미술작가였지만─ '작가들'이 마땅치 않았던 터다. 리얼리즘의 사회주의적 연관성까지 강조하는 카를 라데크의 경우는 또 어떤가.

예술가들은 예술가 자신을 위해 창작하지 않는다. 인민 모두
를 위하여 활동한다.

리얼리즘은 현실 그 자체를 고스란히 반영하며 그 복잡성과
적대성마저 끌어안고 자본주의자의 현실과 다른 이들의 리얼리
티, 즉 사회주의 현실까지 뜻한다.[20]

사회주의든, 민주주의든 단기간에 이데올로기적 이상을 완성할
수 있으리라 자부한 바이마르의 정치구상은 허황했다. 제도적 장점
만 선별 취합하고 조합적으로 실천·적용하면 바람직한 결과를 기
약할 수 있으리란 발상은 그 자체로 야무진 '꿈'이었다. 기다림, 낭
만성, 무모함, 일방성, 순진성 등으로 집약되는 바이마르의 정치 캘
린더는 그것들만으로도 과도기 정치체제나 실험적 민주주의의 경
험적 전거로 자주 인용된다. 시민혁명을 거치지 않은 국가들 대부
분의 역사이행이 불안하듯, 민주화의 자발성이 취약한 독일의 경우
전환기 국면에서 극심한 혼돈과 미혹에 시달렸던 일들은 아무리 반
복 강조해도 지나치지 않다.

경험적 실천의 과거가 전혀 없는 국가의 정치적 실패는 차라리
용서 대상이었을 것이다. 칠흑 같은 어둠 없이 별빛을 감 잡을 수
없듯, 역사 체험 없는 민주주의 정치 일정이 당장 화사하기만 했음
은 짧디짧은 실험의 대가치고 혹독했다. 이데올로기의 이상과 현실
의 틈새가 버겁도록 넓고 깊었던 이유도 그 때문이다. 대책 없는 간
극을 헤집고 히틀러가 여유 있게 파고들었던 역사의 고랑도 이 대

목에서 얻을 가시적 교훈이다. 까닭 없이 일어나는 일은 없다.

바이마르 시대를 다룬 학문적 축적물은 적지 않다. 시대 자체가 지니는 상대적 흥미와 사회과학적 관심은 물론, 여기서 논의하고 있는 미술적 집적물 역시 역사 속 특정 시기에 대한 집중분석을 자극한다. 결과적으로 보면, 바이마르 시대는 전쟁과 전쟁 사이에 끼어 있는 시기적 특수성 혹은 역사적 예외성을 늘 짐으로 여긴다. 애당초 전혀 의도치 않은 전쟁의 패배였고 다시 한번 설욕을 꿈꾼 시기이지만, 이른바 '간전기間戰期, inter-war period'로 두드러지는 바이마르 시대는 의외로 문약했다. 패전에 따르는 주눅과 전쟁 재개를 기획하는 또 다른 당국의 본원적 부담은 이 같은 예외성을 정치적 보호색쯤으로 여기는 게 사실이다.

숱한 학문적 논의 가운데서도 피터 게이의 작업이 돋보이는 이유는 주눅과 부담을 인식하는 중립적 건조함이나 객관적 비판력 때문이다. 간전기 독일 사회가 겪은 고통과 공포는 대부분 전쟁이 주는 일방적·전면적 폭력성에 기인한다. 예측 불가의 불안과 혼돈을 둘러싼 정신적 미혹은 물론 자신의 생존 자체를 장담할 수 없는 불확실성이 큰 비중을 차지한다. 그것도 한 개인의 신산한 삶을 둘러싼 시련이 아니라 패전 이후의 절박함과 극심한 자존심 손상에 뒤따르는 정치 심리적 위축이 큰 몫을 차지한다. 이 정도로 생각이 커지고 보면, 집단치유와 개선의 가능성도 만만치 않았다.

재미있는 건, 이즈음 등장하는 미술의 표현주의 경향과 문화 예술적 확장을 바라보는 독일 지성의 불안한 경계의식이다. 작가들의 '표현' 대부분이 표면적으로 드러나는 척박한 사회현상과 문제해결을 기다리는 온갖 '난관'이 핵심이고 정치권력의 무능과 외면을 과녁으로 삼는 간접 비판이 주류를 이루었고[21] 보면, 표현주의가 상황을 가라앉히기보다 이를 한층 부추기고 혼돈의 심화만 자극할 것이라는 우려는 컸다. 게이는 이렇게 말한다.

1925년의 독일은 혁명과 전쟁 이래 그 어느 때보다 안정적이었다. 문화는 사회와 긴밀하게 상호작용한다. 정치 현실의 표현이자 비판이었다. 바이마르 시대에 대학, 관료체제, 군대는 국외자들을 배격하지만, 무대·출판·언론은 대체로 그들 손안에 있었다. 혁명, 내란, 외국의 점령, 정치 살인, 경악스러운 물가폭등으로 이어진 1918년 11월부터 1924년까지 예술은 실험의 시기였다. 1924년과 1929년 사이의 예술은 새로운 객관성, 사실성, 냉정의 국면으로 접어든다. 치솟은 실업률, 포고령에만 의존하던 정부, 중산계급 정당의 쇠퇴, 폭력의 재현 시기인 1929년과 1933년 사이에 문화예술은 '사실의 거울'이 된다. 우익 선전물은 곳곳에서 설쳤다. 소설가, 극작가들은 침묵했고 국가는 정치색을 띤 저급한 작품의 물결 속에 침몰하고 있었다. … 1918년 막스 베버는 표현주의를 무책임한 정신적 마약이라고 부르는 한편, 새로운 객관성을 요구한다. 1924년에 이르면 지도적 표현주의자였던 파울 콘펠트조차 표현주의의 종말을 요청한다.[22]

표현주의는 돌이킬 수 없는 도도한 강물이었다. 기층 세력에게야 새롭게 치솟는 문화비판이나 정치비판적 함의가 당연히 못마땅했을 것이다. 하지만, 화가가 배부른 정치인들을 공격하고 권력자의 위선과 탐욕을 꼬집는 건 민중의 눈에 통쾌할 수밖에 없었다. 마찬가지로 길거리에 넘쳐 나는 창녀들이야 난감했지만, 세상 바꿀 힘이라곤 전혀 없는 남정네들이야 숨어서 즐기고 남몰래 탐닉하기 더없이 좋은 환락의 핑계였다.

　이를 위협으로 느낀 건, 특정 작가 몇 명의 돌출표현으로 치부하지 못할 집단적 움직임 때문이었다. 이 같은 조류를 거북하게 느낀 주변인들은 물론, 심지어 표현주의 진영 내부에서도 당대의 문화적 혼돈이 새로운 혼란의 전조인 양 여겨졌던 터다. 2D 회화는 당연하고 드로잉과 초상화를 거쳐 판화와 사진, 건축 등에까지 광범위하게 부는 표현주의의 광풍은 그에 익숙지 않았던 이들을 수세로 몰기 십상이었다.

　　막스 베크만은 표현주의로부터 많은 걸 얻었지만, '표현주의'란 호칭을 거절한다. 베크만은 표현주의나 인상주의에 속하지 않고도 '새로울 수 있다'고 한다. 조지 그로스의 그림은 비대한 기업가들과 전쟁 중 부당이득을 챙긴 자들에 반대하는 시위였다. 오토 딕스의 노동자들을 동정하는 그림과 포주와 창녀를 그린 잔인한 초상화는 분명히 프롤레타리아의 의도를 담는다. 신음하는 어머니, 카를 리프크네히트의 죽음, 굶주리는 어린이들, 전쟁과 자본주의착취의 처절한 희생자들을 담은 케테 콜비츠의 판화는 우울하고 긴박한 정치 호소다.[23]

혁명 없던 나라에서 정치적 순응과 동조를 강요하기란 어처구니 없었다. 나라를 수렁으로 몰아 놓고도 별다른 참회와 공감 어린 반성조차 없는 당국을 향해 여전한 복종의 미학으로 제 온몸 감싸는 게르만의 상황이란 치욕이자 모독에 가까웠다. 정치적 반항에 길들여지지 않은 보수민족의 역사적 대가도 참담하지만, 전혀 예측 불가능한 미래 앞에서도 현실의 불만을 침묵과 동의로 대신하는 일은 좀체 쉬운 게 아니었다. 이 같은 묵종상황 속에서마저 도발과 저항을 일삼는 표현주의자들의 심리적 동기를 구하는 게이는 그 이론적 근거를 프로이트에게서 찾는다.

> 표현주의자들은 새로운 인간성을 추구하기 위해 대중들에게 많은 주인공들을 제시하는데 이들은 주로 이방인, 고통받는 자, 자살자, 창녀 등이다. 하지만 이들을 꿰뚫고 있는 하나의 주제는 아버지에 대한 아들의 반역이다.[24]

부친살해 욕구를 긴장 어리게 체험하는 일 역시 민중을 대신하는 작가들 몫이란 사실은 흥미롭다. 하지만 표현의 경계가 어디까지 넓혀지는지 지켜보는 민중의 눈매가 예술가들에게 나포되어 가는 건 더 큰 문화매력이다. 시각적 대리만족과 정치적 욕구 해소를 넘어 예술이 대신하는 정치적 의사 표현의 장은 그 자체로 애매했을뿐더러 시간적·시각적 공감도 일치하지 않는다. 대중적 공감의 폭과 깊이가 표피적 감동과 순간적 흥분을 넘어서지 않을 때도 있지만, 문제는 늘 표현의 동시성과 다발성이 주는 미술정치적 위력이다.

독일 역시 뒤늦게 사회주의 세례를 견뎌야 했던 건 주목할 일이다. 하지만, 노농계급의 연대나 중산층의 혁명적 감수성이 미약하고 무엇보다 '젊은 피'를 수혈받지 못한 건 치명적 한계로 남는다. 게다가 휘몰아치는 전체주의의 열풍 안으로 빨려 들어가다시피 휩쓸린 독일 청년들에게 정치적 광기란 단어를 스스로 버리도록 권유하긴 쉽지 않았다.

> 공산주의자들도 나치의 습격에 대항해 굳게 뭉쳤다. 그러나 공산주의자나 사회주의자들은 점점 중요성이 더해 가던 청년층을 사로잡지 못한다. 바이마르 공화국의 가장 큰 아이러니는 청년들이다. 정치화한 청년운동과 함께 거의 모두 우익으로, 나치에 잠식당한 학생단체들은 자신들이 청년과 청년성을 대변하고 있다고 주장한다. 나치는 단순한 반동가들이 아니다. 공화국의 현대주의, 민주주의, 합리주의뿐 아니라 죽은 제국의 전통적 권위주의도 배격한다. 나치는 청년들의 중요성을 일찍부터 깨달았다. 1930년, 사회민주당은 당원들의 8% 미만이 25세 이하였고 40세 이하는 반도 채 안 됐다. … 독일 청년들의 우경화는 심각한 질환의 일부이자 그 지표였다.[25]

어디 그뿐이랴. 군인과 관료, 기업인과 여성들은 물론, 시류에 동조하는 지식인과 직업정치인 대부분에게 '전체주의'는 유행이 아니라 국가와 자신의 존재 이유로 내면화하고 있었다. '자발적 복종'은 역사 속 소명이자 삶의 궁극적 요구로 정착하고 있었던 것이다. 위기와 환란 속에서도 자신의 욕망 실현을 위해 국가에게 이를 요구하는 행위는 '죄악'이었다. 반인간적 행위를 반복 주입하는 당국을 향해 그나마 반듯한 비판을 가하는 당사자가 화가들이었다는 사실은 다행이었다.

국가의 정치적 오류와 폭력 과잉을 지적하고 행동으로 말을 대신해야 할 민중 보편의 침묵은 결국 자기 이익의 훼손과 가치 박탈을 두려워하는 연약한 자아의 대가였다. 비록 '표현' 형식을 빌린 작가들의 용감함이지만, 그 앞에서 자신의 정치적 용렬함을 절감하는 민중의 취약성은 작품을 통해서나 달래야 하는 이중성격의 징표였다. 영혼의 자유를 저버리고 당연한 정치행동의 의무를 방기하며 실천의 자유로부터 도망가는 저열함의 대가는 그만큼 컸다. 강력한 연대나 무섭도록 호방한 공격으로 스스로 무장한 호전적 정치집단이 아님에도 불구하고 어느덧 민중의 눈에 작가들이 멀게만 여겨진 것도 그 때문이다.

　　표현주의자들은 통일된 집단이 아니라 느슨히 연결된 유대감을 지닐 뿐이다. 이들에게도 명분은 있지만 명확한 정의나 구체적 목표는 없는 반역자들이었다고 보면 된다. 혁명이 일어나자 모든 표현주의자들은 굳건히 이를 지지했고, 다른 예술가들마저 혁명집단 속으로 끌어들인다. … 화가들 역시 이와 비슷한 방향으로 자기 나름의 길을 간다. 이들은 강력하고 단순하며 공격적인 색채, 의식적인 원시 기법, 강렬한 선, 전쟁 이전에 발전한

인간형상을 새롭게 극단적으로, 그리고 잔인하게 왜곡시키는
수법 등을 채택한다.[26]

그렇다면 작가들은 정작 무엇을 표현하려 애썼던 걸까. 그 대상
이 다양하고 방법이 특이했다 해도 표현의 '궁극'에 다다르려 한 진
지함은 무엇이었을까. 광풍 같은 거친 바람이 한 시대를 휩쓸던 예
전의 흐름을 갈아 치우는 세월의 이변은 오늘 우리에게 어떤 모습
으로 다가오는 걸까. '인상주의'와 '표현주의'의 시대적 공존[27]이 어
느새 동시적인 망각 대상으로 소멸해 가는 현상은 또 무엇을 말해
주는 걸까. 그에 따라 인상주의는 '무정치적'이며 표현주의는 '정치
적'이었다는 사실[28]의 판이함마저 이제는 잊어야 할 역사가 되는 것
일까.

그려야 할 것들은 널려 있었다. 보려 하지 않아서였지, 보자고 작
정만 하면 세상 곳곳은 오브제의 아카이브로 흐르고 넘칠 지경이었
다. 그들을 미술의 광장으로 끌어내 작가와 관객이 함께할 공감의
제전을 준비하는 일은 그나마 삶의 고통을 줄일 문예적 계기가 될
터였다. 시대의 불안을 피할 미술적 대안으로 인간을 옥죄는 불합
리와 불이익의 풍자적 고발이 표현주의 회화의 핵심주제가 되는 때
도 이즈음이다.

작가들의 시선을 사로잡는 공통의 주제는 하나같이 불공평하고
취약하며 상처받기 쉬운 인간들이 치를 사회적 고통이었다. 의도치
않은 행위의 결과로 빈곤하고 불평등하며 비인간적인 삶의 조건을
견뎌 내야만 하는 민중의 절박함이 무능하고 무책임한 국가 때문이

었다는 해석은 정확했다. 나아가 문제의 급박한 해결을 눈앞에 두고도 면피의 핑계만 추구하는 지배계급의 한심함은 도리어 그들 자신의 쾌락추구와 탐욕의 축적으로 빛을 발하고 있었다.

전쟁이 끝나고도 원색의 폭력 앞에서 떨고 있어야 하는 시민들에게 자발적으로 다가서는 '작가'는 '인간'이었다. 민중의 연약함을 회화형식을 빌려 표현해야만 비로소 눈길 맞추는 공동체는 '슬픈 국가'였다. 아니, 국가는 없었다. 간신히 얼개만 붙잡고 국가 비슷하게 생긴 틀 안에 숨어드는 탐욕의 화신들은 서로 주인이 되지 못해 핏발 선 눈길만 훔쳐보는 중이었다.

주석

×

1   신즉물주의의 영향력 확장에 따라 작가들의 사회비판 의도와 정치적 태도를 기계적으로 나누려는 움직임도 생겨난다. 이들을 좌익과 우익으로 가르려는 현상 말이다. 가령 '진실주의'를 좌익으로, '마술적 사실주의'를 우익으로 지칭하는 것도 조짐의 하나다. 하지만 신즉물주의 작가들이 지나치게 현실적이고 구체적으로 대상을 직시하며 격렬하게 사회를 비판한다 해서 이들을 정형화한 틀에 가두는 건 문제다. 다음과 같이 그 특징을 한정하는 것도 오류의 또 다른 근원이 된다. 이를테면 1) 대상을 소묘하되, 의도적으로 매우 정확히 그리며, 2) 감정을 완전 배제한 비감상적 사물관찰 방식으로 냉정하고 날카로운 시각을 지탱하고, 3) 추악한 현상도 마다치 않고 일상적이며 평범한 것들에 대해 남다른 관심을 두는 데다, 4) 표현 대상은 고립적이며, 5) 특히 정적인 것들을 선호한다는 생각을 일반화하려는 건 작가들의 자기 함정일 터다.

2   야노 시즈아키(矢野靜明)는 고흐의 미술적 특장을 인상적으로 집약한다. "멀리 있는 물건은 보이지 않더라도 반드시 거기에 있는 것입니다. 그런 신념이 화면에 또렷이 드러납니다. 수백 미터 앞에도 반드시 사람이 있고 밭이 있다고 말입니다. 고흐도 그렇게 믿고 있습니다. 고흐는 사물의 화가니까 그렇게 믿습니다. 믿긴 하지만 고흐가 그리면 그 물질을 뚫고 지나가 저 건너편에 가닿는 감각이 있습니다. 거기에는 더 이상 물건이 없지만, 고흐는 그 건너편에 갑니다. 그곳을 꿰뚫고 지나가는 감각이 있습니다. 그 끝 간 데 없는 느낌이 고흐

의 그림에는 나타나며 그런 감각이 고흐 자신의 인간성 속에도 존재합니다." 서경식 지음, 박소현 옮김, 『고뇌의 원근법: 서경식의 서양근대미술 기행』(파주: 돌베개, 2009), 289-291쪽.

3   〈At Eternity's Gate〉(2018) · 1h 51min · Biography, Drama; Dir. by Julian Schnabel; Actors: Willem Dafoe, Rupert Friend, Mads Mikkelsen, Mathieu Amalric, Emmanuelle Seigner, Oscar Isaac; Writers: Jean-Claude Carrière, Julian Schnabel; Production: CBS Films, Riverstone Pictures, SPK Pictures, [00:41:29-00:44:30].

4   수많은 억측과 가설에도 불구하고 다음 자료는 일관된 중립성을 지탱한다. 중요한 것은 그의 자해가 지니는 정신질환적 해석의 무게가 아니다. 그 같은 행동을 자초한 내면의 혼돈을 가급적 고흐 자신의 입장에서 따지려는 자세 전환이 필요하다는 점이다. 이를 위해 다음을 참조할 것. Bernadette Murphy, *Van Gogh's Ear: The True Story* (London: Vintage, 2017).

5   고흐의 죽음이 '자살'이었다는 믿음은 사실처럼 굳어진 지 오래다. 적어도 그의 최후가 '타살'이거나 불가피한 '사고'에 따른 의도치 않은 죽음이었다는 생각은 최근에 이르도록 생소했다. 다음은 고흐의 자살을 반박하는 문헌으로 의미를 더한다. Nick van der Leek, *The Murder of Vincent van Gogh* (Irvine, CA: Shakedown, 2018).

6   Roger Cardinal, *Expressionism* (London: Paladin Books, 1984), p. 35.

7   프란츠 로(Franz Roh) 지음, 우석균 옮김, "마술적 사실주의: 후기표현주의," Lois Parkinson Zamora · Wendy B. Faris 편저, 우석균 외 옮김, 『마술적 사실주의』(서울: 한국문화사, 2003), 11-25쪽.

8   이때부터 중남미 문학이 주목받는다. 이들은 기록 위주의 연대기 서술을 벗어나 사회정치 문제와도 거리를 둔다. 현실과 상상 속에서 복잡하게 이루어지는 허구 안으로 독자들을 참여하게끔 직접 유인한다. 이들에게 영향을

준 문학형식은 유럽의 아방가르드와 영미 모더니즘으로 이들 소설의 본질을 포착한 미학적 표현이 '마술적 사실주의'라는 것이다. 마술적 사실주의 소설은 모더니즘 문학의 열쇠가 되는 신화, 민담, 무의식, 꿈 등을 빌리려 한다.

9   프란츠 로(Franz Roh) 지음, 우석균 옮김, 앞의 글, 19-21쪽, *passim*.

10   그는 계속해서 이렇게 말한다. "인상파에게 있어 세계가 대상들로 구성되어 있다는 사실은 특별히 관심을 기울일 가치가 없는 '명백한' 일이다. 그래서 인상파 회화의 매력은 대기를 떠도는 색채의 결에 최대의 가치와 의미를 부여했다는 점이다. 표현주의 역시 대상의 존재를 대단히 '명백한' 것으로 간주했으며 인간 정신이 모든 것을 쏟아부을 수 있을 그릇인, 강력하고 과감한 형식적 리듬에서 의미를 찾았다. 하지만 최근의 회화는 한층 더 보편적이고 심오한 토대를 구축하려고 한다. 이러한 토대 없이 인상파와 표현주의는 성공할 수 없다. 이들은 대상을 천착하지 않았고 예술이 형상화해야 할 외부 세계를 당연한 것으로 받아들였다. 이렇게 명백하다고 여기던 것을 '문제 삼을' 때, 우리는 한결 심오한 영역으로 들어선다. 그 결과가 다소 불충분할지라도 말이다. 존재의 마술성, 즉 사물이 고유한 모습을 갖고 있다는 발견에 대한 이 평온한 감탄은 세계에 대한 다양한 개념이 정착할 수 있을 터전을 다시 마련했다는 ―비록 새로운 방법을 통해서이지만― 의미이다." 위의 글, 16쪽에서 재인용.

11   히틀러 정권에 의해 퇴폐작가로 낙인찍혀 작품 다수를 잃거나 폐기당한 데다 독일 사회의 보수화 경향에 눌려 작품들이 음란물로 치부되면서 출간조차 금지되기 십상이었던 그녀다. 특히 '가난'은 우선의 벽이었다. 빼앗기거나 전시금지 대상이었고 아예 세상의 빛조차 보기 어려웠던 컬렉션은 오늘날 소장자의 정체나 물리적 소재 자체가 불확실한 경우가 그래서 제법 많다. 독일에서 태어났지만 파리에서 미술을 학습하고 1차 대전 중 독일로 되돌아온 마멘이 몸소 겪어야 했던 빈곤과 물질적 파괴현장은 그녀를 미술에 전념하기 힘들게 한다. 중고 책이나 저널 등을 팔지 않고선 생계가 막연했고 폭격으로 나뒹구

는 콘크리트 조각이나마 활용하지 않는 한, 그녀에게 예술은 전쟁이었다. 다음 홈페이지를 참조. http://www.cabaret-berlin.com

12   이에 대해서는 다음을 참조할 것. Lydia Böhmert, "The Dark Sides of Berlin During the Late Weimar Republic: A Comparison of Jeanne Mammen's Artwork with Literary Impressions of French Visitors in Berlin," Förderverein der Jeanne-Mammen-Stiftung e. V. ed., *Jeanne Mammen: Paris, Bruxelles, Berlin* [in cooperation with the Frankreich-Zentrum, Freie Universität Berlin] (München: Deutscher Kunstverlag, 2017), pp. 102-119.

13   그놈의 지분 냄새와 색기 넘치는 여인의 묘연함에 홀로 취해 말이다.

14   "I have always wanted to be just a pair of eyes, walking through the world unseen, only to be able to see others. Unfortunately one was seen." 다음 홈페이지를 참조. https://artpil.com/jeanne-mammen/

15   귄터 메트켄·베르톨트 힌츠 지음, 안규철 옮김, 『신즉물주의 & 제3 제국의 회화』(서울: 열화당, 1991), 10쪽.

16   갑신정변과 파리 코뮌을 연상시키는 바바리안 혁명은 1918년 11월, 독일 지식인과 작가들의 무모한 정치변화 시도였다. 전쟁이 끝나 갈 무렵, 한 무리의 혁명가들은 군사 감옥의 창틀을 부수고 공공건물을 장악하면서 군주정 전복을 시도한다. 새로 선포한 바바리아 자유국가의 우두머리는 연극평론가 쿠르트 아이스너였다. 그의 뒤에는 독일 문화사를 이끈 이들이 기라성처럼 포진하고 있었다. 토마스 만과 에른스트 톨러, 라이너 마리아 릴케 등이 대표적이다. 그들의 꿈은 오래지 않아 물거품으로 변한다. 1919년 2월, 아이스너가 암살당한 것이다. 혁명은 실패하지만, 새로운 세상을 그리며 길을 닦고 새로운 이정표를 향해 사람들을 이끈 이들은 그나마 뜨겁게 자기 목소리를 낸 작가와 시인, 지식인들이었다. 이들의 꿈과 활약으로는 다음을 참조. Volker Weidermann, *Dreamers: When the Writers Took Power, Germany, 1918* [tr. from German by Ruth

Martin] (London: Pushkin Press, 2018). 바바리안 혁명의 위상과 성격을 상대적으로 조망하려면 다음을 볼 것. Chris Harman, *The Lost Revolution: Germany 1918 to 1923* (London: Bookmarks, 1997), pp. 123-140.

17   인상주의의 오브제는 '자연', 표현주의의 그것은 '사회'라고 규정해 버리는 건 지나친 단순화다. 하지만 같은 대상을 묘사해도 방법은 당연히 달랐다.

18   "What I want to show in my work is the idea which hides itself behind so-called reality. I am seeking for the bridge which leads from the visible to the invisible."

19   Matthew Gale · Katy Wan, *Magic Realism: Art in Weimar Germany 1919-33* (London: Tate Enterprises Ltd., 2018), p. 97.

20   *Ibid.*, p. 96. 앞서 인용한 마멘의 술집 그림을 다시 뜯어보자. 우울과 비탄으로 넘쳐 나는 카페에서 그들은 단지 무언가 응시할 따름이다. 그들의 공허한 눈빛은 자기 운명에 고분고분히 따르기로 작정한 이들의 '그것'이다. 여인의 차림새는 단정치 않고 건장한 매무새의 남자들 또한 우직하고 조악하기 이를 데 없다. 담배와 술만이 거기서 만나는 이들을 연결해 주는 귀한(?) 끈일 뿐, 그들은 서로에게 어떤 말도 건네지 않는다. 대화는 사치이기 때문이다. 대신 납덩어리만큼 무거운 무기력증에 빠져드는 일만 남는다. 마멘에게 히틀러는 눈에 들어오지도 않았다. 전체주의나 사회주의 같은 이데올로기가 족쇄가 될 것이었다면, 애당초 그 같은 그림은 그리지도 않을 그녀였다. 용기니 단호함이니, 아니 정치적 용맹성이니 하는 단어 역시 그녀에겐 거추장스러웠다. 마술적 사실주의의 흐름을 성과 죽음, 퇴폐의 삼중주로 이해하는 전시회 기사로는 다음을 참조할 것. Jonathan Jones, "Magic Realism: Art in Weimar Germany 1919-33 Review — Sex, Death and Decadence," *The Guardian* (30 July 2018).

21   정미희, 『독일 표현주의 미술』(서울: 일지사, 1990), 87-88쪽.

22   피터 게이 지음, 조한욱 옮김, 『바이마르 문화: 국외자들의 내부』(서울:

탐구당, 1983), 198-201쪽.

23   위의 책, 177-179쪽.

24   위의 책, 189쪽.

25   위의 책, 231-233쪽.

26   위의 책, 175-177쪽.

27   이를 비교론적으로 인식하기 위해 필요한 밑작업으로 다음을 참조할 것. 시모나 바르톨레나 지음, 강성인 옮김, 『인상주의 화가의 삶과 그림』(서울: 마로니에북스, 2009).

28   이현애, 『독일 미술가와 걷다: 나치 시대 블랙리스트 예술가들이 들려주는 삶의 이야기』(서울: 마로니에북스, 2017).

절망의 미술정치:
위로와 변호

1.

매춘賣春과
매춘買春

    몸 파는 이들을 향해 막연히 눈 흘기는 건 무례하다. 관음의 시선으로 호기심을 덮으려 듦도 불손하다. 일방적 도덕론이 허망한 건 오랜 전설이다. 사회적 공감과 인간적 이해를 핑계 삼아 혼자 핏대 올리는 일도 숙고 대상이다. 어느 나라, 어떤 상황에서도 마찬가지다. 동의와 이해가 자칫 값싼 동정의 계기를 이루는 건 문제다. 그곳의 '역사'를 자주 업신여기고 비판을 빙자한 공격이 비난과 매도로 탈바꿈하는 관행도 버리지 못할 한계다. 동정도 지탄도 현장의 고통을 줄이는 데 아무 약이 될 수 없었던 사이, 거긴 대부분 불가촉 공간으로 남는다.

    1920년대 독일의 경우[1]도 마찬가지다. 남편의 부재가 한 여인의 삶에서 차지하는 고통의 크기나 가족들이 걸머질 부담 또한 말로 표현할 문제는 아니다. 통증의 내역이 절망이나 그보다 더한 심리적 압박으로 발전하여 생존의 문제로 퍼져 가는 저간의 사정은 지

적해 둔 바와 같다. 이 같은 사태의 국가적 파장이 어떤 문제를 일
으키며 어느 수준의 정책적 배려로 완화·개선될 것이었는지야 여
기서 다룰 문제가 아니다.

전후처리의 복잡한 문제와 패전의 국가적·군사적 책임을 둘러
싸고 당국이 해결해야 할 우선순위에서 이는 그리 심각한 의제가
아니었다. 극단적으로 말해, 절박한 처지에 놓인 여인들이 스스로
해결하거나 뛰어넘어야 할 난관 이상도 이하도 아니었던 셈이다.
역사상 인간이 만든 헌법 중 가장 이상적 수준이었다는 바이마르헌
법에도 전쟁미망인이 겪어야 할 절망의 비용과 이로 인한 고통의
소멸에 대해서는 어떤 암시조차 없었다. 국가의 부름으로 나가 싸
웠지만, 죽음의 영광을 가족의 고통으로 상쇄해야 하는 '희극적 비
극'[2] 앞에서 법과 정책은 따로 없었다.

그 속에서 미술이 자기 목소리를 내기 시작한 건 충격이다. 그 또
한 한두 명의 제한적인 경우가 아니라 미술사상이 정면으로 고민하
고 공감의 예술적 터전을 마련하기 위해 공통의 과제로 인식하고
있었다는 점은 놀랄 만했다. 미술이 미술로만 존재하지 않고 곧바
로 정치가 되며 역사로 이어지는 대목을 절감하게 되는 것도 여기
다. 표현주의의 경이로움이 시대적 고민과 직결되는 경우 말이다.

그러나 문제해결과 정책의 활로 개척을 위해 이들 작가를 활용하
려 들거나 표현의 정치미학마저 마련해 주길 기대하는 건 무리다.
매매춘 현장을 그리는 작가들에게 다른 곳에서는 볼 수 없는 예외
적 에로티시즘이나 원색적으로 개성 강한 누디티의 표현미학을 바
라는 것도 당연한 결례[3]임을 잊지 말도록 하자. 갈 길이 그 길밖에

없어 들어섰고 벗어나지 못한 '현장'이 하필 '시장'으로 정착·확산되는 현상도 역사의 특수한 경우라고 치부하는 일은 없도록 하자. 운명이니, 거부할 수 없는 덫이니 들먹이며 결과적 불가피론에 갇히거나 노예적 노동의 굴레에 말려드는 사례였다고 통탄하지도 말자.

독일의 매매춘 확산도 전후 사회재건과 사회문화 변동의 흐름과 무관하지 않다. 패전 후 사회질서의 재구 과정에서 그나마 독일이 뒤늦게 여성 인권신장은 물론 사회참여와 취업기회를 늘리기 위해 노력한다는 점은 눈에 띈다. 오갈 데 없는 전쟁미망인들이 호구지책과 생계 수단 마련으로 직업매춘이나 자영매춘의 길을 선택하는 건, '자족적 피고용 상태'의 노동자로 전환[4]하는 오늘의 밑그림으로 두드러진다.

이른바 '부르주아 호어bourgeois whore'의 독일적 선구로 바이마르 베를린을 꼽듯, 주눅과 위축 대신 직업적 자기 결정권과 삶의 질곡으로부터 자기해방을 실현하는 당당한 여성의 모습은 독립적이며 과거와 단절적이다. 독일 여성들의 이 같은 변모를 기층 민중과 보수 세력이 못마땅해했던 건 말할 나위 없었을 것이다. 문제는 신여성을 지향하는 전후 사회변동의 기울기가 기대 상승의 혁명을 재촉하는 속도와 방향에 있었다는 점이다.[5]

오늘의 복지정책은커녕, 행복의 실질 계수조차 가늠 못 하는 국가를 염려해야 할 이유는 따로 있다. 도시의 여인들 몇이나 거리에서 몸을 팔아야 가족들이 먹고살 지경에 이르렀는지, 내일은 또 매춘자원이 얼마나 늘어날지 통계나 예측 따윈 사치였던 당국의 무능이 그것이다. 전쟁미망인 모두가 그 길로 들어섰던 건 아니듯, 매춘으로 생계를 잇는 여인들 모두가 '그들'로만 채워진 것도 아니다. 하지만 ―경위야 어찌 되었든― 매춘을 업으로 삼는 대부분의 여성들이 용기와 정치적 자유마저 지탱한 정신적 근력은 놀랍게도 국가의 역할과 능력보다 스스로를 믿고 단련하려 들던 원초적 초연함에서 배양되고 있었다.

애당초 누드모델이라면 매춘부를 내세우는 관행을 표현주의 진영에서부터 배격하고 값싼 에로티시즘의 도구로 전락하는 여성의 몸을 성매매 현장에서 떼어 놓으려 했음은 주목할 일이다. 안 그래도 적잖은 작품부피로 두드러지는 독일 표현주의의 선구, 키르히너로부터 딕스와 그로스, 베크만에 이르기까지 각기 개별 작가의 독자적 장르를 구축할 만큼 매매춘을 소재의 중심으로 삼은 작가군은 두텁다. 과장하면, 이들의 미술세계에서 매춘을 제외하고 나면 표현 대상은 줄어들고 작업의 중심축도 흔들릴 정도다.

이미 살폈듯, 사물과 인간을 뾰족하고 각지게 표현함으로써 불편함과 시각의 적응을 요구하는 키르히너였다. 그가 '포츠담 광장' 주변을 무대로 호객과 영업을 일삼는 전후 독일 매춘부들을 자기 회화의 소재로 삼았던 건 유명하다. 얼굴은 세로로 유난히 길고 여염의 여인들은 좀체 소화하기 곤란한 요란한 패션을 원색적이거나 거추장스럽게 두른 모습은 그의 대명사다. 커다란 장신구들도 서슴없이 걸치고 본격 유혹에 나서는 매춘부 회화는 동료작가들을 흔들만큼 압도적이다. 한두 명의 매춘여성에게만 포커스를 맞추거나 작위적 포즈로 유인하는 경우보다 복수의 매춘여성들이 군집체를 이루면서 한꺼번에 동시 유혹하는 '비대칭적 대칭성'에 주목함으로써 도시는 이미 그녀들이 점유하고 있음을 기정화한다. 제아무리 수요가 공급을 창출할망정, 상상을 넘어서는 공급 역시 예측 불허의 상황을 만들고 있었다.

몸이라는 핵심의 유인 수단 말고도 키르히너 회화를 압도하는 시각적 부담 요인들은 캔버스 전체로 퍼져 나간다. 값비싼 모피 목도리와 모직 롱코트가 상체의 포인트가 되고 화려하기 이를 데 없는 모자가 돋보이는 까닭은 한결같이 의식적으로 과장한 깃털 장식과 분장의 과잉 때문이다. 향수와 액세서리는 기본이고 유혹을 위한 최대한의 장치로 남자들이 빠져들 함정이라면, 투자와 치장에 아낌없는 매춘부들이었다.

작가적 상상과 표현의 지나침이 필요 이상으로 붓놀림을 부추기는 경우도 감안해야 했지만, 사실 아닌 허구의 개척보다 경험세계의 치밀한 천착 없이 표현주의는 시동되지 않았을 것이다. 과장이 주는 순간적 감동과 의심보다 표현의 진지함과 정서적 일렁임이 던지는 파장은 관객을 움직이는 데 정치적으로 한층 깊은 울림을 담보할 수 있기 때문이다. 표현은 하염없는 '관찰'과 '생각'이 끝난 다음의 '일'이다.

전쟁은 끝났지만 진짜 전쟁은 한창이었다. 해가 거듭될수록, 살아남은 민간인들은 뼈저린 빈곤과 싸우지 않으면 안 되었다. 2백 4십만 명이 훨씬 넘는 전사자들은 자급자족이 아예 불가능한 엄청난 숫자의 전쟁미망인들을 양산한다. 모든 연령층의 절망적인 여인들은 남겨진 가족들과 함께 매매춘 시장으로 내몰린다. 유일한 생계 수단인 몸 파는 '그 일'에 어린아이들은 물론, 심지어 미망인들의 어머니와 할머니까지 포함되는 경우도 있었다. 독일의 주요 도시들이 매음굴로 바뀌거나 모든 연령층의 여성들이 거리로 내몰리는 건 시간문제였다. 늙었든 아니든, 추하든 말든, 수척하든 말든, 인류 역사상 가장 오랜 직업이란 '매춘'은 그네들의 마지막 출구였다.

1922년에 이르면, 베를린에서만 성업 중인 매춘부들이 통산 10만 명에 이른 것으로 추산된다. 나이 든 창녀들 대부분은 진한 화장의 얼굴을 가리려 '미망인 베일'로 알려진 망사 레이스를 쓰기도 했다. 독일 역시 매춘여성들을 통제했지만, 그들에게 기생하는 포주의 저주스러운 갈취구조에 창녀들은 편입되고 있었다. 다리 하나를 잃었거나 볼썽사납게 변모한 상이군인들의 모습도 20년대 베를린의 대표적인 도시 풍광이다.

그것이 전쟁의 뒷모습이자 현대 독일이 잊기 쉬운 자화상이라면, 속출하는 색정 살인도 견뎌야 할 아픔 가운데 하나다. 표현주의자들이 주목하지 않을 수 없는 당연한 오브제였다. 황폐하고 암담한 삶의 이면이 잿빛으로 물드는 건 막을 길이 없었다. 엄청난 매매춘 인구와 사회폭력, 노인들의 몰락과 처연한 죽음으로 젖어 드는 나날이 바이마르의 현실이었다. 고통을 고통 그 자체로 즐겨야 하는 상황은 국가의 존재 자체를 무력하게 만든다. 있어도 어쩌지 못하는 국가기구는 사치일 뿐이고 없는 것처럼 있어야 존재감이 살아나는 공무원들은 양복 입은 허깨비일 따름이었다. 얼음보다 차갑고 코미디보다 더 '웃픈', '비현실의 현실성'이 자극하는 눈물은 흘려 본 사람만 안다. 매매춘 시장을 구원해야 할 정치권력이 정작 중요한 고객 노릇을 했다면, 공급 과정을 방임하는 당사자들이 눈물을 닦아 줄 리야 없었을 것이다.

매춘인구가 두드러지게 증가한다는 사실이 표현주의 작가들의 회화 욕구를 자극했다는 가설은 적실성이 약하다. 그보다 매춘의 사회적 팽창이 불러올 계층 간 긴장과 문화갈등은 물론 사회위생학적 우려와 충격을 의식한 반어법적 고발 욕구가 먼저였을 것이다. 이를 해소하지 못하는 국가의 무능이 패전에 따른 기왕의 정치적 무책임과 연결되는 가증스러움도 관객들을 의식화시키는 데 한몫 하였을 것이다.

다음 두 그림은 이를 헤아릴 척도가 된다. 단순비교는 역비판의 원인이 될 수 있다. 하지만, 세기의 전환기 동안 표현의 편차와 기법이 어느 정도 달라지는지 즉발적 비교의 편리함부터 고려하려면 못 할 리 없다. 신체적 핸디캡을 딛고 작업한 로트레크가 몽마르트르 기슭의 환락가에서 무희들이나 매춘부들과 가족처럼 지낸 사실은 잘 알려져 있다. 그가 만난 여러 여인들은 모델로 머물지만, 피갈Pigalle 일대의 나이트클럽과 카바레, 매음굴과 성병 검진을 위한 보건시설 등과 함께 파리의 유흥과 쾌락 문화의 현장을 알리는 실증적 근거다. 딕스의 그림과 무엇이 다른지 먼저 변별해 보자.

로트레크가 굳이 '팻 마리아'라는 타이틀을 그림에 붙인 이유는 익살스럽다. 비만의 기준도 애매하지만, 이처럼 이름 붙인 로트레크의 속내를 반어법적으로밖에 헤아릴 수 없어서다. 당시 매춘부였던 마리아의 애칭이거나 일상으로 통용된 별명처럼 추정할 수 있지만, 전형적인 유럽풍 누드로 이 그림이 지니는 전통의 익숙한 이미지는 바로 다음 딕스의 작품으로 인해 쉽게 희석된다. 온전히 바라

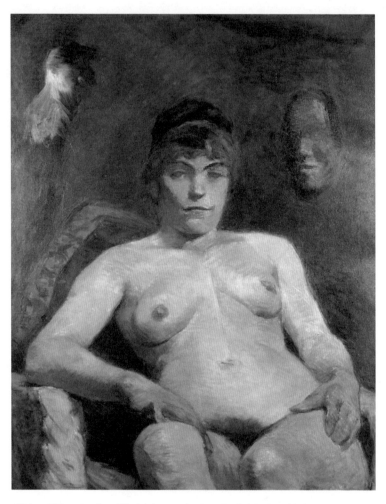

앙리 드 툴루즈 로트레크, 〈팻 마리아Fat Maria〉, 1884, 폰 데어 호이트 미술관.

오토 딕스, 〈창녀: 붉은 나비 리본의 여자Prostitute: Girl With Red Bow〉, 1922, 개인 소장.

보고 있기 불편한 늙은 매춘부의 깡마른 육신과 아랫배에 달라붙는 젖가슴의 처연함에 비추면, 마리아의 육덕이 타이틀처럼 풍성한 것도 이해 못 할 바 아니다. 하지만 사십여 년 가까운 세월의 변화만으로 그림의 편차는 설명 가능할까. 아니면, 이렇게라도 나서지 않으면 살아남기 어려웠던 당대의 비극만 뚜렷해지는 걸까.

그림은 당장 답하지 않는다. 대신 서로 어울리지 않는 것들과 믿고 싶지 않은 비현실만 섞어 버리는 중이다. 같이 있을 수 없는 것들이 억지로 있어야 할 때 그 불편함이 시각갈등의 고문만 일삼듯, 두 작가는 감각의 변방으로 관객들을 내몬다. 딕스의 누드가 당장 거북한 것은 내용일까, 형식일까. 타이틀로 내건 붉은 나비 리본red bow과 몸 팔긴 너무 늦어 버린 늙은 여인의 공존은 그대로 보고 있기 괴롭다. 여인의 직업이 창녀라는 사실도 받아들이기 힘들지만, 부서질 듯 버티는 무릎 위 붉은 밴드와 머리끝 리본의 공존도 버겁다. 눈앞의 사실도 사실이지만, 어울리지 않는 것들의 조화는 끝까지 필요한 걸까.

생존 수단의 결핍과 노년의 생존, 유혹의 능력을 삶의 방편으로 선택해야만 하는 미망인들의 정치력과 대책 없는 국가권력, 국가의 무위와 방임이 빚는 불협화음. 그림을 둘러싼 사회적 이항대립의 민감함은 따지고 보면 이때만 이어진 것이라고 보기 어렵다. 하지만 세상이 감당키 어려운 매매춘 자원의 압도적 증가와 문제해결의 무능이 일으키는 갑갑함은 작품을 꽉 채운다.

콘텐츠가 기법에 앞선다는 사실은 중요하다. 하지만 문제는 테크닉을 배양·강화하는 미술사상과 시대를 압도하는 표현의 변화가

당대를 살아가는 사람들의 생각을 굵고 깊게 지배·조율한다는 점
이다. 누드의 섹슈얼리티만 하더라도 리얼리즘 표현기법이 설득력
의 한계를 드러낸다는 사실은 여기서 중요하다. 특히 미술이 단순
히 예술적 재현 도구로만 작동할 수 없다는 인식이 퍼짐으로써 추
상주의의 매력이나 상징주의의 파워 등 모더니즘 이후의 온갖 이데
올로기도 문화적 파급효과를 강화한다.

표현의 담대함이나 시각적 이질성이 내뿜는 예술적 마력이 과거
리얼리즘으로 닦은 길을 대체하는 과정은 그 자체로 혁명적이다.
벗고 싶어 벗은 옷이 아니라 하는 수 없이 벗은 '옷의 부재'가 수치
와 분노를 넘어 당당한 노출의 사회적 결기까지 드러내게 되는 일
련의 과정은 드라마가 아니다. 사연 자체가 정치라면, 그림이 재생
산하는 철학적 문법 역시 귀 기울일 것이다. '표현'과 '재현'의 차이
가 여기서도 큰 의미를 지닌다는 사실에 눈뜨며 말이다. 똑같기만
해서는 앞으로 더 못 나간다는 가르침마저 끌어안고서.

로트레크와 딕스의 매춘부 표현 사이에 또 다른 누드의 역사가
개입하고 기법의 동요 역시 잦았던 이유도 그 같은 측면에서 바라
볼 것[6]이다. 표현주의가 탐미의 대안의식이 빚은 미술사상일 수 있
고 포비즘이 리얼리즘이나 인상주의에 식상한 이들이 일으킨 맹렬
한 동물적 반란의 결과물일 수 있는 것도 그 때문이다. 그것도 하필
야수처럼 덤벼들며 기왕의 익숙한 테크닉들을 사정없이 물어뜯으
려 했던 것처럼 말이다. 결국 '어떻게 그리느냐'와 '무엇을 표현하는
지'는 서양미술사에서 단 하루도 빠짐없이 다투거나 논의의 질료로
뜨겁게 작동한 게 사실이다. 매매춘 현상 역시 '무엇으로 어떻게 묘

사하는지'와 '표현의 궁극은 과연 무엇인지'를 둘러싼 논쟁은 작품
과 작가 숫자만큼 두텁고 방대했다. 결론도 없고 논리의 유리한 고
지를 선점할 가망 역시 희박했지만 말이다.

마멘과 그로스의 회화는 10년 편차를 둔다. 바이마르 시대가 본
격 개막한 1920년과 퇴폐가 절정을 향하는 1930년의 매매춘 현장을
표현하되, 이들은 독일 사회가 관통한 현실적 무기력과 방황하는
인간 군상의 허약한 디테일을 웅변처럼 포착한다. 두 작가의 매매
춘 표현은 많지만, 다음 그림은 각자의 예술세계를 집약적으로 대
표한다. 이들은 작가의 지극한 부분이자 표본으로 의미를 더한다.
표현의 극성에 주목할 필요가 있기 때문이다.

때마침 일렁이는 다다이즘은 서양미술의 온갖 형식을 부정한다.
특히 인상주의와 후기 인상주의는 물론 리얼리즘의 재현에도 반기
를 든다. 거의 혐오 수준을 넘어설 뿐 아니라 당대의 국가와 시대
자체가 전혀 마땅치 않던 예민한 아티스트들은 타협하지 않는다.
멀쩡한 나라를 화약 파편으로 불태우고 젊디젊은 청춘들을 피 흘리
며 죽어 가도록 부추긴 정치권력의 무능과 무책임을 사정없이 꼬집
는다. 창녀는 작가의 정치적 불만을 세상에 알릴 경적警笛이었고 시
대의 아픔을 반증하는 미술의 모티브였다.

베를린의 다다이스트들은 '타틀린Tadlin의 새로운 기계시대'를 구
현하면서 독일 군국주의를 비판하기 위해 러시아의 10월 혁명(1917)
을 옹호한다. 그로스가 당시 자기 작품을 '타틀리네스크 다이어그
램(타틀린적인 도표)'이라고 이름 붙인 까닭도 그래서다. 기계와 인간
의 합일을 외친 러시아 구축주의자[7]들의 신념에 일부 동조하면서

유럽에서 가장 이데올로기적이라는 베를린 다다이즘에도 동조한 다음이기 때문이다. 들뜬 상업주의는 물론 점차 천민자본주의화하는 문화의 가벼움은 기왕의 보수주의 전통을 뒤흔든다.

'도덕'이나 '윤리'와는 단호히 결별하려는 듯 보인 독일 사회는 빠르게 무너진다. 본능에 충실하고 돈 앞에 약하며 양심이나 책임의식 같은 정신적 무거움으로 감싸기 싫어하는 '중심상실' 현상은 가뜩이나 질식할 것 같았던 기왕의 군주제 사회질서에 대한 사회심리적 반란과 크게 다르지 않았다. 다다 멤버로 작업하는 동안 철저하게 정치적인 주제를 고집한 그로스는 이 시기에 자동인형과 대각선 구도에 집착하는 '데 키리코de Chirico'의 영향을 받는다. 이 그림도 그때 그린 것이다.

음험함을 넘어 동물적 학대와 탐욕의 발산만 의식하는 육질 남성의 관음, 체면은 오간 데 없이 자신을 탐하는 주변 존재만 의식하는 매춘여성의 경계, 이미 벗어 버린 제 몸 신경 쓰기보다 누가 곁에 있고 없는지가 먼저인 타자 의존, 두려운 건 사람이며 기계라는 새로운 불문율, 체온은 지탱하지만 온정 따위야 잃어버린 지 오래인 두 얼굴의 익숙함, '피'와 '눈물'과 '땀'은 항시 돈으로 환산할 수 있는 값싼 액체에 지나지 않는다는 사실, 호랑이보다 무서운 '남의 눈'쯤 서둘러 피하는 게 최고라는 염치의 상실, 도피는 죄악이 아니며 은폐는 용서 대상조차 되지 않는다는 관행.

그로스는 관객 정치화에 민첩하게 성공한다. 순간적 '감정이입' 만큼 훌륭한 미술정치는 세상 어디에도 없기 때문이다. 전쟁터에서 경험한 묵시록적 느낌과 파괴뿐 아니라 고도비만의 사업가와 상이

조지 그로스, 〈타틀리네스크 다이어그램Tatlinesque Diagram〉, 1920, 국립 티센보르네미사 미술관.

군인, 돈 많은 사업가들과 노닥거리는 창녀, 성범죄와 살인현장, 그리고 바이마르의 자유분방함과 성적 방탕에 천착하는 그로스는 이들 소재를 작품 안에 의도적으로 섞는다. 그로써 관객들을 향한 분노의 촉발과 무망한 현실계몽에 기꺼이 앞장서는 것이다. 그의 작품에 자주 등장하는 초고도비만의 신사들은 민중을 착취하는 자본주의자를 상징하기도 하지만, 넓게는 독일 군국주의나 독일 자체를 뜻한다. 우리가 마주치는 세계는 흉하며 허겁지겁 탐욕스럽다고 보는 그로스는 그만큼 자기 '조국'이 싫고 자신이 겪는 '당대'가 마뜩지 않았다.[8]

마멘은 또 어떤가. 그림을 누비는 귀기鬼氣는 여전하며 작품 안에 차마 다 드러내지 못한 푯말도 처량하다. 몸 파는 여인들이야 셋씩 되지만, 방은 당장 비어 있는 모양이다. 누구든 들어오라는, 아니 들어올 수 있다는 허락으로 내건 독일어 '치머 프라이Zimmer frei'는 영어로 '프리 룸free room'이다. 물리적으로 그냥 '비어 있는 방'이 아니라 누구든 돈만 내면 들어오지 못할 이유가 없어진다는 관대한 허락이 바로 용인되는 공간 말이다. 여기서 '프리'는 문자 그대로 사람의 능력과 전혀 관계없는 '홀가분함'이자 욕망의 실현을 가로막는 그 어떤 구속도 제약도 생각할 필요 없는 '성매매의 자유'를 뜻한다.

마멘의 미술정치는 매매춘의 고전 개념을 각인·계몽하는 데 머물지 않는다. 작가는 '마술적 사실주의'라는 동아리 안에 갇히지 않고 왜 표현주의자라는 칭호를 듣는지 잘 말해 준다. 미술정치 과정에서 개별 작가가 일구는 설득력의 범위와 예술적 드러냄의 한계는 여기서 다시 중요해진다. 그(녀)가 부수고 무너뜨릴 장벽의 '두께'를 헤아리는 일이야말로 아무리 강조해도 지나치지 않다. '표현의 힘' 만큼 가치 있는 정치적 도구는 드물다.[9]

표현의 압권은 매춘부들의 '눈' 표정이다. 이들에게 다소곳함이나 행동의 단정함을 기대하는 건 지나치다. 하지만 소란스러운 '유혹'과 즉발적 '호객'의 번거로움과 관계없이 그림 앞 관객들이 무릎 써야 할 부분은 도발적이며 호전적인 그녀들 눈동자다. 산전수전다 겪은 공격성은 물론이고 염세와 자학 역시 도를 넘은 데다, 스스로 택한 길일망정 값싼 동정이나 턱없는 거래로 자존심이라도 훼손할라치면 사정없이 덤벼들 성질부터 감당해야 하기 때문이다.

표정과 인상만으로 성격의 실체와 심상을 헤아리긴 어렵다. 하지만 짐작마저 마다할 현장은 아니다. 창턱에 팔 얹은 여인의 퀭한 눈매 너머 습관처럼 입에 문 담배로 짜증 난 심사를 애써 누르는 표지판 곁 매춘부는 상대를 유혹할 마음일랑 당장은 없나 보다. 극한의 미움 아니면 자기혐오의 협곡을 사정없이 오가며 다가오는 자들과 한바탕 전투를 치러야만 다음 단계로 넘어갈 난감함이며, 느닷없는 언어의 역공도 감안할 항목이다. 온순하거나 수용성 강한 듯 보이지만, 그 역시 외관의 인상일 뿐 그나마 상세한 얘기를 감당할 여인은 가운데 인물일 터다. 아예 방 밖에 나와 서서 호객을 작정한 오른쪽 여인의 눈매는 도발을 넘어서는 고혹 그 자체다. 한번 빠지면 탈 없이 헤쳐 나오기란 애당초 엮지 않느니만 못하겠으나, 마음만 통하면 당장이라도 함께 떠날 기세다.

쾌락의 비용이 감당할 부담이란 고작 다음 차례의 쾌락을 준비하는 자들이 치러야 할 이기주의뿐이다. 바이마르의 환락 사회가 뛰

잔 마멘, 〈브뤼더 거리Brüderstrasse〉, 1930, 더 조지 이코노무 컬렉션.

어넘을 위생 관리적 매매춘과 성매매 현장에서의 복지란 꿈조차 꾸지 못할 사치스러운 대상이다. 사회정책은커녕, 끓어오르는 분노를 삭여 가며 국가의 부름으로 사라진 남편과 가족의 통한을 일거에 잠재울 방법은 정말이지 그 일밖에 없었을까. 그 급진적 도구가 '시민Bürger'이란 이름의 잠재적 고객을 향한 불손과 악다구니밖에 없음을 정녕 당국은 모르고 있었을까.

국가의 무관심과 정책 부재를 탓하기 전에 따져 보아야 할 문제는 따로 있다. 당대를 이끈 감각적 문화 주체의 모범적 자발성에 방점을 찍는 일 말이다. 작가들의 이타주의가 확대 재생산한 미술정치의 결과물로 당대를 읽으려는 것도 그 때문이다. 작가들이 미술정치의 중심이었다는 사실은 늘 오해와 과장의 밀림마저 헤쳐 나가도록 고단한 과업까지 떠맡았던 것임을 세상은 자주 잊는다. 그렇다고 행여 작가들이 정치권력에 안겨 노골적인 득세와 물질적 가치 축적을 도모하려 했다며 의심할 필요야 없지 않은가.

이렇게라도 외치지 않고선 대책 없이 허물어지고야 말 저들 작가에게 뉘라 함부로 짱돌을 던지랴. 오늘의 미술이 한결같이 정치적이기 위해 자유의 과잉을 뽐내지 않는 것처럼, 어두운 시대의 작가들이 몸부림치던 과거를 폄하할 사람들도 흔치는 않으리라. 화가들이 그림 그리는 일에 광적으로 몰입한 시대의 소명은 하필 그즈음 더 준엄했던 것으로 보아야 할 터다. '표현'밖에 더는 할 수 없는 '절명絶命의 시대'는 절절할 수밖에 없었기 때문이다.[10]

아무나 그리지 못할 그림을 누구나 다가서 볼 수 있게 만드는 정치력은 작가들만의 능력이다. 작품을 보고 기억·회상하며 되새김까지 전광석화로 이루어지는 것. 순간의 감동이 관객의 인지구조는 물론 행위의 대안마저 마련한다면, 미술정치는 성공하는 셈이다. 하물며 한 인간을 짓이기고 불특정 다수를 망가뜨린 역사가 그 안에서 요동친다면, 분노의 텍스트로 미술만 한 도구는 없을 것이다.

2.
자살과
색정 살인

×

패전국가가 짊어져야 할 부담은 만만치 않았다. 적의 포격으로 처참하게 부서진 건물 안에서 흩어진 가족이나마 부둥켜안고 버텨야 할 물리적 상실감이 당장 짐이었다. 정치적으로 뒤진 역사였어도, 더없이 빛나던 과거를 당장 이겨 내야 할 온갖 어려움과 맞바꿔야 하는 수치심은 다음다음의 고통이었다. 애수의 정념도 예전의 안온함을 회상할 여유가 생길 때 호출 가능한 센티멘털리티였으니까. 배고픔도 뛰어넘지 못하는데 젊은 날 받은 훈장이 무슨 소용일까.

무너져 내린 영광의 기억마저 지워 버려야 할 슬픔은 복잡했다. 믿기 어려운 빈곤과 사방에서 옥죄어 들어오는 압박이야말로 전후 현실이었기 때문이다. 끼니와 비축해야 할 먹거리 부족은 물론, 질병과 위생의 압박으로부터도 자유롭지 못함은 살아도 사는 게 아닌 터였다. 노스텔지어가 사정을 바꾸는 건 아니지만, 과거의 소환이 작은 위로라도 되었음은 살아남은 자들 모두의 습관처럼 굳어 가고 있었다. 깨진 거울이라도 쉽게 버리지 못하는 건 그래서였다.

위기와 충격을 감당하긴 버거웠다. 일상이 폭력으로 넘쳐 날 때 최소한의 안식처는 자아도 카페도 아니었다. 철저한 외면 아니면 즉자적 관찰마저 꺼리는 '거리 두기'가 넘쳐 전후 독일은 단절과 고립의 벽으로 신음하고 있었다. 어둠이 사라지려 할 때, 더없는 슬픔과 아련함만 커지듯 두렵게 동터 오는 새벽 햇살 앞에서 밤은 더 절망적이었다. 불안이 차라리 아름다운 고통이었던 이유도 거기 있다.

자살의 증감 규모도 문제지만, 살인과 상해범죄 변화는 그것만으로도 관심 대상이다. 1차 대전 이후 흉흉한 현실은 사람들의 '죽음'과 '죽임'을 일상으로만 볼 수 없게 만든다. 하루하루가 힘겨워 스스로 목숨 끊는 경우는 그렇다 치자. 하지만 영문도 없이 성관계 전후, 이른바 '준비된 살인'을 자행하는 반사회 범죄가 눈에 띄게 늘어나는 이유는 뭘까.

전쟁을 앞뒤로 살해범죄, 특히 독일 여성들을 향한 성적 살해가 증가한 치명적 이유는 매춘인구의 폭발적 증가와 직접적 관계가 있다. 표면적으로야 사회의 성적 문란과 윤리적 파탄에 대한 남성들의 보수적 판단이 한몫 차지하였을 것이다. 즉시적 단죄의식의 발동과 그에 따른 사적 응징이 잦았던 때문이다.[11] 여성들의 급속한 사회진출과 경제력 성장에 뒤따르는 권리 신장은 당연했다. 그에 따른 남성 젠더의 위축은 물론 이를 뛰어넘으려는 반동의 결과로 이해할 여지도 컸다. 전통가치에 유난히 몰입하고 사회변화 자체에 거부 경향이 강한 독일 남성들의 잠재적 반감이 이 같은 엽기적 타살 행위의 저변을 움켜잡고 있었다는 해석[12]이 가능해지는 이유다.

당대 독일에서의 죽음이 문제 되는 건 바로 엽기적 단명 통계 때문이다. 사망 통계 유형을 크게 나누면, (고령으로 인한) 자연사 이외의 자살과 타살 증가로 두드러진다. 특히 성적 살해 혹은 색정 살인으로 부르는 사례들은 단순한 사회 일탈이나 변태성욕자의 간헐적 행각[13]으로만 볼 수 없다. 아예 '쾌락 살인'이라고도 부르는 이 행위는 분명한 반사회 범죄로 특정 시기에 급증한 후 소강 국면으로 접어든다. 이즈음 독일의 두드러진 현상은 전쟁으로 인한 인구 전반의 급속한 감소와 달리 범죄와 일탈의 증가로 대비되는 인구 통계의 역조다.

인구도 줄고 출산도 어려운 데다 범죄의 흉흉함마저 폭력성을 보이는 당대 독일의 겉모습은 —문자 그대로— 극성의 확장과 내부적 조절 불능이었다. 여기에 스민 치명적 독소를 이해하지 않고선 간전기 독일, 즉 바이마르의 문화적 다면성은 헤아리기 힘겹다. 모처럼의 정치적 자유를 사회경제적 기대 상승과 맞바꾸려는 욕망의 폭발은 군소정당 난립으로 이어지고 민중의 요구에 대한 문제해결 능력으로 판가름해야 할 국가역량은 나날이 왜소해질 따름이었다. 매춘부의 팽창만이 아니더라도 경제의 피폐는 당국의 무능과 무관심을 방증하는 정책적 무책임의 표본이었다.

메마른 언어와 공허한 구호들만 난무하는 세상에서 가시적 미래를 기약하긴 힘겨웠다. 음부를 난자당하거나 핏빛 낭자한 침상의 어수선한 소식으로 아침을 맞이하는 시민들의 사회심리를 언어로 묘사하긴 더더욱 곤란했다. 이 같은 일들을 버젓이 자행할 수 있다는 건 패전국가가 저지르는 온갖 실정에 대한 분노와 권력을 향한 사회적 도발의 극한을 보여 주기 충분했다. 어떤 범죄의 극한도 벌받지 않으리라는 반사회적 기대 과잉과 의식적 방만함마저 화학적으로 자주 합성한 것 역시 그 때문이다.

이윤희의 다음 주장은 이 같은 사실들의 역사적 근거를 잘 압축한다. 특히 일상의 흔한 범죄가 아닌 예외적 기행으로 매춘부들과 가난한 여성들을 상대로 반복 자행한 색정 살인 통계가 세월이 갈수록 가파른 상승세를 보인다는 점에 유의할 필요가 있다. 구체적 동기나 개인적 이유조차 불분명한 채, 20여 년 만에 두 배 이상 급증세를 보이는 점 말이다. 이는 매춘의 망연한 확장과 지탱에 뒤따른 성병 창궐과는 또 다른 사회 병리적 심각성을 입증한다. 국가 주도의 공적 구원보다 (사적 처벌의 형식을 빌린) 시민들의 직접살해가 줄을 잇는 기현상은 병든 사회와 이를 방치한 권력의 역사를 잘 말해 준다.

> 1919년 2월의 한 주 동안 익명의 살인자에 의해 서른 명의 여성들이 칼에 찔려 죽는 사건이 일어났을 때, 베를리너 차이퉁 Berliner Zeitung은 신문의 표지면 헤드라인을 '베를린의 공포Das Schrecken von Berlin'로 뽑고 훼손된 시신의 자세의 선정성 등을 자세히 보도했다. 이 시기에 검거된 잘 알려진 여성 연쇄 살인자들로는 카를 뎅케, 페터 퀴르텐, 요한 오토 호흐, 프리츠 하르만, 빌헬름 그로스만 등이 있었는데 이들의 범죄 행각은 삽화와 더불어 자세히 보도되었으며 대체로 과장된 어조를 띠었다. … 매춘

부와 하층 계급의 여성들은 성범죄의 주된 표적이 되었고 그 극
단적인 형태가 성적 살해였는데, 당시 성과 연관된 여성 살해범
죄는 1900년의 191건에서, 1914년에 365건으로, 바이마르 공화
국의 출발 시점인 1919년에는 452건으로 급격한 증가추세를 이
루었다. 이러한 범죄의 형태는 도시를 공포로 몰아넣으면서도
다른 한편으로 도시적 생활 양태가 가져오는 퇴락과 부패의 상
징으로 여겨졌다. 도시에서 홀로 살고 있는 여성들은 전통적인
역할을 수행하는 여성들에 비해 범죄의 표적이 되기 쉽다는 점
이 공공연하게 이야기되었고, 이는 독일 출산율의 급감과 낙태
의 성행과 관련하여 오히려 피해자인 여성 일반의 도덕성에 대
한 비난으로 이어지기도 했다.[14]

낙태 혐의로 인한 여성들의 기소 인구가 늘어남에도 불구하
고 낙태는 결코 줄지 않았다. 그 규모는 1912년 추정치, 십만 명
에서 출발하여 1931년에 이르면 백만으로 늘어날 정도였다.
1914년, 적어도 모든 독일 가임여성의 절반가량이 한 번의 낙태
경험이 있었고 1930년에 이르자 여성 한 명당 두 번꼴로 그 빈도
가 늘어난다. 낙태율이 마침내 출산율을 뛰어넘게 된 것이다. 불
법 낙태와 출산 스트라이크의 망령이 프러시아 제국의회를 두
렵게 했던 경험은 1914년에 이미 사실로 확인된 바 있다. 당시의
신문은 출산율 저하에 대한 사회주의와 페미니즘의 입장을 비
난했을 뿐 아니라 출산저항이 국민 보건과 국력의 잠식을 재촉
하는 원인이라고 지목한 바 있다.[15]

바이마르의 출산율은 현저히 떨어지고 있었다. 생산력 저하는 물론 사회적 활력 퇴조가 걱정스러웠다. 낙태율의 두드러진 증가를 이해할 방법은 마땅치 않았다. 좀체 어울리지 않는 통계였기 때문이다. 가임여성들이 아이를 낳을 가족의 조건을 잃는 일은 전쟁으로 얼마든지 이해할 수 있지만, 강압적 결혼이나 원치 않는 임신의 폭증은 이례적이다. 현실의 극심한 불안을 잊기 위한 탈출구가 결혼이 아닌 일탈의 일상화로 굳어 가는 현상도 막을 길은 없었다. 본능에 충실해야만 출구가 보이는 아노미의 팽창도 바이마르를 이해하는 예민한 척도 가운데 하나다.

인구는 줄어도 범죄는 늘고 출산은 감소하되 낙태는 일상이 되는 세상이었다. 그런 세상은 건강하지 않았다. 삶의 막장에서라도 살아 보려 몸부림치는 여인들만 골라 죽이는 파렴치하며, 살해의 행각일망정 비감이나 공감의 빈터라곤 전혀 찾을 수 없는 잔혹한 현장은 최소한의 설득력조차 동원할 수 없었다. 매춘부들은 속절없이 죽어 나가더라도, 몰래 만나 즐겨야 할 이들은 부부의 연과 관계없이 얽히고설켜 그들만의 황홀경을 하염없이 누리고 누린 터였다. 늘어나는 쾌락 뒤로 줄어드는 새 생명이었다.

이들 사실을 겨냥하는 다음 두 인용은 바이마르의 사회모순을 웅변처럼 방증한다. 그것은 단순한 천박성을 넘어 파멸과 절망의 전야를 암시한다. 엄습하는 현실의 불안을 어떻게든 피해 보려는 보통 사람들의 심리적 연약함도 잘 반영한다. 불안의 강도가 커질수록 이를 벗어나려는 일탈의 빈도 역시 가열하게 비례한다는 사실은 주목해야 할 추론이다. 전쟁과 전쟁 사이를 누비는 세상의 빛과 그림자는 번잡했다. 그럼에도 불구하고 이를 일컬어 '위선적'이라든 지, 독일의 '두 얼굴'로 간단히 치부해 버리려는 건 무리다.

다음의 통계 인용이 중요한 것도 그 때문이다. 이진일은 이렇게 정리한다.

> 전쟁 시작기 독일의 출산율은 1,000명당 26.8명이었으나 1917년에는 가장 낮은 수준인 13.9명으로 떨어졌고, 1920년에 는 다시 25.9명으로 상승한다. 이후 바이마르 시대 전 기간 동안 지속적으로 수치는 하강하여 1930년에는 1,000명당 17.6명으로, 1933년에는 14.7명으로 줄어든다. 전쟁 중 20-24살 사이의 사망 률은 1913년에 비해 거의 12배가 높았고, 남성 25-29살에서는 8배가 높았다. 전쟁을 통해 독일의 인구 구조는 현저하게 노령화되었다.[16]

아연함과 놀라움의 벽을 거뜬히 넘어서는 경제 현실은 또 어떤 가. '모순'이니 '절망'이니 하는 보통명사도 오늘을 그려 내는 데 전 혀 도움 되지 않을 때, 사람들은 '방황'조차 사치로밖에 여기지 않는 다. '복지'나 '사회정의'는커녕, 최소한의 가치분배나마 책임져야 할 국가의 존립 이유마저 근본적으로 의심하게 했으니까. '살아남는다' 는 게 '태어남'과 '사라짐'에 앞서는 절명의 과제였으니까.

비판과 공격도 쌓여 있는 기운을 밑천 삼아야 감당할 일이다. 실 낱같은 희망과 가녀린 기대조차 꾀하지 못할 구덩이 속에서 개혁 을 말하거나 혁명을 꿈꾸는 건 황망하다. 전쟁만으로도 견뎌 낼 재간은 손쉽지 않은 민중이었다. 쓰라린 패배와 뒤따르는 수치의 나날들까지 경험해야 하는 '무릎씀'도 힘의 밑받침 없인 불가능한 일이었다. 하물며 몇 푼 되지도 않는 장롱 속 지폐마저 쓰레기 더미로 취급받는 현실이라면, 언어와 탄식이 무슨 소용 있을까.

게이는 1923년의 악몽을 압축한다. 누군가의 상상과 연출로 인위적 허구를 그린 공상의 세계였다면 모를까, 좀체 믿기 힘든 일들이 눈앞의 현실로 떠도는 엄연함이라니. '견딤'은 역시 '버팀'의 이음동어로 여기서 다시 빛을 발한다. 이런 체제에서 산다는 '것'이 되레 죽는 '일'보다 몇 곱절 더 힘겨운 일임도 아우르며 말이다.

국립은행이 위기를 타개하려는 시도를 하였지만 금고는 고갈된 상태였고, 그리하여 1923년 4월 드디어 방벽이 무너졌다. 화폐 가치는 나날이 떨어졌고, 물가는 상상에서나 가능한 차원으로 폭등했다. 1923년 10월에 이르러 빵 한 쪽을 사거나 편지를 보내려면 백만이나 억 단위가 아니라 조 단위가 필요했다. 농부들은 작물 출하를 거부하였고, 제조업은 사상 최저로 악화되었으며 식량 폭동이 빈번했고, 노동자들은 기아 상태에서 헤맸으며, 수백만의 부르주아들은 그들의 모든 저축금을 잃었던 반면, 투기꾼들이 부유해졌다. 결과적으로 경제는 전도되고 사람들은 심리적으로 커다란 변화를 겪게 되었는데, 이는 이미 만연되어 있던 바이마르 공화국에 대한 불신을 강화시켰을 뿐이다.[17]

작가들마저 나서지 않고 방치할 수 없는 세상이었다. 사회부패와 척박한 질서는 정치의 무능과 무책임을 성토하는 주전자처럼 들끓고 있었다. 오죽하면 성적 쾌락의 절정에 살인을 결행하고 욕망의 극대화를 노리는 범죄로 몽매한 자아마저 숨기려 애썼을까. 그곳에서 통렬한 자기성찰과 엄혹한 모럴리티를 들이밀며 회개와 반성을 유도하는 일은 허망하기 이를 데 없었다.

탐욕과 무책임만 남아 버린 지배계급의 숨은 얼굴을 고스란히 읽어 내는 작업은 부수적 수확치고 컸다. 인구의 급감과 범죄 폭증의 관계를 밝히려면, 정교한 경험연구가 필요할 것이다. 임신의 의도적 거부가 낙태증가의 직접적 원인이 아니었음을 파헤치려면, 프라이버시의 은밀한 훼손도 감수할 일이었을 것이다.

어디 그뿐일까. 당시의 삶의 질과 관계없이 디플레이션의 불안이 경제적 피폐와 사회적 참상의 직접 이유인지 따지려면 빠른 결론은 기대할 수 없다. 문제는 앞의 인용문들과 다음 그것을 견줘 보려는 논리적 적실성 여부다. 앞의 거시현상들과 뒤의 미시현상을 매개하는 직접적·결정적 연결고리는 뭘까. 한 인간의 사회행동을 유인·숙성하는 결정적 인자 배후에도 역사와 정치는 작동하는 걸까. 삶의 디테일을 좌우하는 악마의 미소는 정말 국가와 체제가 마련한 대본과 그 치밀한 연출의 몫으로 돌아가는 것일까.

시대가 악마를 기르고 역사가 마성을 발효시키는 재료로 독자적 기운을 뽑낸 지는 제법 되었다. 그것이 바이마르가 일깨운 허구적 진실이라면 지나친 표현일까. 문학의 힘을 빌려 당대 상황을 현장감 있게 인지하려는 의도도 마찬가지다. 특히 '거시'가 배양하는 '미시'의 입체성을 파악하는 데 다음은 파격적이다. 역사의 비극과 경

제 고통이 삶의 덤불을 꼬이고 설키게 만든 단서라면, 다음 작품 속
화자의 이야기는 통증과 불행의 절정을 치닫는다.

되블린Döblin[18]은『베를린 알렉산더 광장Berlin Alexanderplatz』에서 주인
공인 비버코프가 관리하는 창녀, 미체Mieze를 소재로 색정 살인을 묘
사한다. 비버코프의 친구, 라인홀트는 미체와의 섹스 후 느닷없이
그녀를 죽인다. 왜 굳이 한 인간을 처참하게 죽여야 했는지 입 다무
는 거의 모든 살인자처럼 차갑고 재빠르게 말이다. 픽션은 현실보
다 더 현실적이고 현실은 허구보다 더 허구적이다. 거짓 같은 세상
사달 가운데 하필 아픔 많고 사연 쌓인 매춘부 살해라니.

> 라인홀트는 아래로 미끄러지면서 미체를 잡아당겨 자기 몸
> 위로 오게 하고는 그녀를 끌어안고서 그녀의 입술에 키스를 한
> 다. 그는 입술을 마구 빨아 댄다. 머릿속에는 아무 생각도 없다.
> 황홀과 욕정, 야성뿐이다. … 그는 그녀의 등에 올라타 무릎을
> 꿇고는 두 손으로 그녀의 목을 감는다. 양쪽 엄지손가락이 그녀
> 의 목덜미를 짓누른다. 그녀의 몸이 움츠러들고 또 움츠러든다.
> 그녀의 몸이 움츠러든다. … 그러고 나서 나무 몽둥이로 짐승의
> 목덜미를 내리치고 칼로 목 양쪽의 동맥을 절개한다. 그리고 대
> 야에 피를 받는다.[19]

죽이되, 목을 아예 자르거나 음부 손괴를 넘어 치골의 자상과 육
신의 전도 등 상상 밖 범행을 거리낌 없이 자행한다는 점에서 사건
은 대범하고 엽기적이다. 침상을 얼룩지게 한 혈흔의 난무와 어수

선하기 그지없는 현장의 모습도 언어로 표현하긴 어렵다. 때로 '쾌락 살인'이라 부르거나 '색정 살인'으로 옮기지만, 독일어로 '루스트모르트Lustmord'라고 지칭하기 시작한 이 말의 우리식 통일 표기는 없다. 이따금 '강간 살인'이라고도 부르는 용어의 방점이 '욕망·성욕·쾌락' 등을 뜻하는 앞 단어에 찍히는 것 역시 자연스럽다.

이에 대한 이해와 해석의 지평은 넓다. 여기서 말하는 즐거움을 성행위로만 엄격히 제한한다면, 범행 주체는 성도착자나 사이코패스로 특정할 수 있을 것이다. 문제는 이 행위가 섹스 후 변태적 일탈을 넘어 동반 대상을 무참히 살해하는 극한범죄로 하루 평균 한 건을 넘어서는 희대의 파격이다. 1차 대전이 끝날 무렵까지 간단없이 이어진 전쟁기 피살 여성들의 누계가 가볍게 수천을 넘어서는 이변은 바이마르가 떠안아야 할 희한한 멍에였다.[20]

색정 살인을 가해자의 단순한 성도착이나 변태성의 결과로만 볼 수 없는 까닭은 동기의 복잡성 때문이다. 이유가 의외로 크고 다양하다. 같은 종류의 살인이 적어도 하루 한 번, 수년간 매일매일 이어질 정도로 폭력적이라면 상황의 파급과 사회적 감염 수준은 극단적이고 비정상적이었다고 이해하는 게 옳다. 현실에 대한 극도의 불안과 공포, 미래를 스스로 자신 있게 열지 못하는 퇴행의 확산, 순간의 쾌락으로 단숨에 상황을 뛰어넘으려는 자의적 일탈, 질식할 것 같은 소외와 폐쇄적 조건을 순간이나마 자기중심적으로 재구하려는 강력한 충동, 질병이나 죄악으로 인지하는 대신 자신은 처벌받지 않으리라 확신하는 착시의 정착.

앞의 인용문들은 동시대 독일의 사회경제적 고통의 진수를 잘 보여 준다. 한 인간의 처절한 붕괴가 어이없는 행동을 촉발하는 상황의 악순환을 압축 묘사할 수 있다. 각 상황을 결정하는 내재적 동인의 꼭짓점 네 개를 정방형으로 잇고 그 안에 갇혀 헤매다 못해 허덕이며 미쳐 가는 군상들을 퇴폐의 심화와 악화 과정으로 이해하는 것도 가능하다.

이를 일컬어 '공황 → 도피 → 탐닉 → 범죄'로 이론화하거나 '절망 → 자학 → 일탈 → 광분'의 단계별 절멸로 표현하는 것도 무방할 터다. 미술의 정치적 무관심은 여기서 보통의 '일'일 수 있다. 작가들이 비정치적인 자기 성정을 굳이 변명한다는 건 불필요할 것이다. 마찬가지로 미술의 정치개입이 두드러진 표적이 되는 이치도 주목할 것이다. 모든 미술이 정치적일 필요야 없지만 대놓고 '정치적인', 아니 정치를 과녁으로 삼는 미술이 제 목소리를 강하게 내는 일은 기이할 리 없다.

그것은 지배계급의 극단적 안일함과 인간적 위선을 공격하는 사회과학적 분석과 흡사하다. 미술이 사회정의 구현의 첨병이거나 정치적 구원을 위한 문화적 촉발 주체로 자기의 역량을 강화한다는 해석이 가능하기 때문이다. 키르히너와 그로스가 강한 정치성을 보이듯, 베크만[21]과 딕스[22] 역시 절박한 상황에서 더 솔직해지는 인간 본능과 원색의 대응을 파고든다.

절망하면 말초적으로 변하고 스러질수록 고결함과 멀어지는 인간 본연의 치부 앞에서 이들은 하염없이 진지하다. 퇴폐에 익숙해지고 파멸 직전의 아득함에서 자유로우며 실망과 좌절을 넘어 죽음보다 깊은 자기부정의 늪 주변을 맴도는 사람들을 미술로 끌어안는 일은 그들의 '업'으로 자리 잡는다. 거기서 한없이 망설이는 군상의 표류를 주제로 내세우는 동안, 표현은 위로가 되고 관찰이 사회적 공존의 계기를 이루는 건 다행이었다.

테크닉과 시점은 달라도, 그리려는 대상의 처지와 허우적대는 상황은 같았다. 이를 바탕으로 하나가 되는 작가들을 일컬어 '표현주의자들'로 명명하는 이유도 미술의 정치성이 지향하는 작가적 동기와 직접 관계가 있다. 그로스를 미술적으로 다시 인용·참조하려는 뜻이 이 지점에서 빛나는 이유도 그래서다. 다음 두 그림은 그의 뜻을 잘 드러낸다. 드로잉과 수채화는 대략 6년여 시차를 갖지만, 작가가 말하려는 궁극은 하나같다. 앞서 논의한 '비동시적 요소들의 동시적 혼존'이 그러하고 한결같이 분산되고 마는 등장인물들의 시선에 담긴 의외성과 유사성이 그렇다. 서로는 서로의 물리적 존재와 욕망의 소재만 확인할 뿐, 절박한 자기 배설과 욕구충족으로 하나같이 바쁘다.

치열한 전쟁 통에 내일의 희망은 아득하며 '다툼'이라고 끝나 봤자 보이지 않는 꿈만 또렷했다. 그 끄트머리에서 하릴없는 인간들이 매달릴 기대의 극한인즉 없지는 않았다. 취한 채 비틀거리거나 조금 전까지 누리던 열락의 아련함이나마 길게 끌고 갈 최적의 핑계를 만들 도리 외에 더는 없었다. 대화는 힘겹고 지치기만 할 노동이었다. 고단한 개인을 품을 국가니 민족 같은 집합 개념도 없었다.

상이군인, 장애인, 매춘부와 뒹구는 남정네, 배부른 자본가, 사악한 참전 장성들과 퇴폐적인 보헤미안들은 급진적인 그로스 미술의 기둥이다. 1893년생인 그로스의 본명은 '게오르크 에렌프리트 그로스Georg Ehrenfried Gross'였지만, 독일 민족주의에 저항하기 위해 1차 대전 중 서슴없이 '조지'라는 미국식 이름으로 개명하고 성의 마지막 알파벳도 손본다(s → z). 그의 친구, '헬무트 헤르츠펠데Helmut Herzfelde' 도 '존 하트필드'로 개명한다. 짧은 참전경험이 있던 그들은 마르크스주의자로 전향하지만, 그로스는 로자 룩셈부르크와 카를 리프크네히트가 이끄는 스파르타쿠스단 봉기에 가담한 혐의로 1919년 체포된다.

충분히 '정치적'인 그들이 온전히 명령에 따르거나 일방적 충성에 익숙한 조직 속 인간이 되기는 어려웠다. 그 같은 성정이 그림의 정치적 표현 근거가 되는 건 당연했다. 마주 보고는 있어도 눈까지 마주치는 '둘'은 어느 그림에도 없다. 끌어안고는 있어도 사랑 때문일 리 없고 삭히고 묵힌 정 또한 아니니 결국은 문제다. 죄라면 그저 미심쩍은 쾌락을 탓할밖에 다른 도리가 없을 것이다. 오로지 배설과 순간의 망각을 위해 기꺼이 목숨 거는 본능이 두렵다면 그건 어떨까. 대책 없이 엄습하는 불안마저 견디기 힘들다면, 그렇게라도 버틸 방법 외에 다른 수야 없지 않을까.

싸고 토하며 저지르고 내뱉는 즐거움이란 고즈넉한 회고와 깊은 성찰이 주는 절제의 기쁨을 거울처럼 되비친다. 도저함과 정성스러운 방종의 끝에서 서로는 별처럼 빛난다. 죽도록 패고 숨도 기어이 끊었지만 광포한 가학의 쾌락을 손 놓지 않는 폭력자의 병적 적극성이며, 커튼이야 내렸든 말든 배설을 앞두고 포옹과 애무부터 바쁜 남정네의 애잔함이야 어쩌지 못한다 치자.

영문조차 알 길 없이 스스로 목맨 위인의 자태가 위풍당당하기만

조지 그로스, 〈거리의 사람들Menschen in der Strasse〉, 1915-16, 『조지 그로스의 첫 번째 포트폴리오Erste George Grosz-Mappe』, 1916-17.

조지 그로스, 〈난음Orgie〉, 1922, 개인 소장.

한 건 도무지 뭘까. 윗방에서 벌어지는 일들일랑 전혀 모른 채 오가는 행인들만 바라보며 하릴없이 손짓하는 반지하 입주자의 까치발은 그나마 희망적일까. 동떨어진 사회구조와 정치적 절망은 문제의 핵이 아니다. 철저한 외면과 절대 단절이 바이마르의 치명적 걸림돌이다. 무섭도록 소외당한 군중이 넘쳐 나는 국가와 아무 일도 하지 못하는 권력이 접점 없이 겉도는 나날은 고독으로 빚고 죽음으로밖에는 무너뜨리지 못할 모래 둔덕 그 자체다. 딛고 서려 해도 발은 자꾸 빠지고 탄탄히 걷고 싶지만, 언제부턴가 내일은 없었다.

정해진 궤도를 시름없이 내닫는 열차와 짐꾼이 모는 마차 방향이 같다고 우애와 협동을 연상하면 곤란하다. 모처럼 한곳을 향하는 듯 보이지만, 우연이다. 꿈과 희망도 아예 사라져 버린 건 아니다. 절름거리며 걷는 사람들과 그 속에 섞인 군상의 불협화음까진 그만두자. 그래도 성난 남자의 등 뒤로 다가오는 여인 앞에서 한껏 부풀어 오른 사내의 모습은 '뜨거운 얼음'처럼 빛나지 않는가. 무엇이 그를 혼자 들뜨게 했는지야 문제 될 리 없다. 여인을 훔쳐보는 그의 눈빛은 숨 거둔 3층 남자의 결기와 전혀 어울리지 않고 이제 막 죽어 가는 바로 곁 1층 사내의 그것과도 조율하기 힘겹다. 서로 차이가 난다는 사실보다 달라도 너무 다른 그림 속 사람들의 '다름'이 슬픔의 심장이다.

그다음 그림도 마찬가지다. 바이마르의 사회적 단절은 심각함이나 오묘함을 넘어서는 치명적 병원체다. '이질감'과 '거리감'은 바이마르를 읽는 주요 코드다. 보란 듯 뒤돌아 앉아 아랫도리를 내린 여인의 호기는 넘치도록 취해 버린 남자의 객기와 도무지 어울리지 않는다. 저들이 지닌 평소의 한탄이나 고통 때문만이 아니었을 것이다. 부분이 전체일 수야 없지만, 하나로 열을 이야기하려는 작가의 정치는 바쁘다. 진탕 마시고 떠드는 '곳'이야 한 군데지만, 어쩌다 만나 이내 사라질 남남이 돌파해야 할 난관은 '외로움'이다.

끌어안고 입 맞추면서도 자못 진지함을 잃지 않는 또 다른 남자의 눈길은 복잡하다. 나아가야 하는가, 멈춰야 하는가. 이미 무방비 상태로 무장 해제한 여인과 하나가 되지 못하는 건, 연정으로 뭉쳐지지 않았기 때문만은 아니었을 것이다. 현장을 떠나는 남성의 발길은 그렇다면 가벼웠을까. 원 없이 사라지려는 사람마저 담은 작가의 속마음은 단지 등장인물의 균형부터 걱정스러웠을까. 이 같은 염려를 단숨에 빨아들이는 존재는 역시 그림의 중앙을 독차지하는 대머리 주정뱅이다. 누가 저 사람의 객기와 취기를 잠재울 것인가. 마실 만큼 마셨어도 남자는 아까부터 쓸쓸했고 뒤틀린 속내야 뒹구는 술병과 매한가지다.

'폭력'은 구역질 나는 인간의 야수성을 고스란히 반영하는 토사물이다. 그것들 모두를 여과 없이 예술로 드러내는 작업인즉, 간단치 않다. 그 속에서 인간의 가학적 절망과 휴머니티의 온전한 붕괴를 읽게 되는 것도 물론이다. 폭력적으로 변해 가는 당대 바이마르 인간들의 사회심리적 병원체를 경제적 빈곤과 가족구조의 함몰에서만 찾는 건 부족하다. 이들 두 원인이 상황의 악화를 설명해 주는 결정적 변수인 것은 당연하다. 하지만 더 큰 문제의 인과론을 찾는데 전쟁이 차지하는 비중은 압도적이다.

전쟁이 가족을 해체하고 빈곤을 부추기며 경제 파탄과 인간성의 말살을 부른다는 전통적 인과론은 공황의 확산과 폭력범죄의 증가를 설명하는 치명적 단초로 힘을 얻은 지 오래다. 하지만 바이마르를 이해하는 변수로 휴머니티 상실의 구체적 동기와 디테일의 소명은 턱없다. 미술로 정치를 읽고 드로잉과 색채 혹은 명암이나 채도로 당대 인간들의 절망과 집단정서의 세목을 보완하려는 뜻도 그 때문이다.

전쟁 자체의 폭력성보다 총성 '멎은' 이후가 더 슬프고 괴로운 까닭은 수도 없이 펼쳐지는 모래알 비극 때문이다. 이를 둘러싼 숱한 이미지들을 표현하고 끝내 상징으로 탈바꿈하는 이치도 역사가 아로새긴 인문적 교훈으로 자리 잡는다. 아무리 아프고 차갑더라도 타자의 삶은 결코 자신의 그것에 앞서지 못하며 비중과 진지함에서 더 무거울 리 없다. 누가 누구보다 더 불행하다거나 다행스럽다고 위로하는 작업도 자칫 위선과 위악의 명분으로 치부될 가망이 높은 이치 역시 긴 설명은 필요 없다.

돈으로 여인을 사고 관계 맺은 다음, 단칼로 잔혹하게 도륙한 모습을 묘사하는 일은 그냥 표현이 아니다. '고상하고 거룩한' 것들을 향한 치열한 혐오이자 정교한 침 뱉음이다. 불행은 한꺼번에 예고 없이 닥친다는 사실은 여기서도 일상이다. 왜 하필 '1922년'이었을까. 그때가 미술적 불운의 해이자 폭력의 광기를 헤쳐야 했던 시기였는지는 과학적 소급이 어렵다. 단지 '우연'이라는 시간적 일치와 간전기 특유의 슬픈 조건을 집약할 뿐이다. 하지만 그로스에게 그 해는 미술혁명의 적기였다.

바이마르의 경제가 바닥을 칠 때까지 자살률이 폭증하는 것도 극

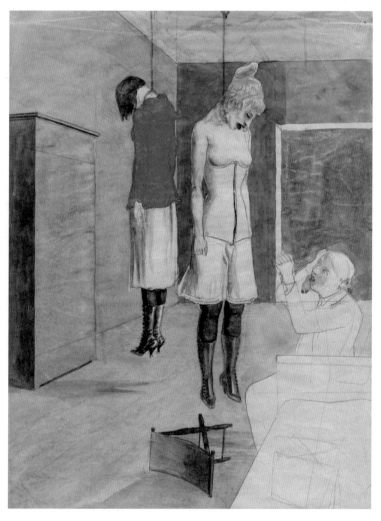

루돌프 슐리히터, 〈매달린 두 여인과 아티스트Der Künstler mit zwei erhängten Frauen〉, 1924,
테이트 모던 미술관.

적이다. 숫자로 말하는 통계보다 미술의 힘이 막강한 위력을 더하는 대목도 여기다. 죽어야만 꼭 죽는 게 아니란 건 그들이 일깨운 또 하나의 교훈이다. 살아 있어도 죽은 목숨들로 흐르고 넘치는 곳. 바이마르다. 전쟁은 끝났지만 갈 데 없는 군인들이 무섭게 설쳐 대는 사창가는 여전히 전투 중이다.

전쟁에서 익힌, 이름하여 살기등등한 '군사폭력'은 잔인한 '성폭력'으로 뒤바뀐다. 죽이고 목 조르며 광기와 취기를 분간 못 하는 군인들 얼굴에 묻어나는 슬픔은 마땅한 호구지책 없는 전쟁미망인들의 그것과 기막히게 겹친다. 옛날의 전쟁터 공훈쯤 조금도 알아주지 않는 '국가'나 오늘도 빈손으로 집에 가야 하는 길거리 창녀들 등 뒤의 '나라'는 다르지 않다.

썩어 가는 세상의 악취를 상징화하고 미술의 오브제로까지 삼는데 20년대만 한 시간대는 없다. 매춘이 권력을 반영하고 창녀가 시대를 되비치며 매음굴이 국가를 대변하는 역사의 아이러니가 무성히 꽃핀 시기도 그때다. 오죽하면 이렇게까지 자본주의를 그리는 그로스였을까.

> 인간은 비열한 정신체계 하나를 창조해 냈다. 꼭대기부터 바닥까지 모두 그 모양이다. 억눌린 자들이 주인 향해 지니는 진짜 얼굴을 보여 주려는 게 내 작업의 목표다. 인간은 결코 착하지 않다. 그들 모두는 각자 한 마리 짐승에 지나지 않는다.[23]

색정 살인으로 맞이한 죽음 앞에서 여인들이 겪었을 황당함이나

오토 딕스, 〈색정 살인Lustmord〉, 1922, 테이트 모던 미술관.

오토 딕스, 〈살해현장 2 Scene II Mord〉, 1922, 리히텐슈타인 미술관.

두려움은 또 어떨까. 애써 준비하고 치밀하게 결행한 자신의 마지막이나 주도면밀하지도 않지만 우발적이지도 않은 범행이 한층 비열한 동기로 얼룩지는 건 주검들 곁에서 도무지 되새길 수 없는 죽음의 비장성 때문이다. 가도 꼭 그처럼 가야 했는지, 보내도 그처럼 보내야 했던 것인지 알 길은 더 없다. 이제는 대답할 길 묘연한, 살아남은 자들의 뇌리 안에서 구태여 답하자고 헤매노라면 출구는 더 희미해진다. 스스로 끊은 목숨과 누군가 앞당긴 생명 중 어느 경우가 더 슬픈지 따져 보기에 앞서 이들의 마지막이 자꾸만 처량해지는 건 왜일까.

앞의 세 그림 주변에 묻어나는 감정의 침전물들이 벅차거나 의연하지만은 않은 까닭도 따져 봐야 한다. 모든 죽음은 슬프고 고통스럽다. 떠난 이들이야 안온하고 고적할는지 모르지만, 그 또한 남겨진 자들이 치러야 할 과업이고 보면 미지의 부담을 견뎌 내야 하는 건 마찬가지다. 죽음을 주검으로 확인하거나 이른바 '부존재'로 회상하는 일은 살아 있는 모든 것들의 대척점에서 새로운 통증을 배양한다. 때로 생동감 넘치는 삶의 저력을 잠식하거나 탄탄한 자부심을 갉아먹는 악마의 전령처럼 잠들지 않는 영력靈力을 뿜낸다. 남겨진 자들 모두를 뒤흔드는 고통은 죽은 자를 바라보며 기억해야 하는 감각적 노동의 부단함에서 이어질 것이다.

그러나 저들의 죽음이 빚는 처연한 사연들보다 더 허망한 것은 정작 '주검'과 '국가' 사이를 잇고 애도할 어떤 끈조차 찾을 수 없다는 사실이다. 철저한 개인의 업보이자 사적 영역으로 가두어 살필 죽음의 철학적 의미를 늘 '불가항력'이란 운명적 콘셉트로 제한하려

닮은 당연하다. 한 자연인의 사라짐에 대하여 온 국가가 답하고 개입할 공적인 명분도 애당초 부르짖을 근거는 희박하다는 점을 모르지 않는 우리다.

그럼에도 돋보이는 건 바이마르의 침묵이다. 죽음 앞에 임하는 국가의 침묵이 평소의 무능과 무책임을 되비치는 한갓된 비동非動의 표상으로 빛을 발하는 것이다. 역사가 망가뜨린 한 인간의 좌절과 허무 앞에서, 민족과 민중으로 부피를 늘려도 자존과 자중의 엄두조차 내지 못하는 국가는 너무 멀리 있었다. 아무것도 하지 않는 것이 가장 안전하다고 믿은 것이다.

3.

카바레와
살롱

절망의 끝은 희망이 아니다. 단어의 뜻을 매만지거나 뒤따르는 온갖 상상의 나래를 펴면 그리 생각할 수도 있다. 따지자면, 절망은 선형의 이미지로 연상하거나 떠올릴 대상이 아니다. 가다가 끊긴 길, 아니면 막혀 버린 앞날쯤으로 여기면 크게 틀리지 않을 것이다. 길이 다시 보이고 느닷없이 가로막힌 장벽을 허문다고 꿈결 같은 희망이 다가오거나 그러리라는 낙관은 무리다. 궁리하고 훑어도 절망과 희망의 관계는 묘하다.

'의미'의 '항상성'이나 '일관성'도 의심해 볼 여지는 있다. 뒤집어 보려는 시도도 배격할 일만은 아니다. 희망이 없어졌거나 끝났기 때문에 절망스러운 건 아니다. 이제 다시 희망은 없다고 여기는 순간, 죽음보다 더한 압박감이 산더미처럼 덮치는 건 아닐까. 다시는, 아니 영영 출구는 보이지 않고 꿈조차 꿀 수 없으리란 염려가 절망을 낳는다면 그건 어떨까. 이제 더는 누릴 수 없고, 다시는 내 것이 아닐는지 모른다는 진한 의심 말이다.

의미의 상대성을 인정하면서도 실제로는 경계 짓기에 매달리거나 스스로 헤어나지 못하는 동물의 이름도 '사람'이다. 절망과 희망도 그렇게 보면, 반어와 이항대립으로만 볼 게 아니다. 정도의 '더함'과 '덜함'으로 이해하는 것도 괜찮을 것이다. 절망은 갑작스러운 어려움으로 끊겨 버린 도로다. 아니면 좀체 사라지지 않거나 아예 영원히 내 곁에 머물며 나를 괴롭힐는지 모른다고 여기게 만드는 불안의 동아줄이다. 절망은 그래서 희망의 부재나 전복이 아니라 두려움의 놀라운 증폭이거나 꿈 자체를 가로막는 순간적 과장과 착시일 수 있다. 잃어버린 다리가 가엽다고 여기는 건 자기연민일망정, 벽에 세워 놓은 목발마저 사라질 때 느끼는 허무란 좀체 감당 못할 분노일 테니까.

문제는 절망의 사전적 의미 재규정으로 끝나지 않는다. 엎어져 피 흘리고 바닥에 얼굴 묻으며 살아 있음을 뼈저리게 자인하는 순간, 새로 시작하는 '다시 살기'의 모양새다. 그에 임하는 사람의 자세다. 절망의 한가운데 숨겨 두면 좋았으련만, 죽어도 남을 부끄러움이 죽음의 두려움을 가릴 만큼 엄습할 때 '살아 있음'은 또 다른 치욕이다. 새로운 '버팀'이 아등바등 연명을 거듭할 때, 절망은 무지갯빛 괴물로 자라는 중이었다. 어찌 살 것인가, 어떻게 버틸 것인가. 그것이 죽음과 전혀 다른 고통으로 고개 쳐들 때 '살기'는 '죽기'보다 힘겨웠던 것이다.

표현주의가 간전기 독일만의 전유물이라고 믿는다면, 그런 독선도 더는 없을 것이다. 절망의 감정까지 유럽이 전유한다고 생각하는 건 언어도단이다. 사람 사는 세상에 가치의 독점과 신념의 단일화는 곤란하다. 이를테면 강점기 조선의 상황을 극구 외면하려 든다든지, 비극의 질량에도 양의 동서가 확연하다고 믿는 건 오리엔탈리즘의 포로임을 고백하는 일과 다르지 않기 때문이다. 강점기 조선 민중이 부대낀 정치적 절망의 질량과 간전기 독일의 군사적 패배가 낳은 문화적 암담함을 '크기'로 견준다는 건 황당하다. 부피로 측정 가능한 것이었다면, 치유의 방법과 대안도 모색할 수 있었을 테니 말이다. 누구의 불행이 누구의 아픔보다 더하다고 정량화하는 게 무리이듯, 절망으로 인한 고통도 비교와 변별은 힘겹다.

다만 서로의 극단을 견주어 봄으로써 고통의 상대성을 헤아리는 작업은 경험적으로 가능할 것이다. 그것도 작위적인 비교보다 감정의 유발을 기대하는 각인효과에 기댄다면, 고통과 절망의 크기는 감각적으로 인지할 만할 터다. 무너지는 순간까지도 상황의 호전을 꿈꾸는 자의 이름이 '인간'인 것이야 오랜 상식이니까. 절망이란 단어의 결정적 어감은 불길한 전조가 보일 때 커진다. '고통'이 '비애'로 뒤바뀌는 순간도 이때다.

이대로 죽을는지 모른다는 극한의 불안이 삶의 실낱을 가차 없이 태워 버릴 때, 사람은 온전히 무너진다. 그것도 허무하고 손쉽게. 생존의 끄나풀이 끊어져 두려운 게 아니다. 곧 그리되리라는 예측이 목숨의 정체를 오묘하게 비트는 순간, 두려움도 새로운 날개를 단다. '끊어질까' 무섭고 '끊어진' 이후가 난감할 뿐, '끊어짐' 그 자체는 도리어 담담해지는 것도 삶이 일깨워 준 막판 단련의 대가다. 명줄 끊길 그때까지 어찌 버틸 것이며 또 견딜는지 기다림의 자세도 고민할 일이다.

　도덕과 윤리도 지켜야 할 덕목이려면, 의식과 감각은 여유로워야
했다. 시달리고 부대끼는 나날에도 고결한 가치를 부여잡거나 끝내
영혼의 텃밭 잃지 않기 위해 학대에 가까운 자기 절제를 지탱하는
작업은 여염의 착한 이들이나 시능할 일이다. 죽음을 의식할 수밖
에 없는 절박함 속에서 지고지순한 가치의 중심을 붙잡고 있기란,
마구잡이로 살며 매일매일 무너지는 타락의 세월을 소비하기보다
힘겨울 것이다. 기다림도 기다릴 보람이 엿보일 때나 무릅쓸 삶의
괜찮은 빈터에서 궁리할 일이다.

　무너지기 직전 혹은 무너지는 '동안', 사람들은 기꺼이 타락한다.
고상하거나 거룩한 척하지 않음으로써 연약한 '인간'임을 재확인한
다. 신이 부여한 특권이라는 견강부회가 가능한 것도 그 때문이다.
무너지는 것도 서글픈데 끝까지 고결해야 한다는 부담으로 제 몸
휘감기란 버겁도록 서러운 까닭이다. 비틀려라도 보아야 허물어지
는 삶 덜 가엾고, 사무치는 한의 여운이 조금이나마 가벼워지는 나
날일 것이다. 고단한 육신이야 본디 술로 달래거나 독한 약 기운으
로 잠시 누를 허업虛業의 덩어리 아니던가.

　패전의 쓰라림으로 구겨진 긍지나 식민체제의 강제편입으로 주
눅 든 겨레의 자부심은 괴로움의 역사 정치적 자원치고 한결같다.
비틀리고 흔들리는 집단 전체가 꼭 같이 무너져 내린다는 진단은
과장이자 허구다. 하지만 유난스러운 예민함과 북받침으로 자기 명
재촉한 이들의 몸부림마저 무의미한 행각으로 치부해 버리는 건 무
리다. 이유 있는 타락과 절망 속 고통의 질량을 간단히 희화화하는

것도 먼저 간 이들에게 취할 예의는 아니기 때문이다.

　죽음의 결행을 작정한 이들은 어떨까. 죽음 앞에서도 좌절이나 번뇌는 제 기운 발휘할 테지만, 비로소 삶을 접고 이승을 떠나려는 자의 절박성 순위로 보아 고통의 항목이야 어찌 어깨를 나란히 할까. 죽음을 각오하는 사람에게 죽음 그 자체를 넘어설 부담은 없지 않겠는가. 하지만 아주 잠깐일망정, 그런 이들 역시 고통의 환란을 쾌락으로 이겨 내려는 데 서슴없음은 뭘 뜻할까. 쾌락은 죽음 앞에서도 권력화하는가.

　　오래 살 계획이 없는 자들은 육체적 쾌락을 거부하지 않는
　　다.[24]

　자기 목숨조차 가벼이 여기는 경우도 쾌락과 친화하려 드는데, 목숨까진 내어놓지 않으려는 자들의 환락 지향이야 어쩌랴. 이 정도쯤 얼마든지 지나칠 것이리라. 하지만 이승 뜨지 못해 몸부림치는 자들을 흔쾌히 끌어안는 일이야말로 국가가 단행할 마지막 겸허 아니었을까. 소설가 고은주는 강점기 말 조선의 스산한 도시 풍경을 이렇게 그린다.

　　1939년 가을의 경성은 불균형이 빚어내는 카오스로 혼란스러
　　웠다. 지나친 현란함과 지나친 어둠, 지나친 가벼움과 지나친 무
　　거움. 그 사이에서 많은 이들이 수탈과 악행과 치욕을 잠시 잊을
　　수 있는 소비 유흥 문화에 빠져들었다.[25]

이 같은 표현이 단지 문학적 허구나 작위적 픽션에 그치지 않고 당대의 실체를 반영할 디테일이라면 얘긴 달라진다. '쾌락'은 문화적 극단을 중재하고 의식의 통한을 달랠 마지막 위로의 수단으로 훌륭히 작동하지 않을까. 그것은 현실의 탈출구로 제 역할 다하고 숨 막히는 역사의 압박과 경제의 질곡을 부술 순간의 도구로 사회적 기능을 발휘한다. 악마와의 입맞춤이 후회스럽더라도, 한번 댄 얼굴을 그냥 뗄 수 없음은 더없이 단 그 '맛' 때문이리라. 작정해 버린 하룻밤 탐닉이 가슴 쥐어뜯을 원색의 증거로 남을망정, 쾌락의 안온함이 즐겁고 동시에 괴로운 건 한없이 잡아끄는 '늪'의 따뜻함 때문이었을 것이다.

세상이 갖다 붙인 '중독'이란 단어로 쾌락의 족쇄를 풀 해독의 처방을 구하는 것도 괜찮았다. 가없는 육신의 곤고함을 진하디진한 타락의 독약에 담가 두고 영영 가라앉아도 좋을 검붉은 기백으로 남은 생 비틀거리는 나날도 막장에서 고를 메뉴치곤 고상했다. 죽음의 순간까지 몸의 중심은 마음 가는 대로 가눌밖에 딴 도리 없었다. 삶은 힘겨운 인간들을 옥죄고 억누르는 낡은 외투처럼 자기 무게조차 견뎌 내지 못하는 법이었다. 앞서 살핀 매춘의 나날이 그러하고, 수도 없이 창녀들을 죽여 대며 튀는 피와 단발의 비명에 익숙해진 멀쩡한 악마의 살인 역시 그랬던 터다.

카바레의 몽환적 체험도 끊기 힘든 마성으로 자리 잡긴 마찬가지다. 불안으로 흔들리며 죽음의 그림자를 절감하는 동안, 간신히 하루를 견딘 군상들은 위로받을 공간이 필요했다. 서로는 서로의 힘일 수 없었지만, 함께 무너질 핑계라도 나누며 잠시 '하나'가 되었

다. 그런다고 사라질 고통은 아니었다. 그래도 취하고 흔들리다 보
면 괴로움의 앙금은 한순간 죽음의 그림자도 감추고 아픔마저 가려
주는 터였다. 카페와 살롱이 오붓한 일탈과 자기만족을 부추기는
제한된 공간이라면, 카바레는 훔쳐보고 유혹하며 대놓고 다가설 수
있는 밤의 광장이다.[26]

아피냐네시는 시대를 앞서가던 이들에게 카바레가 어떤 곳이었
는지 상세하게 따진다.

> 아방가르드에게 카바레는 자궁이나 다름없었다. 볼거리는 카
> 바레의 본질이며, 아방가르드는 자기 존재를 알리기 위해 그 볼
> 거리들을 만들어 내야 했다. 이들의 예술가적 반골 기질은 사회
> 와 예술이라는 참호 속에 들어앉아 화석처럼 굳어가는 가치를
> 겨냥하는 카바레 패러디와 일맥상통했다. 우스꽝스런 코미디에
> 서 신랄한 풍자에 이르기까지 다채로운 유머도 공통된 특징이
> 었다. 대중적인 요소를 예술에 활용하는 것도 똑같았다. 마지막
> 으로 카바레의 공연 성격, 아이러니한 코멘트를 사이사이에 끼
> 워 넣는 불연속성은 당시 가장 실험적인 작품들의 기본 구성과
> 일치했다. 카바레와 20세기 초의 아방가르드가 공유한 이런 유
> 사성은 한쪽이 다른 한쪽을 창조하고 다시 그것으로부터 영향
> 을 받는 양방향의 역동성을 낳았다.[27]

갈 곳 없고 볼 것 없을 때, 고단한 육신 달래기로 휘황찬란한 공
간만 한 데는 없었다. 영혼까진 달래지 못해도 잠시나마 즐거우려

면 마약이나 섹스부터 찾을 것이었다. 아니, 지금 당장 '나'만의 고통을 가려 줄 수 있다면, 얼굴 따위야 누구에게든 맡겨 놓을 짐이었다. 쾌락의 누림과 수단의 선호에 어디 우선순위가 있으랴. 다만, 사연 많은 몸뚱이를 위로할 순간까지도 비용과 효율을 따지는 인간이야말로 끝까지 합리적인 존재일 것이다.

수요가 공급을 창출하고 쾌락의 향유가 날로 손쉬워짐에 따라 유흥의 정치경제학은 분주해진다. 고통의 망각과 순간적 일탈 비용 역시 현실원칙을 배반하지 않는 건 아이러니다. 너도나도 찾아 헤맨 카바레가 정녕 괴로움과 외로움을 달래 주었는지는 별개였지만 말이다. 옥죄고 있던 세습군주의 권력도, 자부심 하나만큼은 견고히 부추긴 민족 감정도 무참히 깨져 버린 전쟁과 무너진 가족의 기억 앞에선 잊어야 할 훈장이었다. 그것들이 자꾸 울기를 자극하고 하염없이 퇴폐의 샘을 파고들 빌미를 만든 것도 억지는 아니다. 그의 말에 좀 더 귀 기울여 보자.

종전 이후, 격동의 세월 속에서 첫 공화국 정부가 수립된 베를린은 독일에서는 처음으로 진정한 세계주의의 중심이 되었다. 가혹한 전쟁이 끝나고 도덕적·정치적 검열이 완화되면서 도시에는 전에 없던 관용의 기운이 감돌았다. 당시의 분위기를 간단히 요약하면 거의 병적 흥분 상태에 가까운 경쾌함, 바로 그것이었다. 찰나로 끝나버리긴 했어도 당시 베를린은 모든 사람을 받아들였다. 표현주의 예술가, 코민테른 조직원, 알몸으로 춤추는 무희와 성 과학자, 돈을 횡령한 사람, 암시장 중간상, 마약

중독자와 의상 도착자, 포주와 고급 창부, 동성연애자, 예언가와 채식주의자, 마술사와 종말론자까지 누구도 가리지 않았다. 그리고 혁명을 피해 도망친 러시아 사람, 발칸 반도의 음모자, 우크라이나의 말살 정책을 피해 온 유대인, 헝가리와 빈과 폴란드 사람, 동유럽에서 도망쳐 나온 온갖 사람들에게도 은신처를 제공했다. … 하룻밤 사이에 극장이 서고, 카바레도 정신없이 생겨났다. 검열의 시대가 끝나면서 카바레는 번창했지만, 예술이나 문예 카바레라고는 보기 어려운 곳들이 더 많았다. 담배 연기 자욱하고 이야기 소리 끊이지 않는 분위기는 같았을지 몰라도, 내용은 천지 차이였다. 이런 곳들의 목적은 모리배나 사기꾼, 암시장에서 푼돈을 거래하는 사람들을 상대로 호색적인 오락을 제공하는 것이었다. 약간의 재치를 덧입혀 우아함을 가장한 곳도 있었지만, 차라리 아니함만 못한 스트립클럽도 있었다.[28]

넘쳐 나는 죄악과 부끄러움으로 물든 육신의 밀림은 안 그래도 짙어 가는 도시의 어둠에 묻히기 마련이다. 그런다고 사라질 절망이나 고통은 아니지만, 잠시라도 잊을 곳 어른거리면 영혼 아니라 그보다 더한 값어치도 치러 버릴 심산이었다. 스스로 달래며 한껏 기대어 보는 환락의 순간일망정, 길어 봤자 하룻밤이다. 동트는 대지 한구석에서 확인하는 허무의 정념일랑, 술과 춤으로 기껍던 간밤의 기억을 더욱 애틋하게 할 따름이다. 다가오는 덧없음이 향내 내뿜던 여인의 잔상과 부딪치노라면, 잠시라도 아주 잠시라도 즐거움 늘리려는 미련의 되새김만 스머드는 피로를 밀쳐 내던 것이었다.

작가들은 살롱과 카바레의 차이를 앞다퉈 변별한다. 딕스와 마멘도 이들을 가리는 데 이바지한다. '살롱'과 '카페'는 본디 프랑스에서 만들고 사용한 토종 프랑스어다. 오늘날은 이들 단어를 굳이 구분하지 않고 혼용하지만, 살롱은 카페보다 오랜 역사성을 지닌다. 특히 서양풍 객실이나 응접실 등 특정 공간을 지칭했지만, 프랑스 상류 가정의 객실에서 유행한 사교적 집회로 발전한 이 용어는 미술단체의 정기 전람회는 물론 양장점, 미장원, 양화점 또는 양주 등을 파는 술집의 옥호를 이르는 비속어로도 통용된다. 시대변화에 따라 살롱은 극도로 대중화하고 심지어 커피나 음료, 술 또는 가벼운 서양 음식을 파는 '술집' 혹은 '찻집'인 카페와도 뜻을 섞는다.

문화의 '누림'에 계층 구분이 따로 있을 리 없고 그에 따른 즐거움의 '나눔'에 신분의 기억은 필요치 않았다.[29] 세월이 흘러 녹아 버린 용어의 쓰임새도 문제는 아니다. 어느 곳을 찾든 풀리지 않는 가슴의 응어리와 그래서 더 강하거나 독한 자극만 찾는 허한 마음이 절망의 핵이다. 누구도 아무의 아픔을 위로하지 못하고 아무도 누군가의 고통을 끌어안지 않으려는 외로움만 판치고 있었다. 술과 춤을 빼고 나면 매음만 활개 치는 핑크빛 세상으로 바이마르는 물들고 있었다. 오죽하면 대놓고 유혹하며 성을 사고파는 공간으로 살롱은 뒤바뀌고 있었을까.

딕스가 표현하는 살롱 한구석 우울이 눅눅한 곰팡이보다 무겁고 가슴 저미는 멜리보다 독한 슬픔을 그림 전체에 퍼뜨리는 까닭도 그래서였을 것이다. 한때 누군가의 아내였거나 지금도 그러할는지 모를 여인의 무표정과 한결같이 시선 마주하지 않는 시치미까진

오토 딕스, 〈살롱 I Salon I〉, 1921, 쿤스트 미술관.

그렇다 치자. 하지만 유혹과 과시보다 서글픔의 은폐부터가 난감한
건, 버티고 버텨도 나아지지 않는 삶이 어디까지 나빠질는지 알 수
없어서가 아닐까. 거기가 살롱이든 아니든, 장소의 역사성과 공간
에 스민 시간의 낭만을 논하는 건 다음다음의 일 아니었을까.

그에 비하면 카바레는 덜 은밀하다. 볼 것 마땅치 않은 세상에서
배꼽 잡는 코미디를 연출하거나 우울한 나라를 희극으로 다스리려
한 열린 공연장으로 그곳은 한때 꿈의 공장이었다.[30] 살롱보다 훨씬
크고 숨죽여 고객을 기다리거나 막연한 이익의 교환을 미리 염려하
지 않아도 좋은 곳이었다. 쾌락의 등가성을 논하기 수월하고 흥정
을 위해 비용부터 따질 필요 없는 너른 공간으로 훔쳐보기 좋은 장
소다. 왜 모이는지 따질 필요도 없고 잠시 후 무엇을 할 것인지 지
켜볼 이유도 없는 거긴 매음굴보다 민주적이다.[31]

시선의 분산을 요구하는 건 마멘도 딕스 못지않다. 볼 것 많은 것
도 마찬가지지만 보는 일보다 급한 건 따로 있다. 이끌림이 강해서
만도 아니다. 간절하진 않아도 아쉽게 끌어안은 두 여인의 눈길보
다 각자의 시선을 일정하게 지탱하는 주변인들의 '존재감' 때문이
다. 그림의 중앙부를 채우는 두 여인의 관계가 동성애인지, 절절한
우정과 애틋함으로 넘쳐 나는 유난스러움 때문인지 그것까지 작가
에게 물을 수는 없다.

여인들의 두 손을 파묻어 버리는 배경 인파는 시선을 흩어 놓는
다. 그냥 미장센이 아니기 때문이다. 중심과 주변의 밸런스가 각별
해지는 이유도 '여기'가 살롱이나 카페가 아니어서다. 많은 이들이
함께 즐기며 여유롭게 바라보거나 훔쳐볼 자유를 허락하는 까닭이

다. 함께 있어도 모두는 '고립 중'이며 환락의 중심에 있지만 서로는 예외가 아니다. 각자는 각자의 '공간정치'를 누릴 따름이다.

타이틀이야 '두 여인, 춤추다'지만 작가의 의도는 넓다. 둘을 돋보이게 하려 주변 인물들을 포진시켰다기보다 단지 전체 속의 두드러진 '부분'으로 이해할 필요가 있다. 즉 조화로운 차별이나 '같지 않은' 개인의 사회적 공존을 미술로 표현하려 애쓴 것이다. '본 대로' 그리되, 단순히 '본 것 이상'을 드러내고자 노력한 결과다. 20년대를 헤아리는 회화적 인식 틀이나 이를 채우는 감각의 얼개마저 꾸리는 단초가 된 것도 그녀에겐 우연이 아니다.

보이는 것 '넘어 표현한다'는 건, 드러난 것 이상을 드러내려는 두드러진 의지의 결과다. 그리고 이를 담보하는 예술적 매력을 동시 함축한다. 보이는 것 이상을 드러내는 신비한 작업이 곧 '표현'의 대종이다. 이를 통해 시각의 학습효과를 키우고 끝내 자기 경험의 실천 지평을 넓게 되면 미술의 표현정치는 과녁에 다다르는 셈이다. 사진이 교사가 되고 회화가 교육의 도구가 되며 조각이 시각 포섭의 실질 수단이 될 때, '보기 전'과 '그 이후'는 판이할 수 있다. '미술이 정치'란 주장이 무슨 대단한 가설이나 난삽한 철학적 명제라도 되는 것처럼 요란하게 받아들일 필요 없어지는 지점도 바로 여기다.

딕스와 마멘을 통해 바이마르를 보면, 살롱과 카바레도 단순히 웅성거리는 공간을 넘어선다. 여기서 '넘어섬'은 곧 작가의 정치적 의도를 실현하는 시각 견인과 합리적 계몽의 성공을 뜻한다. 자신이 본 것들을 보여 주되, 장차 이를 볼 사람들에게 공감의 학습능력을 배양하는 과정은 일종의 감각적 문화중첩(혹은 즉발적 감정이입)으로

잔 마멘, 〈두 여인, 춤추다Two Women, Dancing〉, 1928, 개인 소장.

이해해도 무방할 것이다. 미술정치의 극대화를 도모하기 위해 문학과 영화를 도구화하는 일도 그 때문이다. 순간적 정지화면으로 디테일의 주입과 반복을 의식·강조하는 회화의 이차원성은 여기서 다시 날개를 단다.

『베를린이여 안녕*Goodbye to Berlin*』은 창녀 샐리의 집에 얹혀사는 화자(이자 저자인) 크리스토퍼 이셔우드의 관찰을 중심축으로 삼는다.[32] 훗날 동성애자였음을 고백한 '그'이지만, 바이마르의 황망한 경험을 바탕으로 진술한 이 작품은 주인공의 성적 편향에 집중하는 대신 문학적 다큐멘터리의 골격을 허물지 않으려 주력한다. 훗날 유명세를 치른 영화, 〈카바레〉의 원작으로도 잘 알려져 있다. 유난히 큰 눈망울과 춤 솜씨를 뽐내는 배우 라이자 미넬리의 '샐리 보울스' 역할은 소설보다 영화를 더 유명하게 만들었다.

소설 속 샐리보다 영화에서의 그녀는 긍정적이다. 허무와 자조, 일탈과 소외의 면모를 완전히 버리진 못했지만, 눅눅한 처지를 벗어나려는 강한 의지는 물론 약동하는 젊음과 저력을 함께 드러내려는 용기로 넘쳐 난다. 그 속에서 새로운 자기 정체를 찾는 캐릭터는 도리어 카바레를 내일의 국가로 매개·인도할 촉매가 될 수 있으리란 자신감마저 갖춘다.

> 모두들 승리자를 좋아하지. 그래서 다들 날 싫어해. 마음 편한 여자. 행복한 여자. 바로 그런 여자가 되고 싶어. 모든 역경이 내 편이 되었어. 뭔가 일어날 것 같아. 그런 일이 생길 거야. 드물게 일어나는 일. 이번엔 내가 이길지도 몰라. 모두들 승자를

좋아하니까. 아무도 날 좋아하지 않아. 마음 편한 여자. 행복한 여자. 그런 여자가 되고 싶어. 모든 역경이 내 편이 되었어. 뭔가 일어날 것 같아. 그런 일이 생길 거야. 드물게 일어나는 일이. 아마도 이번엔, 이번엔 내가 이길지도 몰라.[33]

초원 위의 햇살은 여름처럼 따뜻하고 숲속의 사슴은 자유로이 달리네. 하지만 모두 모여 폭풍우와 인사해요. 내일은 바로 나의 것. 보리수 가지엔 푸른 잎이 무성하고 라인강은 황금을 바다로 나르네. 하지만 그 어딘가에 영광이 기다려. 내일은 바로 나의 것. 요람의 아기는 눈을 감았네. 만발한 꽃은 벌을 안고 있네. 하지만 곧 속삭이네. 일어나, 일어나라고. 내일은 바로 나의 것. 조국이여, 나의 조국이여. 징표를 보여 주오. 당신의 자녀들이 보기를 기다린다오. 세상이 나의 것이 되면 아침이 밝아 오리라. 내일은 나의 것. 내일은 나의 것. 내일은 바로 나의 것. 조국이여, 나의 조국이여. 징표를 보여 주오. 조국이여, 나의 조국이여. 징표를 보여 주오. 당신의 자녀들이 보기를 기다린다오. 세상이 나의 것이 되면 아침이 밝아 오리라. 내일은 나의 것. 내일은 나의 것. 내일은 바로 나의 것. 내일은 나의 것. 내일은 나의 것. 내일은 바로 나의 것.[34]

방에 혼자 앉아서 좋을 게 뭐 있어요? 이리 와서 음악이나 들어 봐요. 인생은 카바레예요, 친구. 카바레로 오세요. 뜨개질과 책과 빗자루는 이제 그만 내려놔요. 지금은 즐길 시간. 인생은

카바레예요, 친구. 카바레로 오세요. 와인도 마시고 음악도 즐
겨요. 나팔을 불며 축하하세요. 바로 여기 당신의 탁자가 기다
려요. 재앙의 예언을 들은들 좋을 게 뭐 있겠어요. 웃음만 빼앗
길 뿐이죠. 인생은 카바레예요, 친구. 카바레로 오세요! 여자 친
구가 있었어요. 이름은 엘시였지요. 그녀와 지저분한 방 네 개를
함께 썼었어요, 첼시에서. 그녀는 여러분이 말하는 수줍은 아가
씨는 아니었어요. 사실 깨 놓고 말하자면 시간으로 방을 빌리는
아가씨죠. 그녀가 죽던 날 이웃들이 낄낄대려고 찾아왔더군요.
음, 보아하니 약과 술에 절어서 죽었군. 하지만 내가 보기엔 마
치 여왕처럼 누워 있었죠. 친구는 내가 본 것 중 가장 행복한 시
체였어요. 바로 오늘 엘시를 생각했어요. 나와 어떻게 만났는지,
또 내게 무어라 했는지. 방에 혼자 앉아서 좋을 게 뭐 있어요? 와
서 음악을 즐겨요. 인생은 카바레예요, 친구. 카바레로 오세요!
난 말이죠. 난 말이에요. 결심을 했어요. 그곳 첼시에서요. 내가
갈 때는 엘시처럼 갈래요. 이건 인정하시겠죠. 요람에서 무덤까
지 그리 길지 않잖아요. 인생은 카바레예요, 친구. 그저 카바레
일 뿐이죠, 친구. 난 카바레를 사랑해요.[35]

샐리의 태도를 굳이 '위악적' 과장이나 '염세적' 반어의 표현 과잉
이라고 비꼴 필요는 없다. 사회적 천대와 무시를 일거에 뒤엎는 무
리한 절규라며 지나치게 방어적일 이유도 없을 것이다. 샐리의 당
당함은 그 자체로 빛난다. 차별과 조롱에 아랑곳하지 않고 그와 더
불어 살겠다는 각오하며 편견과 억압에 맞서려는 저항의 적극성 역

시 마찬가지다. 사회적 자부심과 긍정적 동화의 계기로 승화시키려는 모습을 영화적 허구나 작위적 기획으로 해석하지는 말자.

영화 얘기를 꺼낸 김에 작품 하나만 더 살피자. 이셔우드의 문학이 여기서 다시 관심 대상으로 떠오르는 건, 그의 표현이 지니는 미학적 파장 때문이다. 문학을 영화로 바꿔, 감각적 이해의 지평을 넓히는 계기를 마련하는 힘도 남다른 까닭이다. 작가 자신이 동성애자임을 밝힌 건 알려진 사실이다. 하지만 그의 성적 편향이 실제 삶에서 얼마나 잦은 혼돈과 부적응으로 이어지며 고통과 방황의 단서가 되는지 이셔우드의 『싱글맨』[36]은 잘 말해 준다.

주인공 조지의 연정은 그의 성 정체성을 인지하지 못함으로써 생겨난 결과였다. 그렇지만, 교통사고로 파트너를 잃은 물리적 공허와 이를 좀체 메우지 못하는 심리적 불안 때문이기도 했다. 소설이 세세히 보여 주지 못하는 조지의 불만과 설렘을 감각적으로 포착하는 영화[37]의 기능성을 이 대목에서 다시 강조하는 건 동어반복에 지나지 않을 것이다.

육체적·정신적 상실감을 좀체 이겨 내지 못하는 조지에게 정신적 위안을 안겨 주는 새로운 인물은 하필 풋풋한 제자다. 상상과 가정만으로도 만족할 만한 사랑의 경지를 그릴 수 있는 건 그의 직업이 단지 영문학 교수라는 사실로만 추론할 일이 아니다. 절제와 인내를 지향하는 조지의 적극적 노력은 영화를 소프트코어로조차 변질시키지 않은 의외의 장점이다. 다음 대사 역시 영화 전편을 결정하는 성적 자제력과 천박해지지 않으려 거의 사투에 가까운 열정으로 일관하는 주인공의 캐릭터를 강고히 한다.

전쟁과 패전으로 비틀거리는 독일을 떠나 미국에서 자리 잡은 작가의 눈에 유난히 강한 노을이 원색으로 꽂혔던 건, 그 하늘이 캘리포니아의 '것'이어서만은 아니었을 것이다.[38] 애리조나면 어떻고 멕시코 허공이었던들 뭐가 달랐으랴만, 중요한 건 '공간'이 아니라 시각과 해석의 방향을 결정짓는 '생각'이었다.[39] 삶의 모든 건 어쩌면 다 아름다울는지 모른다는 교훈까지 가능했다면 그건 문학이 영화로 바뀌며 생겨난, 어쩌면 비의도적 선물이었을 것이다.[40]

저런 색을 만드는 건 스모그야.[41]

끔찍한 것들도 자기만의 아름다움이 있지.[42]

이 정도의 감각적 여유라면, 물러서지 못할 뒷자리도 없을 것이다. 문학을 영화화할 때 이해의 입체성이 커진다는 점도 주목할 필요가 있다. 읽으면서 인식 지평을 더듬는 연상법과 스토리텔링의 정보체계를 영상으로 대체하며 실감영역을 넓히는, 이른바 '절차의 차이'는 자칫 (문학에 대한) 영화의 인문적 채무를 늘리는 게 사실이다.[43] 문자로 수용하거나 글로 공감하는 대신, 곧바로 이미지에 기대려는 의도적 편향성을 관행으로 굳힐 수 있기 때문이다. 읽지는 않고 보려만 드는 영상에의 집착이 기왕의 문학의 위기와는 또 다른 한계상황을 심화시키는 것도 자명한 이치다.

그러나 동성애의 애틋함과 불안한 떨림을 표현하는 데 영화는 문학을 추월한다. 제자에게 연정을 품고 상실감을 메우는 조지의 속

마음을 헤아리는 데도 영상은 소설을 뛰어넘는다.[44] 강의 중 반유대주의의 근원을 나치의 허약함과 두려움이란 두 축으로 풀어 나가는 조지의 단호함은 소수자의 성 정체와 직접 연관이 없는 듯 보인다. 하지만 열등과 공포의 표적은 은연중 자신을 향한 세상의 눈과 직결되고 있었다. 부러질 듯 학생들을 대하는 외면적 차가움은 곧 흔들리는 자아를 은폐하기 위한 허울이었고, 유려한 어투의 거침없는 패기와 열정일랑 들키고 싶지 않은 불안감의 뒤집힌 얼굴이었다.

얼굴 없는 두려움을 이겨 내기 위하여 더 큰 두려움을 만들고 그 같은 생각의 극단이 또 다른 행동의 극한을 유발하는 교묘한 발상은 역사의 향방을 엉뚱한 곳으로 이끈다. 지고 싶지 않았던 전쟁에서 패배한 과거하며 쓰라리고 허무한 기억을 두려움 없이 지우려면, 단 하나의 목표만 필요했다. 새로운 전쟁 준비와 그 결행이었다. 아울러 그 싸움에서 한사코 이기는 길밖에 다른 방법은 없었다. 술 마시고 몸 팔며 밤늦도록 춤추는 삶은 물론, 자존심을 만회하지 못하는 사람들의 무거운 마음까지 단숨에 치유할 지름길은 조국 독일의 영광과 명예를 되찾는 일밖에 없었던 터다.

카바레는 두려움 숨기고 달래며 언젠가 이룩할 꿈과 희망을 되새기는 국가의 거울이었다. 국가도 권력도 이를 내색하진 않았다. 카바레 없는 나라는 가능해도 나라 없는 카바레는 존재할 수 없다는 허세의 가면을 넘어 사람들의 감각적 위안 도구로 떠돌고 있었다. 정도의 차이는 있을망정, 지금도 이어지는 카바레 문화의 뿌리를 유럽에서 찾는 이유도 이 같은 도구성과 관계있는 건 당연하다.

혁명 지도부를 장악하거나 군중의 맨 앞줄에서 호령하지 않는 사람도 무서운 힘은 얼마든지 기를 수 있다. 무시 못 할 정치적 저력은 풍자의 예술에서 자라나기 때문이다. 강하다는 건 목소리의 크기나 퍼져 나가는 울림에 앞서 내용의 잠재력이 동원·숙성할 파괴력에 있는 셈이다. 그것이 바로 역사가 증언하는 통쾌함이자 상쾌함이다. 세상 곳곳에 카바레가 당당히 존재한 것도 그 '힘' 때문이다.

아피냐네시가 매력적인 이유도 거기 있다. 무서운 건 '건물'이 아니라 그 안의 '예술'이니까.

영국의 손바닥만 한 힙합 클럽에서 스키츠나 양손을 내뻗는 태스크포스 같은 그룹이 부르는 랩송에는 분명 베데킨트라도 고개를 끄덕였을 것이다. 「고물수집상」이라는 제목도 그럴듯하다. '이 거리의 아이들은 / 글을 읽을 줄 모르지만 / 글보다 먼저 담배를 배우고 / 그러다 훌쩍 성병에 걸리고 / 또 덜컥 애를 배지 / 인생이 뭔지 알기도 전에 / 애가 애를 키우다니 / 이 무슨 빌어먹을 짓이람.' 예술과 풍자만으로 테러와 참사를 막을 수 없다는 사실을 역사는 너무나 분명하게 보여 준다. 그러나 예술가들이 움켜쥔 은유가 그다지 막강한 무기는 아닐지 몰라도 의식의 전환을 불러일으킬 수 있다는 데에는 의심의 여지가 없다. 그것은 희망을 담고 정의를 실현하는, 또 다른 현실의 잠재력을 그려줄 수 있다. 카바레의 풍경 위로 브레히트의 얄궂은 웃음이 어른거린다. '내가 할 수 있는 일이라야 변변찮아도 내가 없었다면 통치자들의 자리는 좀 더 안전했겠지. 희망하건대.'[45]

4.
전쟁과
패배

✕

전쟁은 독일 표현주의 미술이 다다른 절정의 오브제다. 최상의 이미지로서가 아니라 다시는 일어나지 말아야 할 경고의 단서로 인간 정서에 깊이 호소하는 주문쯤 이해할 필요가 있다. 작품을 보며 받아들이는 관객들의 충격이 압도적일수록 미술의 정치력 또한 비례하는 건 사실이다. 전쟁을 그리는 작가들, 특히 표현주의를 지향하는 이들의 경우는 절대적이다. 한사코 전쟁을 일으킨 인간(들)의 못된 심사와 폭력성의 저주는 당연하고 기어이 승리를 향해 질주하는 또 다른 허욕에 입 다물고 마는 심리적 이중성도 짚어야 할 모순이다.

오해는 말자. 표현주의 작가들이 '전쟁'까지 다룬다고 해서 마치 온갖 주제들을 독점한다고 믿어 버리려는 것 말이다. 전쟁이 절정 어린 작가들의 토픽이란 표현도 지나치게 받아들일 필요는 없다. 다만 '전쟁' 자체가 주는 유난스러운 긴장과 물리적·육체적 스트레스 때문에라도 잊지는 말자. 전쟁을 특히 미술 주제로 담으려 할 때 작가가 감내해야 할 부담은 일상의 그것과 적잖은 차이가 날 수밖에 없다는 사실 말이다.

삶과 죽음이 식간에 바뀌고 멀쩡한 동료의 육신 일부가 동강 나거나 사라져 버리는 살벌함 앞에서 산다는 건, 예삿일이 아니다. 살아 있다 해도 산목숨이 아니고 '죽음'이란 '죽어 감'과 전혀 다른 사유대상이란 사실도 전쟁은 일깨운다. 느닷없이 없어진 얼굴과 튀는 피는 물론, 곳곳에 흩어진 살점과 함께 사정없이 떨고 있는 전우의 몸통 곁에서 무조건 전진해야 하는 '나'는 당장의 스산함을 무엇으로 이겨 내야 할까.

목이 터지라고 공격명령을 외치는 지휘관과 빗발치는 총성, 다리와 눈에 박힌 파편으로 더는 견디지 못할 통증이 과제인 병사, 능선 넘어 적진에서 날라 올 금속성 화력의 공포, 언제 끝날지 알 수 없는 아군의 포격, 엄청난 양의 유혈과 진흙 범벅의 대지, 배설물과 토사의 뒤섞임, 화연과 시취屍臭의 혼재, 빗물 잠긴 웅덩이와 발에 채도록 나뒹구는 탄피의 산적散積, 진창에 처박힌 말의 주검과 살판나게 잉잉대는 파리 떼의 부유, 전쟁 속의 전쟁으로 밤낮없이 치러야 하는 모기 군단과의 사투, 적의 공격이 끝나고 아군의 후송이 가능할 때까지 무작정 참호 안에서 웅크리고 기다려야만 하는 부상군인, 먹고 마시길 단념해야만 하는 비인간적 한계상황의 막막한 지탱.[46]

어떻게 묘사하더라도 언어만으로는 실체에 다다를 수 없다. 감각적 동일시가 가능한 실질적 체험 순간이 아니고선, 문자는 허울이며 글은 모조리 허구에 지나지 않는다. 이를 인정하는 건 늘 중요하다. 그에 '가깝다'는 건 그 자체가 '아니'며 다다름에 이르는 한갓됨의 또 다른 묘사에 지나지 않는다. 이는 적어도 허구가 아니다. 놓치지 말아야 할 진실은 체험에 근거한 진술의 적실성과 표현의 실체를 수용해야 한다는 또 다른 엄연함이다. 그리고 그를 둘러싼 의심과 과장의 개연성을 배제하는 작업이다.

중요한 사실은 전투현장의 물리적 묘사나 처참한 항목들의 꼼꼼한 나열이 아니다. 좀체 견디기 어려운 혹독한 공간에서도 표현의 이행과 미술적 실천 결과를 확인하게 된다는 점이다. 필자는 여기서 표현주의 작가들의 예외적 '철저성'과 지독한 '성실성'에 주목한다. 그것은 흔히 말하는 일상의 '좋아함', 즉 취향이나 선호 같은 평범한 욕구와 한사코 '해냄' 혹은 기어이 '치러 냄' 사이의 엄청난 간극을 전제한다.

상상을 초월하는 집중력을 밑거름 삼아 종교적 진지함보다 무서운 성취동기로 자신의 예술적 의도를 관철하려는, '작업' 자체를 향한 숭고한 접근이라면 어떨까. 생각해 보자. 전투현장에서 군인의 의무를 이행하며 보고 겪고 느낀 결과를 직접 표현해 내는 작가의 초인적 노력의 과정 말이다. 싸우며 관찰한 참담함과 부대끼며 자기화한 혹독함을 녹여 내는 비정상의 정상화 절차라니. 싸우기도 벅찬데 그림까지 그린다니 이를 손쉽게 받아들이긴 그 자체로 무리다.[47] 그것도 한두 개가 아닌 수십 점을 그려 낸 초월적 꼼꼼함은 그 자체로 따로 따질 대상이다.

딕스를 주목해야 할 까닭은 이것 말고도 여럿이다. 하지만 기왕의 작업을 더욱 둔중하게 이끄는 유인요소는 전쟁을 다루는 그만의 철학적 진지함이다. 게다가 그 무게감을 밑동 삼아 기왕의 표현주의적 정치력을 심화·수식하는 집요한 열정이었을 것이다. 그림만으로 그치지 않고 글과 일기 형식으로 이어지는 그의 탄식에 주목해야 하는 이유도 부수적 수확치고는 족하다. 전쟁 이전과 이후를 가르는 딕스의 태도 변화는 당시에 쓴 진중일기(1915-1916)와 편지에 잘 나타나 있다.

벼룩, 쥐, 철조망, 유탄, 폭탄, 구멍, 시체, 피, 포화, 술, 고양이, 독가스, 카농포, 똥, 포탄, 박격포, 사격, 칼. 이것이 전쟁이다! 모두 악마의 짓이다![48]

전방으로 가는 길은 무서웠다. 부상당한 자들과 얼굴이 함몰된 자들, 노랗게 질린 가스 피해자들은 전선 뒤로 보내졌다. 그다음 우리가 전방의 끔찍한 참호로 보내졌다. 샹파뉴의 백악질 참호들에서 우리는 사방에 있는 죽은 이들의 악취에 괴로워하고, 진흙투성이인 참호에서 하루 종일 쭈그리고 앉아 밤에 겨우 헤쳐 나와야 했다. 총격으로 훼손된 나무들이 있는 어두운 풍경 속에서 끝도 없이 암울하게 이리저리 뛰면서 목숨을 이어 갔다.[49]

마을 여기저기에 만들어진 포격에 의한 구덩이는 가장 최소한의 위력을 보여 줄 뿐이다. 그 주위의 모든 것은 대칭을 이루며 엄청난 깊이로 만들어진 구덩이의 힘에 지배된다. 그 힘은 땅에 궤적을 남기는데, 그 궤적을 따라 극히 고통스럽고도 비현실적인 선들이 퍼져 나간다. 더 이상 집이 존재하지 않는다. … 돌과 해골, 그리고 구덩이만이 있다.[50]

누가 왜 일으킨 전쟁인지는 중요하지 않았다. 설령 무능한 지도자와 더 어리석은 참모들이 내린 집단적 결정이었다 한들, 전선의 병사들에게 절박한 과제는 오직 살아남는 것뿐이었다. 어떻게 하면 살아남을 수 있는가? 이를 대체할 물음은 없었다. 앞서 제기한 물음이 궁금하더라도 그 답은 전쟁이 끝나고 난 다음, 가열차게 채근하더라도 늦지 않을 것이었다. 속절없이 퍼붓는 빗물보다 더 촘촘하게 눈앞을 가르는 총알하며 하염없이 외쳐 대는 진격명령보다 몇 곱절 크게 고막을 때리는 폭탄 따위야 정작 살아 있는 제 목숨보다 앞서는 문제가 아니었다.

겪어 본 자들만 안다. '살아 있음'이 기적인 것을. 사연 많은 전쟁사에서 솜Somme 전투를 다시 살필 이유다. 짧은 기간에 치명적인 인명피해를 기록한 이 싸움은 인간이 얼마나 무모하고 무책임한 동물인지 잘 보여 준다. 1916년 7월 1일 오전 7시 30분, 독일군을 향한 영국군 호각소리를 시작으로 1차 전투는 넉 달 동안 이어진다. 1차 대전 중 최대 희생자를 낸 이 싸움은 오랜 준비에도 불구하고 영국의 완벽한 실패로 끝난다. 무식할 정도로 고지식한 영국군의 일방적 작전 수행 때문이었다.

'작전은 곧 공격'이라는 교범 아래 아군이 쓰러지면 다시 새로운 병력을 대거 투입하는 '전진 앞으로'의 대가는 참혹했다. 개전 당일,

해 질 무렵 이르러 헤아린 하루 사상자는 5만 7천에 달했고 그중 만 9천이 전사자였다.[51] 이들 대부분은 독일 기관총의 희생양이었다. 영국의 포격도 엄청났지만, 폭탄 대부분은 독일군 진지 후방에 떨어졌다. 애당초 지하 벙커를 매설한 독일군은 영국군의 초반 포격 동안 깊은 땅속에 보관한 기관총으로 다가오는 영국군 보병을 향해 총알 세례를 퍼부었다. 화력 역시 알뜰히 아낀 땅 밑 병력 덕분이었다.

1차 대전에 기관총 병으로 참전한 딕스는 치열하게 싸운다. 그는 1915년 9월부터 1918년 12월까지 전쟁 기간 대부분을 서부전선 참호에서 보내면서 전우들을 스케치한다. 너덜너덜해진 동료들의 피 묻은 시신을 오브제로 숱한 작업을 무릅쓴 것이다. 턱이 사라진 채 얼굴의 반만 남은 병사, 팔다리가 사라진 전우의 시체, 터진 뱃가죽 사이로 사정없이 삐져나온 내장 뭉치와 헤진 살점, 살려 달라는 말조차 하지 못한 채 고통과 비명으로 질린 얼굴만 진흙탕에 비비는 소총수들, 진격명령을 등 뒤로 한 채 한 발짝조차 떼기 두려운 보병의 망설임.

지옥이 죽어서나 다다르는 악마의 종착지라고 믿는 건 사치다. 일컬어 '생지옥'이라 따로 부르는 이유도 선명하다. 딕스는 전쟁현장에서 '싸우면'서 '그리고', '표현'하며 '버티는' 자신과의 치열한 다툼 속 한가운데 있었다. 그의 그림 속에서 거듭나는 대지는 전쟁의 대치상황과 피폐할 대로 피폐해진 우울함을 드러낸다. 아연실색할 포격으로 파괴된 땅의 모습은 당대 전투의 파괴력을 미루어 헤아리게 한다. 이를 묘사하는 거친 드로잉도 파괴적 폭력과 일방적 공격을 강조할 따름이다.

그의 드로잉에는 무덤이 자주 등장한다. 그는 전쟁 경험의 표현
에서 영웅적 부각이나 극적 반전 따위의 거품을 걷어 내고 생명과
죽음이 맞부딪치는 벼랑 끝 장면을 드러내는 데 몰두한다. 1917년
에 이르면 그의 작품에는 참호 속 죽은 시신들에 대한 직접묘사가
나타나 잔혹함이 고조되는데 솜 전투의 참전 기억 때문이었던 것으
로 보인다. 피아간의 무차별 대량학살을 직접 겪은 후 미술적 비판
과 정치적 기록 강도는 높아진다.

이 대목에서 분명히 해 두어야 할 문제가 있다. 미술의 정치성이
작가의 사적인 의도와 그 궁극의 지향으로 정체를 드러내는 일종의
절차적 의미를 극대화한다면, 그의 그림에 담기는 정치성은 관객들
의 수용 과정에서 분명해진다는 점이다. 작가의 의도가 반드시 동
질의 콘텐츠로 관객들에게 다가갈 필요가 있는지는 논란 대상이다.
명시적 언어나 구체적 언명을 통하는 것도 아니고 보면, 어느 정도
의 오해나 곡훼를 감안해야 하는 건 불가피할 것이다.

딕스가 관객들에게 다가가는 힘은 표현의 진솔함이다. 믿을 수
없는 현실을 믿어야 한다고 건설적으로 유인하는 호소력과 그만의
노련한 설득력도 있다. 그림현장에 관객들이 실제로 함께하거나 혹
은 '할 수 없는' 도저함이야 물론이다. 되물을 필요조차 없는 사실
앞에서 관객들이 숙연해지는 이유는 강한 설명력과 마치 전투현장
에 빨려 들어가는 듯한 드로잉의 기운 때문이다.

다음 그림도 마찬가지다. 저 유명한 삼절화三折畵, triptych의 제목이
'전쟁'이라든지, 그 미술사적 원류는 마티아스 그뤼네발트의 〈이젠
하임 제단화〉였다는 고증은 여기서 반복하지 말자. 다만 전쟁의 처

절한 폭력성과 비인간성을 표현하되, 전투현장을 넘어서는 물리적 파괴력과 앞으로 다가올 인간적 난감함을 동시에 말해 준다는 점에서 그림 하단의 기저대基底台, predella에 담긴 '울림'은 간단치 않다.

일반적으로 전쟁을 소재로 삼는 예술표현의 정치적 목적은 '전쟁은 다시 일어나면 안 된다'는 준엄한 경고라고 필자는 이해한다. 참혹하고 암담하며 춥디추운 대지 한가운데 서 있는 병사(들)의 처지를 굳이 고독하다거나 쓸쓸하다고 표현하는 건 감상적일 것이다. 하지만 정신없이 날아오는 총탄 세례와 가늠할 길 없는 금속성 파편의 산지散地 향방을 실눈으로 경계하며 견뎌 내는 순간순간이 '처절히 외로울 것'이라 말하는 건 지나칠까.

총알이든 파편이든 몸을 관통했거나 급소 부위를 이미 다쳐 생사 경계를 넘나드는 처지라면 얘긴 달라진다. 어마어마한 통증을 견뎌 내야만 하는 자의 뇌리에 전쟁은 과연 무엇일 것인지 그림은 놀랍게도 차분히, 그러나 웅변처럼 말한다. '그럼에도 계속 싸워야 하겠는가. 무엇이 더 중하고 무엇이 먼저 간절하며 또 그렇지 않은가'에 그림은 일정한 답 대신 신음과 괴로움으로 버텨 내는 병사 셋의 '죽어 감'을 말한다. 죽어 가고 있거나 이미 숨을 거둔 직후, 아니면 상당 시간이 흐른 다음의 상황을 처연하게 그려 내는 작가는 이대로 전쟁을 끝내든지 잠시 멈추기라도 하자고 고함친다.

고통이 스민 얼굴만으로 모자라 어떤 표정인지 살피려 해도 알 길은 묘연하다. 병사의 아픔은 이미 언어의 경지를 넘어섰고 눈을 가린 군인의 모습은 관객들의 마음을 멍들게 하기 족하다. 누워 있는 군인들이 나누는 고통을 서 있는 구경꾼의 슬픔으로 나누며 서

오토 딕스, 〈전쟁Der Krieg〉 전체(상)와 기저대 부분(하), 1929-32, 노이에 마이스터 갤러리.

오토 딕스, 〈돈트리엔 근처 분화구 필드Trichterfeld bei Dontrien〉, 『전쟁Der Krieg』, 1924.

로의 통증을 달래는 중이다. 사라질 육신이라고 대범하게 단념하며 삶의 안타까움을 탄식 중이라면, 보일 듯 말 듯 후미진 구석에 편치 않게 누운 사내에겐 무엇으로 돌이킬 전쟁이었을까. 답을 궁리하는 사이, 군인들은 숨을 거둘는지 모른다. 그들에게 세상은 몇 뼘 안 되는 관槨이 이제 전부다. 여기서도 국가는 멀고 권력은 보이지 않는다.

이대로 죽든지 아니면 밖의 세상에서 벌어질 핏발 어린 싸움을 피할 다행스러운 핑계로 삼든지, 가사假死 상태의 삶은 죽느니만 못하다. 전쟁은 아직 끝나지 않았음을, 살아남는다 해도 삶은 다시 전쟁임을 작가는 읊는 중이다. 그 때문에 '전쟁 속 전쟁'으로 삶의 고통을 대신 드러내는 딕스의 성실성은 전장묘사에서도 적극적이다.

조명탄의 섬광이 비추는 대지의 숱한 상처가 군인들의 고통을 소환하는 역설은 또 뭔가. 일부러 작정한 건조물이라 해도, 지나치게 불안하며 초조한 병사들을 달랠 참호로도 쓸모는 없었다. 폭력의 토사물은 끝내 폭력으로 남을 뿐, 위로와 은둔의 도구로까지 응용할 재간은 어디에도 없기 때문이다. 마음먹고 파 놓은 구덩이치고 기하학적 대칭 구조는 예외적이다. 끝 간 데 없이 파헤쳐진 물리적 무자비함은 우연이라도 잔인하다.

이 정도의 반복적인 구덩이와 기계적 복제가 가능하다면, 그곳에는 벌써 수천수만의 폭탄들이 퍼부어지고 헤아릴 수 없는 파편과 감당 못 할 흙먼지가 난무하였을 것이다. 영락없이 화산분화구를 연상시키는 저 많고 많은 구덩이들의 함몰과 융기의 펼침은 관객들을 모조리 빨아들여도 족할 음습함으로 흐르고 넘칠 따름이다.

궁금한 건 따로 있다. 어쩌자고 딕스는 현장을 보존하려 했을까. 그 와중에, 그 순간에.

되묻자. 미술은 허무의 재생과 회고의 도구인가, 아니면 최소한의 민중 동원과 정치화의 수단일까. 간헐적으로 반복 제기한 이 물음의 답은 이들 그림을 통해 다시 끌어내고 다듬어야 할 일이다. 선과 점과 면으로, 그림자와 밝음의 불균형을 통해 언어나 문자 혹은 육성보다 강한 메시지를 반복 확장하는 작가들의 미술정치는 여기서 각별하다. 전쟁이라는 또 다른 막장에서 학습과 성찰의 계기가 확고해지기 때문이다.

전투현장에서의 스케치[52]와 현장의 기억을 딛고 딕스는 그곳을 다시 긁고 파헤친다. 훗날 프린트를 의식한 동판화 기법으로 검푸른 전장의 밤을 복원하는 것이다. 잊으려 애써도 자꾸 뒤돌아보게 되는 그 밤은 간단한 낭만으로만 처리할 대상이 아니다. 밤이라 의당 어둡고 싸움터라 한결 스산한 '그곳'도 아니었을 것이다. 그 까닭을 굳이 '절망'에서 찾으려는 이유는 다음 그림에서도 확연하다. 대놓고 사람을 죽이며 제아무리 아픔과 공포에 질려도 누구 하나 어림없는 전쟁은 겁 없이 이어지고 있었으니까.

싸움은 끝났지만, 딱히 갈 곳 없는 군인들이었다. 그들의 참전을 기리고 기억하는 국가의 웅대도 뜨겁지 않았다. 그들의 복무는 오히려 당연했고 패전에 뒤따르는 온갖 부담은 가뜩이나 주눅 든 퇴역군인들을 죄인 취급하기 일쑤였다. 전투의 승패라면 몰라도, 전쟁의 궁극적 책임까지야 어찌 몰아붙일 그들 몫이었을까. 그럼에도 전쟁에 찌든 온갖 멍에와 눅눅한 기억을 털어 낼 곳은 별로 없었다.

이를 의식할 당국도 없었다. 산산이 해체된 가족들의 살가운 위로 조차 어차피 그들의 것은 아니었다.

골목 어귀에 내리깔린 어둠이 사연의 앞뒤 어찌 알 리 있을까. 사랑까진 아니어도 풋내 나는 정이나마 간절해질라치면 남의 품이 되레 나은 시절이었다. 요란한 여인들도 생소하기 이를 데 없고 서로가 타자로 쑥스럽긴 마찬가지다. 여인들의 유혹도 노골적이지 않은데다 그녀들을 향한 군인의 눈길도 그리 불타오르진 않는 걸 보면, 그날 밤 누구와도 시간을 함께할 것 같지 않은 어색한 상상만 이어진다. 그냥 그대로 보고만 지났을 뿐인, 이름 모를 사람들처럼.[53]

그러나 노려보는 건지, 선망하는 건지 남자의 복잡한 눈길을 거기까지만 그린 작가의 생각은 뭐였을까. 한껏 치장하고 뽐내는 서로의 육감일망정, 골목의 유혹과 넘쳐 나는 교태로 구원할 국가는 아니다. 누군가 여인들의 심사를 건드릴라치면, 당장의 악다구니로 눈 흘길 이치도 서글프긴 마찬가지다. 여인들과 군인 사이에서도 행복과 미래는 함께할 틈새가 없다. 비극은 늘 시끄럽지 않게 다가선다. 누구를 위해 무엇 때문에 싸운 전쟁이었는가.

속상한 장면은 고작 관음과 유혹쯤으로 버텨야만 하는 패전 이후의 삶이다. 염치는 사라지고 없었다. 고작해야 폭리나 취하는 모리배, 아니면 거저 누리려는 짐승들만 넘쳐 나고 있었다. 싼값으로 흥정해서라도 욕망의 밑바닥을 처리해야 하는 이른바 해소의 정치경제학이 왕성해지는 것이다. 전쟁과 당장의 허무를 겹쳐 보는 딕스의 미술정치는 상수常數다. 인정과 배려가 모자란 공간에서 어쩔 수 없이 서로를 팔아야 하는 현실은 싸우지 않고선 버티지 못할 '오늘'

오토 딕스, 〈브뤼셀의 일선 장병Frontsoldat in Brüssel〉, 『전쟁Der Krieg』, 1924.

을 미술 자원으로 삼는다.

풍요와 영광을 꿈꾼 전쟁의 뒤끝은 간단하다. 일체의 '무너짐'과 '가난'이다.[54] 딕스 말고도 표현주의 작가들이 천착한 전쟁의 얼굴은 여럿이다. 삶의 질곡을 다루는 예술적 시도는 다양한 형태로 나타난다. 전쟁으로 인한 아픔의 디테일을 드러내는 작업보다 중요한 사실은 따로 있다. 패배를 이겨 내기 위한 국가권력의 음험한 시도와 그 저의의 폭력성을 고발하려는 정치적 의지 표현으로 작가들의 관심이 집중되는 것이다.

간전기 독일의 정치사상이 전체주의의 망령으로 굳어 가는 역사는 언급 말자. 배후에 히틀러와 무솔리니가 있는, 폭력적 군중 동원에 눈감아 버린 독일과 이탈리아 민중을 향해 흥분하지 않기로 하자. 다만 새로운 전쟁 준비와 국가폭력의 기획에 담긴 반인륜적 도발을 미리 알아차린 작가들의 정치적 예지[55]는 아무리 강조해도 지나치지 않다. 때가 되면, 용맹성마저 빛나는 작가들의 등장은 우연이 아니다. 한번 드러낸 표현을 이내 버리고 마는 비움의 반복은 예술적 채움의 씨앗으로 작동한다. 맞서지 않고는 불가능한 기운이다. 국가와 권력을 대적하기에 앞서 자신과의 싸움에서도 지지 않으려 무던히 애쓴 결과다.

주석

1   1910년대 후반이라는 표현이 옳을 것이다. 1914년 1차 대전이 터진 후 4년 동안 전사자는 늘고 후방의 핍박과 고통은 가늠할 수 없었기 때문이다.

2   '비극적 희극'이라고 써도 무방하다.

3   이광래, 『미술 철학사 2: 재현과 추상 — 독일 표현주의에서 초현실주의까지』(파주: 미메시스, 2016), 53-54쪽.

4   Jill Suzanne Smith, *Berlin Coquette: Prostitution and the New German Woman, 1890-1933* (New York: Cornell University Press, 2013), p. 29.

5   Dorothy Price, "The Splendor and Miseries of Weimar Germany's New Woman," Ingrid Pfeiffer ed., *Splendor and Misery in the Weimar Republic: From Otto Dix To Jeanne Mammen* (München: Hirmer, 2018). pp. 152-159.

6   로트레크와 딕스가 보인 표현의 차이를 제대로 이해하려면 바로 세기말 누드의 천착이 필요하다. 이를 위해 다음을 참조할 것. Lidia Guibert Ferrara · Frances Borzello, *Reclining Nude* (London: Thames & Hudson, 2002).

7   '구성주의(constructivism)'나 '전위적 추상주의'라고도 부르며 현대미술의 반사실주의 운동 중에서도 가장 극단적이다. 자연의 묘사와 인상적인 표현을 배제하고 주로 기계적이거나 기하학적인 구성에 따라 새로운 형식의 아름다움을 표현하려 애쓴다. 구축주의는 브라크(George Braque, 1882-1963)와 피카소(Pablo Picasso, 1881-1973)가 시도한 입체주의의 실험적 작품에서 발전한다. 1913년, 타틀

린(Vladimir Tatlin, 1885-1953)은 피카소의 파리 스튜디오에서 금속판과 철사로 구성한 최초의 작품 〈기타(Guitar)〉(1912)를 보고, 러시아로 돌아간 후 구축주의 릴리프들을 제작한다. 서양조각사 최초로 '완전추상'이라며 인정한 경우가 이것이다. 타틀린은 '재료에 충실한' 구축주의 원리를 세운다. 재료가 지니는 본질적 속성에 따라 조각 형태가 결정된다는 주장이다.

8   딕스와 그로스, 베크만 등은 독일 표현주의의 트로이카로 자주 거명된다. 그로스에 대한 탐구는 두 유형으로 나뉜다. 그로스에 '대한' 연구와 그로스의 업적을 바탕으로 한 2차 문헌들이 그것이다. 전자로는 다음을 참고할 것. Barbara McCloskey, *The Exile of George Grosz: Modernism, America, and the One World Order* (Oakland, CA: University of California Press, 2015). 후자로는 다음 작업을 주목할 것. Heike Fuhlbrügge et al., *George Grosz: The Years in America, 1933-1958* (Ostfildern: Hatje Cantz Publishers, 2010); 김숙영, 「조지 그로스의 정치적 미술: 1920년대의 작품을 중심으로」, 서강대학교 인문과학연구소, 『서강인문논총』 제42집 (2015), 187-212쪽.

9   Shulamith Behr, *Expressionism* (Cambridge: Cambridge University Press, 2000); Dennis Broe, *Cold War Expressionism: Perverting the Politics of Perception: Bombast, Blacklists and Blockades in the Postwar Art World* (New York: Pathmark Press, 2015); Nobert Wolf ed., *Expressionism* (Köln: Taschen, 2015); 서요성, 「제1차 세계대전 전후 독일 표현주의와 후기표현주의 회화의 연관성에 대한 고찰」, 한국독일언어문학회, 『독일언어문학』 제74집(2016), 107-131쪽.

10   Dietmar Elger ed., *Dadaism* (Köln: Taschen, 2016); Agnes Husslein-Arco et al. eds., *Vienna-Berlin: the Art of Two Cities From Schiele To Grosz* (Vienna: Prestel, 2013); Rainer Metzger ed., *Berlin in the 1920s* (Köln: Taschen, 2017); Olaf Peters · Stefanie Heckmann eds., *Before the Fall: German and Austrian Art in the 1930s* (München: Prestel, 2018); 오진경, 「다다와 초현실주의 미술에 나타난 평범함

의 정치학」, 한국미술연구소, 『미술사논단』 제28호(2009), 193-220쪽.

11   이순원의 소설, 『압구정동엔 비상구가 없다』(서울: 새움, 2018)가 영국의 잭 더 리퍼(Jack the Ripper)를 연상시키거나 20년대 독일 사회의 색정 살인 주인공들을 떠올리게 하는 것도 우연은 아니다.

12   Matthew Gale · Katy Wan, *Magic Realism: Art in Weimar Germany 1919-33* (London: Tate Enterprises Ltd., 2018), p. 38.

13   살인으로 성적 흥분을 느끼거나 쾌락을 위해 저지르는 범행의 전형이다. 가해자가 성불구거나 살인을 성교의 등가물로 인식하는 경우가 이에 해당한다는 크라프트-에빙(Richard Freiherr von Krafft-Ebing) 등의 주장 이후 보편화한다. 사디즘의 일종으로서 사체 손괴를 수반하는 경우가 많다는 점도 주목해야 한다.

14   이윤희, 「독일 바이마르 시기 미술에 나타나는 성적 살해(Lustmord) 주제에 대한 연구」, 현대미술사학회, 『현대미술사연구』 제32집(2012), 18-19쪽.

15   Beth Irwin Lewis, "Lustmord: Inside the Windows of the Metropolis," Katharina von Ankum ed., *Women in the Metropolis: Gender and Modernity in Weimar Culture* (Berkeley, CA: University of California Press, 1997), p. 211.

16   이진일, 「바이마르 인구구조의 위기와 보수주의의 대응: '생존 공간'과 제국을 향한 꿈」, 한국세계문화사학회, 『세계 역사와 문화 연구』 제32집 (2014), 84-85쪽.

17   피터 게이 지음, 조한욱 옮김, 『바이마르 문화: 국외자들의 내부』(서울: 탐구당, 1983), 254쪽.

18   독일 철학과 문학에 깊이 취한 그는 이탈리아 '미래파'의 자극을 받아 1910년에 표현주의 예술가 잡지 『슈투름(Sturm)』에서 콜라주와 동시성 기법을 선보인다. 1915년에 18세기 중국혁명을 소재로 한 장편소설 『왕룬의 세 도약 (Die drei Sprunges des Wang-lun)』을 발표하여 '폰타네 문학상'을 받고 1925년에는 브

레히트 등과 좌파성향 작가모임 '그룹25'를 결성한다. 되블린의 명성을 높인 『베를린 알렉산더 광장』은 1차 자료의 직접 인용, 영화적 구성, 비선형적 서사구조, 내적 독백 기법, 몽타주 등 혁신적 방법을 동원하여 주인공 프란츠 비버코프의 삶을 끈질기게 추적한다. 파스빈더(Fassbinder) 감독이 영상화한다. ⟨Berlin Alexanderplatz⟩(1980) · 15h 31min · Drama, TV Mini Series; Dir. by Rainer Werner Fassbinder; Writer: Alfred Döblin; Actors: Günter Lamprecht, Hanna Schygulla, Barbara Sukowa; Production: Criterion Collection.

19   알프레트 되블린 지음, 권혁준 옮김, 『베를린 알렉산더 광장』(서울: 을유문화사, 2012), 544-551쪽, *passim.*

20   색정 살인에 대한 대표 탐구들로 다음을 주목할 것. Hanns Heinz Ewers, *Lustmord einer Schildkröte: und weitere Erzählungen* (Berlin: Die Andere Bibliothek, 2014); Maria Tatar, *Lustmord: Sexual Murder in Weimar Germany* (Princeton: Princeton University Press, 1995); Sace Elder, "Prostitutes, Respectable Women, and Women from 'Outside': The Carl Grossmann Sexual Murder Case in Postwar Berlin," Richard F. Wetzell ed., *Crime and Criminal Justice in Modern Germany* (New York: Berghahn Books, 2013), pp. 185-206.

21   히틀러의 광적 탄압을 피해 망명한 베크만 역시 표현주의와 미술 정치의 기본을 잃지 않고 미국 생활을 이어 간 점은 그로스와 크게 다르지 않다. 다만 고국인 독일로 되돌아와 삶의 짧은 말년을 보낸 그로스와 마지막이 다를 뿐이다. 베크만의 미국 체류기간을 포함한 연구 결과로는 다음을 참조. Max Beckmann et al., *Beckmann and America* (Ostfildern: Hatje Cantz, 2011); Max Beckmann · Lynette Roth, *Max Beckmann at the Saint Louis Art Museum: the Paintings* (New York: Prestel, 2015); Sabine Rewald, *Max Beckmann in New York* (New York: The Metropolitan Museum of Art, 2016).

22   정치적 압박과 삶의 곤경을 피하지 않은 딕스는 키르히너와 다르지

않다. 딕스가 한층 사실적이며 정치적으로 노골적이었다는 차이만 두드러진다. 이에 대해 다음 연구들을 주목할 것. Otto Conzelmann, *Der Andere Dix: Sein Bild vom Menschen und vom Krieg* (Stuttgart: Klett-Cotta, 1983); Otto Dix, *Otto Dix: The Art of Life* (Ostfildern: Hatje Cantz Publishers, 2010); Philipp Gutbrod, *Otto Dix: the Art of Life* (Ostfildern: Hatje Cantz, 2010); Olaf Peters ed., *Otto Dix* (München: Prestel, 2010).

23   다음 홈페이지를 참조. http://thomas-michel-contemporary-art.de

24   "Those not planning to live long rarely deny themselves carnal pleasures." 러시아 드라마, 〈트로츠키〉에서 프리다 칼로는 자신의 새 연인 프랭크 잭슨에게 이렇게 말한다. 〈Trotsky〉(2017) · Biography, TV Mini Series; Dir. by Alexander Kott, Konstantin Statsky; Writers: Oleg Malovichko, Ruslan Galeev, Pavel Tetersky; Actors: Konstantin Khabensky, Olga Sutulova, Aleksandra Mareeva; Production: Sreda, Series 1: Episode E5, [00:12:28-00:12:30/00:48:44].

25   고은주, 『그 남자 264』(서울: 문학세계사, 2019), 23쪽.

26   1930년대 독일의 밤문화를 유흥과 환락으로 압축한 자료로는 다음을 참조할 것. Curt Moreck, *Ein Führer Durch Das Lasterhafte Berlin: Das Deutsche Babylon 1931* (Berlin: be.bra verlag GmbH, 2018).

27   리사 아피냐네시 지음, 강수정 옮김, 『카바레: 새로운 예술 공간의 탄생』(서울: 에코리브르, 2007), 106쪽.

28   위의 책, 182-184쪽.

29   이에 대해서는 다음 문헌을 참조할 것. Martin Kley, *Weimar and Work: Labor, Literature, and Industrial Modernity on the Weimar Left* (New York: Peter Lang, 2013).

30   카바레의 역사성과 그 사회사적 추적을 담은 국내연구로는 다음을

참조할 것. 정현경, 「예술장르로서의 카바레 연구」, 세계문학비교학회, 『세계문학비교연구』 제48호(2014 가을호), 271-294쪽.

31   프랑스 카바레의 경우는 다음 연구를 주목할 것. Jerrold E. Seigel, *Bohemian Paris: Culture, Politics, and the Boundaries of Bourgeois Life, 1830-1930* (Baltimore, MD: Johns Hopkins University Press, 1999), pp. 215-241.

32   강점기 조선의 이상과 바이마르의 이셔우드는 겹친다. 기생 금홍과 함께 지내며 버틴 짧은 시절이나 창녀 샐리와 더불어 시대의 참담함을 견딘 처지도 처지려니와, 언어는 달라도 굳이 글로 쓰고 드러내며 역사와 맞선 속내 또한 흡사하다. 도발까지 작정한 건 아니지만, 상황에 매몰되는 대신 표현의 한계를 공격하는 감각의 정치성으로 적극 대응한 건 두 사람의 문학적 공약수다.

33   〈Cabaret〉(1972) · 2h 4min · Drama, Musical; Dir. by Bob Fosse; Writers: Joe Masteroff(based on the musical play Cabaret book by), John Van Druten (based on the play by); Actors: Liza Minnelli, Michael York, Helmut Griem, Marisa Berenson, Fritz Wepper, Joel Grey; Production: Allied Artists Pictures, ABC Pictures, A Feuer and Martin Production, [00:48:25-00:50:09].

34   위의 영화, [01:18:17-01:20:49].

35   위의 영화, [01:57:07-02:00:26].

36   Christopher Isherwood, *A Single Man* (Hamburg: Hoffmann u Campe Vlg GmbH, 2014). 우리말 버전으로는 크리스토퍼 이셔우드 지음, 조동섭 옮김, 『싱글맨』(파주: 창비, 2017) 참조할 것.

37   패션 디자이너인 톰 포드가 감독으로 데뷔한 첫 작품이 이 영화였음은 우연일까, 아니면 치밀한 계산과 준비의 결과일까. 〈A Single Man〉 (2009) · 1h 39min · Drama, Romance; Dir. by Tom Ford; Writer: Christopher Isherwood(novel); Actors: Colin Firth, Julianne Moore, Matthew Goode, Nicholas Hoult; Production: Fade to Black Productions, Depth of Field, Artina

Films.

38   이에 대해서는 다음 문헌을 참조할 것. Sabine Rewald, *Glitter and Doom: German Portraits from the 1920s* [essays by Ian Buruma and Matthias Eberle] (New Haven, CT: Yale University Press, 2006); Seth Taylor, *Left-Wing Nietzscheans: the Politics of German Expressionism, 1910-1920* (Berlin: W. de Gruyter, 1990).

39   연극으로 '당대'를 옮겨 본들, 상황을 바라보는 근본이 달라질 리야 없을 것이다. 이 문제의 천착을 위해서는 다음 연구를 주목할 것. Julia A. Walker, *Expressionism and Modernism in the American Theatre: Bodies, Voices, Words* (Cambridge: Cambridge University Press, 2005).

40   Schiller-Nationalmuseum, *Expressionismus: Literatur und Kunst 1910-1923* [Eine Ausstellung des Deutschen Literaturarchivs im Schiller-Nationalmuseum Marbach A. N., vom 8. Mai bis 31. Oktober 1960] / [Ausstellung und Katalog von Paul Raabe und H. L. Greve unter Mitarbeit von Ingrid Grüninger] (München: Albert Langen, Georg Müller, 1960); Peter Paret, *The Berlin Secession: Modernism and Its Enemies in Imperial Germany* (Cambridge, MA: Harvard University Press, 1980).

41   "You know, it's the smog that makes it that color." 앞의 영화 〈A Single Man〉, [00:45:08].

42   "Sometimes awful things have their own kind of beauty." 위의 영화, [00:45:17].

43   Hans Belting, *The Germans and Their Art: A Troublesome Relationship* [tr. by Scott Kleager] (New Haven, CT: Yale University Press, 1998); Maria Stavrinaki, *Dada Presentism: An Essay on Art and History* [tr. by Daniela Ginsburg] (Stanford, CA: Stanford University Press, 2016); Juliane Roh, *Deutsche Kunst der 60er Jahre: Malerei, Collage, Op-Art, Graphik* (München: Bruckmann, 1971); Dietrich Scheunemann ed., *Expressionist Film: New Perspectives* (New York: Camden House, 2003).

44   콜린 퍼스가 맡은 영문학 교수의 역할도 역할이지만, 여성성 넘치는 남성으로 외형을 가꾸고 양성애적 캐릭터의 자기 함정을 극복하기 위해 무던히 애쓰는 모습은 원작의 입체성을 더한다.

45   리사 아피냐네시 지음, 강수정 옮김, 앞의 책, 364-365쪽.

46   모든 전쟁의 압축은 아니다. 전투현장에서 마주할 물리적 피폐의 단면만 그릴 따름이다. 표현주의의 발생과 전파라는 서양미술사의 특수성을 감안하면, 1차 대전이라는 제한된 사례를 주목함은 어쩔 수 없다. 무엇보다 차량 운행이 보편화하기 이전의 전쟁에서 병참 운용과 군수물자 이동 수단으로 '말'의 비중이 컸던 점은 밑줄 그어야 할 부분이다. 기동성 부족과 그에 따른 병력 운용 한계 역시 함께 고려해야 할 당시 전쟁의 문제다. 이 시기의 전투현장과 물리적 절박함을 현실에 가깝게 고증한 근거로 다음 영화를 참조할 것. 〈1917〉 (2019) · 1h 59min · War, Drama; Dir. by Sam Mendes; Writers: Sam Mendes, Krysty Wilson-Cairns; Actors: George MacKay, Dean-Charles Chapman, Mark Strong, Andrew Scott, Richard Madden, Claire Duburcq, Colin Firth, Benedict Cumberbatch; Production: DreamWorks Pictures, Reliance Entertainment, New Republic Pictures, Mogambo, Neal Street Productions, Amblin Partners.

47   독일 표현주의 작가들의 정치적 엄정성이 돋보이는 부분은 그들의 병역이행과 전쟁 기억에 대한 예술적 소환능력이다. 그들 대부분이 예술과 정치의 관계에 민감했듯, 전쟁에 임하는 자세에서 거의 성실한 유사성을 보인다는 점은 주목할 필요가 있다. 이는 그들이 지니는 역사적 문제의식과 현실을 대하는 치열함의 밀도가 비슷했음을 잘 말해 준다. 전쟁이 주는 심리적 부담이나 육체적 고단함을 피하기보다 오히려 이를 통한 '고통 즐기기'에 동참하려 했다는 점에서 공통의 면모를 보인다. 딕스뿐 아니라 키르허너와 그로스, 실레 등이 그랬고 코코슈카 역시 예외가 아니다. 이들의 참전 경험이 차후 작가 생활

의 예술적 더께를 더한 것은 물론이다. 코코슈카의 경우는 다음을 참조할 것. Edith Hoffman, *Kokoschka: Life and Work* [with two essays by Oskar Kokoschka and a fw. by Herbert Read] (London: Faber and Faber, 1947).

48　　"Lice, rats, barbed wire, fleas, shells, bombs, underground caves, corpses, blood, liquor, mice, cats, gas, artillery, filth, bullets, mortars, fire, steel: that is what war is! It is all the work of the Devil!" Otto Dix, *War Diary 1915-1916* (Albstadt: Städtische Gallery, 1987), p. 25.

49　　Otto Conzelmann, *op. cit.*, p. 78.

50　　Philippe Dagen, *Le silence des peintres: Les artistes face à la Grande Guerre* (Paris: Fayard, 1996), pp. 216-217.

51　　영국군뿐 아니라 독일군도 피해는 만만치 않았다. 4개월간 계속된 1차 솜 전투에서 연합군은 영국군 42만, 프랑스군 19만 5천의 사상자를 냈으나 기껏 10km 정도밖에 전진하지 못했다. 반면, 독일군 사상자는 65만에 달한다. 이어지는 2차 전투에서 영국군은 16만 3천, 프랑스군은 7만 7천을 포로 혹은 사상자로 잃었고(포로는 양군 합쳐 7만), 독일군 사상자는 24만을 헤아린다.

52　　전쟁의 미술정치를 객관적으로 살피려면 다음 작업을 주목할 것. Richard Knott, *Sketchbook War: Saving the Nation's Artist in World War II* (Stroud, Gloucestershire: The History Press, 2013).

53　　낮이 만들어 낸 부끄러움과 그로 인한 상심의 구석을 달래기로 밤만 한 시간은 없다. 이에 대해서는 다음을 참조할 것. Florence Ostende · Lotte Johnson, *Into the Night: Cabarets and Clubs in Modern Art* (München: Prestel, 2019).

54　　역사의 종말을 암시하는 인문작업은 흔치 않다. 다음 두 경우는 대표적인 예외다. 프랑스 작가들의 절망과 예술적 승화가 전자라면, 독일인의 정치적 실망과 저항을 다룬 작업이 후자다. Hollis Clayson, *Paris in Despair: Art and Everyday Life Under Siege (1870-71)* (Chicago, IL: University of Chicago Press, 2005);

Friedrich Percyval Reck-Malleczewen, *Diary of A Man in Despair* [tr. by Paul Rubens with an intr. by Norman Stone] (London: Duckworth Publishers, 2000).

55   그것이 정치적 광기 가득한 히틀러의 속마음과 직결되고 있음은 물론이다. 어김없는 전쟁 재발과 승리의 과잉 주문에 담긴 비인간성의 고발은 표현주의 확산 과정에서 작가들이 피하지 않은 공통의 과제다. 억압한다고 억눌릴 그들이 아니며 공포와 주눅으로 무기력해질 표현주의자들도 아니었다. 이에 대해서는 다음을 참조할 것. Wayne Andersen, *German Artists and Hitler's Mind: Avant-Garde Art in a Turbulent Era* (Boston, MA: Èditions Fabriart, 2013).

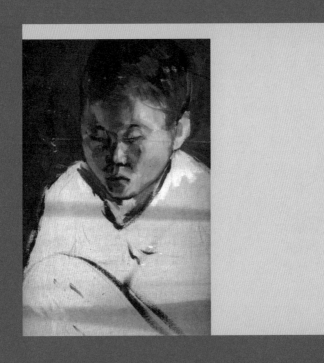

한국의 표현주의:
미술사상의 번짐과 스밈

1.
국경의 해체와
미술의 힘:
절망은 어디서나 넘쳤다

표현주의는 독일을 벗어나고 있었다. 미술사상의 '가로지르기'와 문화적 '분산'은 또 다른 탐구 대상이다. 일정 기간 작동하는 강력한 전파력과 허구의 결집체로 '사상'의 뜻을 제한하는 일은 관례적이다. 표현주의도 지성사 속에서 일시적일 뿐이란 목소리 역시 가능한 이유다. 인상주의와 야수주의의 미학적 지양이 표현주의'라는 해석도 빛은 바랬다. 과학과 논리로 무장한 객관주의에 맞설 인문적 도발이었다는 주장도 마찬가지다. 다만 주관주의의 미술적 확장에 아로새긴 정치적 '가치'는 강력한 기억으로 남는다. 잊지 말도록 하자.

궁금함은 이어진다. 표현주의가 독일의 전유물이 아니라면 확장과 변형의 지도는 어떤 모습일까. 이미지의 사전 교화로 언어를 대신하는 작가들의 미술방법에서 '태도'와 '인식'의 문제를 '표현'이란 단어로 치환해 버리려는 자세는 결국 독일식 고집의 결과가 아닐까.[2] 이제는 사라져 버린 표현주의의 '퍼짐'과 문예적 확산은 따로 따져 봐야 할 독립적 연구주제가 아닐까.

중요한 물음은 숨어 있다. 우리에게 표현주의는 '진작' 무엇이었느냐는 질문 말이다. 이 땅에도 표현주의의 기풍이 엄연했다면, 그 흐름과 내용은 무엇이었을까. 저들의 그것과 무엇이 비슷하고 또 달랐던 걸까. 독일 표현주의가 태동하던 당대 조선 사회에서 미술은 무엇이며 어떤 형식을 취하고 있었을까. 전쟁의 패배를 또 다른 전쟁 기획으로 달래며 승리를 꿈꾸는 나라의 미술정치적 저항은 우리에게 무엇이었을까. 피식민 사회의 울분과 굴종의 해소 수단으로 미술을 채택하는 조짐이야 미미하지만, 조선에서도 표현주의는 울림이 컸을까.

강점기 조선 민중을 위로할 외부의 문화는 적잖았다. 대표적인 것이 '소셜리즘'이었고 보면, 표현주의의 미술정치가 지니는 매력과 인기는 그 같은 반열에 서거나 경쟁력을 동원했을 것이다. 자본주의는 필멸하되 자연소멸과 패망 전, 발전의 극치를 경험한다는 발상은 궁금했다. 레닌의 제국주의론이 피압박민족의 역사적 항거의 근거로 인용되자, 조선 지식인들은 흔들리기 시작한다. 강대국의 정치 탐욕이 국제적 패권추구와 정치 지리적 팽창을 낳으면서 약소국 침탈의 인과론을 형성한다는 설명도 강점기 조선 민중을 뒤흔들기로는 제격이었다. 반제·반봉건 투쟁의 사회주의 혁명전략이 설움을 견디던 조선인들을 사무치게 만든 것이다.

사회주의의 '매력'이 강점기 민중의 정신적 자극과 정치저항의 사상적 근거일 수 있었다면, 표현주의의 '저력'은 정치적 탐욕을 향한 문예적 공격의 원천으로 작동할 만했다. 특히 나치를 겨냥하는 독일 표현주의의 통렬한 비판은 조선의 식민지 상황을 타개할 엄혹한 준거가 된다. 아울러 미술의 문화적 전진이 식민당국의 긴장을 촉발할 정치 촉매가 될 가능성도 간단한 문제는 아니었다.

미술의 감각적 위로든, 사상의 충격적 매력이든 문제는 이를 담지할 직접적 실천 주체가 민족 내부에 실재하고 있었는가의 회고와 질문이다. 누가 그 같은 혁명과 민중 동원의 용감한 주역이었는지, 혹은 조선 총독을 목전에서 꾸짖거나 정면으로 당국을 능멸할 눈빛 형형烱烱한 작가가 우리에게도 넘쳤는지 당대를 돌아볼 일이다. 다시 묻고 진중히 답을 구하자. 우리에게도 맵고 혁혁한 인물들이 충분했는가.

강점기 조선의 적극 독립을 도모하는 길에서 사회주의의 '외생성'이 지니는 부담은 컸다. 그만큼 한국(조선)미술사에서 표현주의의 '비토착성'을 이겨 내는 일도 만만치 않았다. 무엇보다 그들 모두를 단순히 무겁고 난해한 서구사상으로 받아들이거나 이데올로기적 관념의 형식으로만 수용하려 드는 건 어쩔 수 없었다. 이때, 기왕에 절감한 의식의 주눅과 문화적 빈곤 중첩은 물론 그 더께를 깨는 과업은 중요했다.

강점기 조선 사회에서 미술의 정치력마저 기대하긴 곤란하였을 것이다. 민중의 중추가 두려움에 떨며 나서기 힘든 상황이라면, 그림 그리는 이들은 '그림'으로 전면에 나설 수 있었을까. 문학이 세상 눈치를 보고 음악과 연극이 시대의 투쟁을 이끌 내면의 동력을 일궈 내지 못했다면, 미술이라도 민중을 힘차게 이끌 재간은 없었을까. 안 그래도 버거운 역사 단절의 부담과 책무의 상당相當마저 작가에게 귀속시킨다? 권력이 감당 못 할 찬연한 색과 굵은 선으로?

따지고 보면, '표현주의'에만 물을 책임은 아니었을 것이다. 다다이즘, 입체파, 미래파, 사회주의 미술, 야수파, 상징주의, 후기 인상주의 등 밀물처럼 조선을 덮친 강점기 서양미술사상과 이를 수용한 작가들이 담지할 책임의 몫은 적지 않았으리라. 흥미로운 사실은 당대 조선의 화가들이 사상의 복잡성이나 다양성을 나누지 않고 모두를 표현주의라는 그릇 하나에 담아 이해하려 했다는 점이다.[3] 심지어는 표현주의와 초현실주의마저 동일시하려는 은연중 사상적 혼돈도 감안해야 했다.[4]

표현주의의 영향력과 충격 부피는 컸다. 제국주의의 핍박을 단번에 부수진 못해도 문예적 저항과 감각적 도발 형식을 고민하는 인문적 준거로 이해할 필요가 있다. 여러 사상체계에 대한 당대 조선 작가들의 미술적 무지나 의도적 거부에 앞서 독일 표현주의가 동원한 압도적 위력과 정치적 감동의 크기로 측정할 수도 있을 것이다.[5] 강점기 조선의 표현주의 확산이 사회주의의 문화 파장과 궤를 같이한다는 점은 중요하다. 동양화의 전통 속에서 이들 화풍을 조망·수용하려는 새로운 주관주의의 여과 과정까지 겹치는 사실도 함께 주목해야 한다.[6]

표현주의의 매력을 사회주의 사상의 그것과 손쉽게 맞바꿔 버리려는 움직임은 또 어떤가. 미술사상 자체에 대한 진중한 천착보다 식민체제에 대한 효율적 저항과 예술적 명분으로 활용하려는 당대 열기는 뜨거웠다. 하지만 사회주의든, 표현주의든 그것은 갈 길 멀

고 할 일 바쁜 작가들이 치밀하게 분간하거나 천착할 개별 사상이
아니었다.

조선 사회주의운동이 교의에 충실한 이론적 기초 '다지기'보다 국
내 투쟁의 실질적 주도권 장악에 급급하거나 항일의 적극적 운동
수단으로 성급한 실천기반을 요구한 이력은 표현주의의 한국화 과
정에도 타산지석이다. 하지만 조선 미술이 자국의 해방과 독립을
위한 견고한 수단이자 정치가 되도록 표현주의에서 무엇을 배우고
이 땅에 어떻게 뿌리내리게 할는지는 작가들의 최우선 관심이 아
니었다. 조선의 딕스, 조선의 그로스, 아니 조선의 베크만은 나오지
않고 있었다.

강점기 조선미술사에서 표현주의가 건설적으로 확장되지 않은
배경은 뭘까. 게다가 조선문예사의 단절과 지속 과정에 흔히 거론
하는 모더니즘의 불임은 어떤 의미를 지니는 걸까. 한때나마 격정
과 흥분의 와류에 갇혀 감각적으로 만취할 수밖에 없었던 서구 미
술이 조선을 압도한 궁극의 원인은 형식이었을까, 내용이었을까.
표현주의 역시 당대 조선의 작가들을 사로잡은 건 '표현' 그 자체였
을까, 아니면 그 너머 도사린 작가의 '의지'였을까. 둘은 하나인가,
아닌가.

ⅰ. 이 땅의 미술이 끝내 정치도 예술도 아닌, 두 지향점 사이 어느 한 곳
　에 머물고 만 이유를 이제라도 천착해야 하는 것은 미술이 가장 정치
　적이어야 했던 시기에 지극한 침묵으로 일관한 때문이다. 미술이 늘
　예술의 외피를 빌려 입는 까닭이야 일상의 관행일 뿐, 특권은 아니(었)

다. 역사가 요구하는 일련의 투쟁과 변화의 당위를 피할 수 없다면, 직업의 정치화는 불가피했다. 그럼에도 시대적 주문의 도도함과 엄연함 앞에서마저 정치적 실천 대의를 비켜선 조선 미술의 과묵은 기왕의 익숙했던 침묵과 어떻게 달랐을까.

ⅱ. 세상의 근본적 변화는 흔히 시민들의 깨인 '의식'과 거친 '실천'으로 가능했다는 게 이제까지의 정설이다. 학문적으로 좀 더 당기면 '이성'과 '혁명'이 결합하여 빚은 역사의 조형물이 바로 근대, 즉 모던의 형상이었고 이를 지탱한 정신적 자양분을 모더니즘으로 일상화한 지도 꽤 된 일이다. 이 같은 의식의 에너지가 강점기 조선에 실재했는지, 나아가 시대변화와 사회변혁을 이끌 구조적 동력을 조선 미술이 추동했느냐의 물음이 다시 떠오른다. 전혀 없었다고 말할 수야 없지만, 다시 다퉈야 할 시대의 오류를 이겨 낼 재간은 오늘 우리에게 없다.

ⅲ. 미술로 '혁명'하고 미술의 이름으로 '정치'하며 끝내 미술의 '힘'이 이 땅의 모던의 '문'을 열어야 했다는 강변은 여전히 무겁다. 그러나 이를 핑계 삼아 미술 외적 요인이 압박하던 역사적 책무까지 면탈할 수 있는 건 아니다. 민중의 열정이 그러하고 당대를 이끌어야 했던 피식민 상태의 국내 정치권력의 책임이 마땅하며 이들 모두가 담지해야 했던 역사적 용맹성 여부가 또 예외 없기 때문이다. 나아가 미술사의 조선 지평을 따질 때마저 모두는 기왕의 정치 사회적 역사단절의 모순을 피하기 어렵고 여기서 다시 모더니즘의 있고 없음을 잣대로 논쟁의 씨줄과 날줄을 새로 엮게 된다는 사실에 주목하게 된다. 무의식적으로 반복 사용하는 '조선'미술사와 은근히 겹쳐 사용하는 '한국'미술사의 접두사가 빚는 중층갈등이 기왕의 역사단절에서 비롯된 모순과 부딪치

는 모습도 동티가 난다. 강점기 조선미술사에서 '모던'과 '모더니즘'의 건강한 발아가 어려웠다면, 이는 과연 해방 이후로 유예되는 것일까.

iv. 폭풍처럼 몰아친 표현주의의 열풍이 간전기를 거치며 거짓처럼 사라진 과거는 극적이다. 이를 보며 조선 작가들의 주눅과 강점기 미술 지평의 비동非動을 정치적 직무유기로 책망할 자격은 지금 누구에게도 없다. 역사적 유책 사유와 복기는 물론 인문적 회고를 통한 비판도 허무하긴 매일반이다. 식민체제의 강력한 사회통제와 그에 따른 정치심리적 위축이 저항의 강고한 저변을 지레 잠식해 버린 까닭이었음을 추론하긴 어렵지 않다. 즉 '적응하면 보상받고 일탈하면 제재받는다'는 사회적 예고가 정치폭력과 공포의 승수효과를 강화하는 동안, 예술의 정치참여는 더욱 설 자리를 잃게 된다는 가정 말이다. 무엇보다 익명의 다수가 아닌, 제 이름 내건 도전과 저항이 분명한 처벌을 예상케 할 때 작가의 두려움과 주눅이 침묵을 강화하는 이유야 채근하기 어렵지 않다. 하지만 예술을 명분 삼아 그에 안주하거나 굳이 변명할 필요조차 느끼지 않는 작가들에게 역사 앞에서 분노하지 않는 까닭을 추궁하기란 쉽지 않다.

표현주의에 압도된 작가들은 누구였을까. 그리고 그 화풍을 의식한 미술집단은 주로 어디에 주력하고 있었을까. 흥미로운 것은 표현주의의 발원지인 독일을 염두에 두는 조선 미술의 관심이 20년대를 넘기지 않을 만큼 기민했다는 사실이다. 그리고 화풍의 '내용'보다 '형식'에 치중하되, 특히 저들의 농후한 주관주의가 강점기 작가들에게 무엇을 시사하는지 받아들이려는 자세가 돋보인다는 점이다. 작가의 면면을 들여다보기에 앞서 표현주의의 조선화 과정부터 살펴보자. 박순희는 이렇게 말한다.

1920-30년대에 논의된 서구 신흥미술사조에서 자주 논의되었던 것은 입체파나 미래파 다다이즘, 러시아 사회주의미술 그리고 표현주의였다. 그들 사조에 내포된 정치적 의미—파시즘이든 무정부주의든—와 그러한 성향에서 보이는 강한 혁명적 분위기가 사회주의를 도입한 당시의 일본과 한국미술계의 좌파 미술인들에게 활발하게 논의하도록 하였을 것이다. 그러나 그와 같은 신흥미술사조는 결국 부르주아 미학의 소산으로 비판받았으며 서구에서의 유행이 종식됨과 함께 미술계에서도 논의가 적어지게 되었다. 일본 제국주의의 식민지라는 당시의 현실에서 이와 같은 서구 신흥미술사조가 적극적으로 소개되고 논의된 동기는 단순히 계몽적 차원에서, 다시 말하면 발달된 문명국의 신문명을 받아들여 당시의 사회를 개조한다거나 또 민족미술의 수립을 위한 타산지석으로 수용하겠다는 의도를 넘어선다. 그것은 사회주의 사상의 국내 유입과 관련이 있다. … 한계로 지적할 수 있는 것은 서양미술에 대한 지식이 당시인들이 직면했던 현실에 대한 대응과 타개를 위한 목적으로 수용됨으로써 심도 있고 체계적인 논의와 통사적 연구에 이르지 못했다는 점이다. 또한 1920-30년대의 서양미술에 대한 이 같은 활발한 논의가 이론에 부합하는 작품 제작과 이후 주체적인 태도의 외래문화(미술) 수용으로 이어지지 못했다는 점이다.[7]

외국의 미술사상 전체를 표현주의로 뭉뚱그린 강점기 작가들의 모호함은 정작 표현주의가 무엇인지 변별하는 데 분명한 한계를 보인다. 특히 표현주의의 미술적 콘텐츠보다 겉의 거친 형식은 물론 외곽선의 투박함과 드로잉의 원색적 파격에 빨려 듦으로써 감각적 가소성이 돋보이는 셈이다. '보이는 대로' 그리는 게 중요한 것이 아니라 '그리고 싶은 대로' 그리며 '그린 대로' 보여 주려는 강력한 주관의 결과가 표현주의에서 배울 으뜸의 요소라고 이해한 것이다. 이 같은 자세는 표현주의의 발생론에 집착하는 수준을 넘어선다. 표현주의에 담긴 주관주의를 적극 수용하는 데다 조선의 미술도 바꾸어야 한다는 자발성 역시 담보하려는 것이다.

문제는 이 같은 태도가 의식과 감각 수준에서만 들끓고 작품의 실제에서는 취약한 간극이다. 표현주의를 형식과 내용에서 균형 있게 수용하지 못한 대가는 주관주의의 과잉 성장으로 나타난다. 미술적 변혁 의지가 실천에 앞선다는 무의식적 집중을 양산한 것도 우연은 아니다. 필자는 이 같은 조선 미술 특유의 불균형이 강력한 정치비판을 골자로 하는 표현주의의 내용을 거부하게 만든 두려움이었다고 본다. 그도 그럴 것이 표현주의는 그 형식만으로도 작가들의 정서와 감흥의 틀을 뒤엎기 충분했다. '미술'이라면 중국화의 전통을 잇는 동양화를 부정하기 어려웠다. 넘쳐 나는 유교질서 속에서 도발은커녕, 저항과 거역을 일상화하거나 체제 전복을 의식하는 건 불편하기 이를 데 없었기 때문이다.

표현주의뿐 아니라 주변 미술사상들을 동일시하는 풍토도 거북함과 두려움을 방임한 복잡한 심사 때문이 아닐까. 그리하여 어느

덧, '미술의 정치'라는 부담스러운 내용물을 미술형식과 치환해 버리려 했다고 보면 지나칠까. 그것이 곧 미술을 정치로 받아들이려 하지 않았던 거리낌 가운데 하나는 아니었을까. 표현주의를 형식적 이종異種으로 이해하거나 정치적 부담마저 외면하려 한 배경은 예술적 무게 때문이었을 것이다. 고스란히 받아들이기 크고 벅찬 사상으로 말이다.

형식만으로도 버거웠던 표현주의의 민낯은 왜 거북했을까. 다음 주장은 이를 헤아리는 좋은 준거가 된다. 다소 복잡하고 길지만, 표현주의의 원칙과 본뜻을 퍼니스는 이렇게 집약한다.

표현주의는 개연성과 모사의 원칙을 벗어나서 자립적인 색채와 은유를 지향하는, 곧 추상성을 지향하는 운동이며, 형식적 원칙에 구애받지 않고 표현하고 창조하려는 열렬한 욕망이며, 순전히 사사로운 것, 개인적인 것 대신에 전형적인 것, 본질적인 것에 대한 관심이며, 환희와 절망에 탐닉하는 까닭에 과장된 것과 기괴한 것으로 기우는 경향이며, 계시적인 뉘앙스가 번번이 나타나는 신비롭고 종교적이기까지 한 현상이며, 자연주의적 입장이 아니라 보편과 본질의 관점에서 본 도시와 기계에 대한, '지금 이곳'에 대한 위기의식이며, 전통에 거슬러 모반하고 새로운 것, 이상스러운 것을 그리워하는 충동이다. … 표현주의의 부인할 수 없는 경향은 자연스러운 것, 그럴싸한 것, 정상적인 것을 벗어나서 원시적인 것, 추상적인 것, 격정적인 것, 날카로운 것을 지향하는 점이다.[8]

이 모든 기준을 동시에 충족시키거나 원칙마저 이행하는 예술을 강점기 조선에서 완성하기란 힘겨웠을 것이다. 차라리 어느 한 영역이라도 정밀 천착하거나 인습적 사고의 틀이나마 근본적으로 바꾸는 데 주력하기로 작정한 건 결국 합당한 일이다. '그림'이라면, 있는 그대로 사물을 묘사하거나 고스란히 전달하는 도구쯤으로 인식하던 과거를 개조하는 데 표현주의가 한몫 담당한 건 그저 그 자체로 혁신이요, 미술의 사변이었다. 단지 객관의 노예로 전락해 버린 작가의 눈을 새롭게 뜨게 하고 그로써 거듭나는 미술 주체가 되는 길은 곧 자각하는 주관, 트인 의식과 열린 감각의 취합으로 좁혀지고 있었다.

통신과 교통이 오늘의 수준에 미치지 못한 1920년대 조선에도 동시대 미술사상은 적시에 와닿는다. 바람이 전하는 말은 그렇게 빨랐다. 작품으로 말하는 미술 본연의 실천은 약했지만 적어도 이론적 기초로 표현주의를 숙지하려는 움직임은 민첩했다. 아울러 향후 작업의 방향을 주관주의의 기조로 바꾸려는 자세는 비유컨대, 가히 조선미술사의 코페르니쿠스적 전환이라 불러 무방할 정도다. 독일의 압도적 예술 기풍을 적극 수용하려는 20년대의 노력이 초입부터 뜨거웠던 건 특히 눈여겨볼 대목이다. 뜻대로 그리려는 의지가 강하다는 건 일관된 의지와 그에 따른 타자의 행동 변경까지 의식한 강인한 동기를 전제하는 법이다.

작가 특유의 의도적 메시지를 전제하거나 관중의 공감능력을 동원하려는 이른바 미술의 정치력은 적어도 강점기 이전 조선미술사에서 찾아보기 어렵다. 자연의 복제나 사물의 객관적 이식을 골자로 삼는 전통미술의 패러다임이 작가 자신의 주관에 따라 바뀌어야 한다는 주장은 적어도 당대로서는 통렬하고 장쾌했다. 조선의 문예 지평에 표현주의를 본격 소개한 인물로 알려진 임노월은 이로써 과 거와 현재를 아예 철저히 갈라치기한다. 과거의 미술을 인상주의라 는 그릇에 담아 이를 철저한 타락의 세계로까지 몰아세우는 무리수 도 그에겐 전혀 이상할 리 없었다. 그는 이렇게 말한다.

1. 自然(자연)의 印象(인상)을 如實(여실)히 再現(재현)코저하는再 來(재래)의 藝術(예술)은 全(전)혀 墮落(타락)한藝術(예술)일다. 2. 再 來(재래)의 鑑賞家(감상가)는 繪畫(회화)에 對(대)한理解(이해)와判斷 (판단)의範疇(범주)를 遡源的(소원적)으로 現實(현실)과 飜譯(번역)하 려한다. 그러나 이는 大端(대단)한 틀림일다. 表現派(표현파)의 繪 畫(회화)는 全(전)혀 現實(현실)로써 飜譯(번역)치못할神秘奇怪(신비 기괴)한 線(선)과色彩(색채)로써되엇다. 3. 表現派(표현파)에 對(대)한 色彩(색채)와線(선)은 官能的旋律配合(관능적선율배합)의基因(기인)한 情神(정신)의興奮(흥분)일다. 4. 藝術品(예술품)은絶對的(절대적)일것 이 當然(당연)하지마는 이것을相對的(상대적)으로하는것은 自然(자 연)일다. 自然(자연)을 再現(재현)하는것은 毋論藝術家(무론예술가)를 內的衝動(내적충동)에서 外界(외계)의奴隷(노예)되게하는 것이다. 藝 術(예술)의眞(진)은 外界(외계)와一致(일치)하는것이아니라 藝術家 (예술가)의 內界(내계)와一致(일치)하야 再現(재현)하는것이아니요 表現(표현)하는것이다.[9]

'표현'이란 단어를 둘러싼 오해는 도리어 늘어날 형국이었다. 표현주의가 등장하기 이전, 조선 미술이 드러내려 한 일체의 표출은 '표현'이 아니라 '재현'이었다는 것인지부터 애매했다. 이들 가운데 하나는 맞고 다른 하나는 틀렸을 것이란 흑백의 논란이 뒤따를 일이었기 때문이다. 하지만 이 같은 예민함이 자칫 다중의 곡해나 조바심으로 연결되지 않고 오히려 문예사조의 숙성을 위한 내면의 발효를 재촉한 까닭은 따로 있다.

적어도 한 세대를 이어 간 주관주의적 표현주의 해석은 그것만으로 논쟁적이며 계몽적이기 때문이다. 특히 미술은 작가의 주관이 불 지르는 새로운 시각예술이어야 하며 그 같은 적극성을 보이지 못한 기왕의 미술은 통렬한 자각 대상이 된다는 간접 비판도 중요하다. 거역할 길 없이 기정화해 버린 식민체제와 갑갑하고도 무망한 현실(의 질박성)을 미술의 이름으로 부수길 바라는 소심한 여망이었다. 표현주의의 외피를 빌려서라도 주관주의를 반복 강조한 진의는 이 같은 '소극적 정치성'에서 한층 더 빛난다.

미술의 표현 과정 모두를 작가의 의지로 환원하고 '주관'이란 용기에 가둬 정치적 능동성으로 해석하는 건 도약이자 과장이다. 하지만 미술의 실천을 반드시 작품형식으로 가시화하거나 물리적 근거로만 평가·이해하려 드는 것 역시 무리라는 걸 사람들은 자주 잊는다. 미술 행위의 근거로 미학과 철학을 통한 작업 수행뿐 아니라 비가시적 의미의 파장 또한 가볍지 않기 때문이다. 이론 없이 어찌 앞으로 나아가겠는가.

표현주의가 불붙인 주관 우선의 미술철학은 20년대 벽두부터 조선 사회를 뒤흔든다. 임노월의 주장이 미술사상으로 만개한 표현주의의 이론도입이자 본격 소개라면, '효종曉鍾(현희운玄僖雲, 필명 현철玄哲)'이 단언하는 주관주의는 표현주의 예술의 정수로 붙박일 정도다. 그의 주장이 임노월의 파격적 인입(1922)보다 한 해 앞서 이루어지고 있음은 당시 표현주의를 둘러싼 국내 논의가 얼마나 뜨거웠는지 감잡을 좋은 계기다. 아울러 표현주의의 발상지로 독일만 한 폭발력은 동원하지 못했을망정, 논쟁의 열기와 파장은 그에 버금가고 있음을 헤아리게 된다. 효종은 잘라 말한다.

人間(인간)의 內生命(내생명)이 客觀(객관)에 가쳐서 오즉이 客觀(객관)만 忠實(충실)히 그리랴고 하는 것을 全(전)혀 貴重(귀중)한 主觀(주관)을 度外視(도외시)한 것이다. 客觀(객관)을 忠實(충실)히 그리랴고 하던지 忠實(충실)히 그리지 아니하던지 그것은 藝術(예술)의 第一問題(제일문제)가 아니다. 우리에게는 먼저 主觀(주관)이 잇슨 然後(연후)에 客觀(객관)이요 客觀(객관)잇고서 主觀(주관)이 잇는 것은 아니다. 客觀(객관)으로 因(인)하야 主觀(주관)이 蹂躙(유린)되는 것은 人生(인생)에게 가장 큰 悲痛(비통)일 뿐 아니라 멀지 아니하여서 그것이 人生(인생)의 破滅(파멸)이라고 한다. 그러면 藝術(예술)의 第一(제일)의 意義(의의)는 무엇인가? 말할 것 업시 客觀(객관)에 끄을리지 아니한 主觀(주관)의 充分(충분)하고 自由(자유)스러운 積極的(적극적) 表現(표현) 그것이다. 客觀物(객관물)이 如何(여하)히 主觀(주관)에 印象(인상)되는 것인가 하는 것이 아니고 客觀(객관)으로부터 오는 印象(인상)은 다만 一種(일종)의 材料(재료)로

만 取(취)할 것이고, 主觀(주관)의 自由(자유)스러운 動作(동작)이 如
何(여하)히 發現(발현)될가 하는 그것이 藝術(예술)의 根本義(근본의)
이다. 말을 바꾸어 하면 主觀(주관) 即(즉) 人間(인간)의 精神(정신)은
그 本質(본질)로서 自然(자연)이나 客觀(객관)을 征服(정복)하야 無限
(무한)이 그 特殊(특수)의 自由(자유)를 發揮(발휘)하야 말지 아니할
可能性(가능성)을 가지고 잇는 것이다. 潛勢力的(잠재력적)으로 人
間(인간)의 靈魂(영혼)은 確實(확실)히 無限(무한)이요 絶對(절대)이다.
그럼으로 이 靈魂(영혼)이 오즉 客觀物(객관물)에 虐待(학대)를 바다
그 客觀(객관)이 指揮(지휘)하는 대로 그리는 것이 藝術(예술)의 能
事(능사)가 아니다. 우리는 物的(물적) 束縛(속박)을 떠나 自由(자유)
로 本能的(본능적)으로 活動(활동)하는 것을 具體的(구체적)으로 表
現(표현)하는 것이 藝術(예술)의 要諦(요체)이다.[10]

이는 임노월의 그것과 크게 다르지 않다. 주관 없는 객관은 공허
하며 객관에만 포위·압도된 주관은 더 이상 생명력을 찾을 수 없는
무의미 그 자체임을 강조하는 효종의 입장은 당시 표현주의에 매
료된 조선 지성의 단면을 극명하게 증언한다. 여기서 그 역시 '주관'
의 강조를 통해 미술의 지평을 미술로만 국한하지 않고 정치 일반
영역으로까지 넓힐 정서적 여백마저 염두에 두고 있음은 의미를 더
한다.
미술정치의 맹아적 기미가 강점기 조선에서 표현주의의 문화사
적 확장과 전파를 통해 숙성되는 예외성은 흥미롭다. 그것은 실상
서양미술의 내용적 매력과 감각적 호기심을 넘어서는 독립성 혹은

지체된 정치적 자발성과 맞닿는다. 왕조의 허무한 해체 이후 자주적 근대화 경로를 찾지 못한 채 식민체제를 벗어날 대안의 경로를 꿈꾸는 민족의 집단 의지는 크게 흔들리고 있었다. 그즈음 서구의 표현주의가 3·1항쟁 직후의 국내정치적 열기와 만나는 미술사적 우연은 그래서 극적이다.

독일의 표현주의는 조선의 역사와 미술사적 위축마저 감안할 여유가 없었다. 하지만 미술마저 주관의 힘을 빌려 정치 사회적 기초를 다지고 문화적 신뢰와 예술적 자신감을 바탕으로 민중을 계도할 주체성을 강화할 수 있었던 건 두 가지 맥락에서 원인을 찾을 수 있다. 먼저 1910년대 말 점화한 민족운동의 강화와 정치적 집단화의 길을 재촉한 사회주의운동의 동시 확장에서 이유의 단락을 찾는 것이 맞다. 나아가 표현주의의 급진적 세례와 문예적 동화가 조선 사회에서 힘을 받은 것도 당대의 역사환경, 즉 정치 상황의 압박과 긴밀한 관계를 갖는다는 점이다.

주관주의 우선의 적극적 해석으로 자기 정체를 굳건히 할 수 있었던 계기도 1919년 3월의 정치적 폭발에서 찾는 건 무리가 아니다. 설령 정치적 집단운동의 헤게모니는 장악하지 않았다 해도 미술을 업으로 삼는 작가들의 암묵적 자신감은 침묵으로만 일관할 수 없는 피압박민족으로서의 울분과 직결되고 있었다. 이를 타개할 최소한의 예술적 출구와 그 적합한 계기는 작가들에게 목숨만큼 소중한 통로였다. 그들 역시 정치화해야 함은 운명이자 의무로 각인되고 있던 터다.

문제는 미술사적 우연과 정치 상황의 복잡성이다. 20년대 조선의 표현주의가 3·1항쟁 이후 식민당국에 의해 본격화하는 문화통치 조건과 어떤 친화력을 지니는지가 그 하나다. 당국의 전략적 후퇴나 합리적 위축의 반작용으로 조선적 표현주의가 발흥한 게 맞다면, 당대 작가들의 문예적 자율성을 어떻게 정질 분석할 것인지는 과제로 남는다. 이에 대한 답은 정밀한 인물추적과 그들의 행적을 둘러싼 별도의 경험적 천착을 전제한다. 이는 여기서의 작업 범위를 넘어서는 독립적 탐구 대상임도 지적하지 않을 수 없다.

다시 조선 표현주의 논의의 본류로 돌아가도록 하자. 절망의 시대를 눈앞에 둔 20년대 말 조선 지성의 정치적 대응은 각별하다. 임화의 문예활동과 강점기 업적은 우위를 점한다. 왕성한 문필활동 속에서 표현주의까지 다루려는 자세는 무게가 중하다. 그는 기왕의 지성사에 활력을 불어넣고 이미 한 세대를 이어 온 표현주의 논쟁을 종합할 문예적 모멘텀을 의식한다. 그는 형식으로서의 표현주의나 겉모습에 도취부터 하고 보는 감각마비의 미술사상이 아니라 주관의 정치 표상으로, 예술의 자연성 혹은 새로운 자연의 건설 주체로 작가의 위상을 다시 계몽·설파한다. 그는 이렇게 단호히 말한다.

主觀(주관)의 外界(외계)에 對(대)한 絶對(절대)한 支配(지배)는 主觀(주관)의 解放(해방) 對(대) 象(상)의 克服(극복) 그리하야 色彩(색채)그것이 表現(표현)에 차고 輪廓(윤곽)은 雄揮(웅휘)하고 力學的(역학적)이어야 하며 形態(형태)의 細部(세부)에는 無慈悲(무자비)한 省略(생략)을 加(가)하야 될수잇는 限度(한도)의 單純化(단순화)를 말하는 自然(자연)

에 主觀的暴力的變歪(주관적폭력적변왜)을加(가)한藝術(예술)로 인제
부터의人類(인류) 덕우나形成藝術家(형성예술가)는 自然類似眼(자연
유사안)을그리는게아니라 主觀(주관)의鎔鑛爐(용광로)속에서形態(형
태)를內容(내용)에依(의)하야創出(창출)하는것이며 自然(자연)의奉仕
者(봉사자)가아니라 自然(자연)의創造者(창조자)가 되어야한다는것
이다.[11]

정치의식의 과잉과 회화현장의 격차는 20년대 조선 표현주의가
넘지 못한 벽이다. 그 대신 이 땅의 표현주의는 '강점기 당대의 조선
예술인들이 표현하고자 했던 작가의식이나 시대정신과 서로 부합'
하기 때문에 당시에 발현한 모더니티는 표현주의적 관점으로도 바
라볼 필요가 있다는 게 연구자들의 일반적 자세다.[12] 당대의 누가
그랬다는 것인지 궁금한 건 당연하다. 다음 표에 예시된 인물들은
강점기 조선화단을 이끈 작가군이다. 특히 표현주의의 영향과 함께
이미 유입된 인상주의와 사실주의는 물론 추상주의를 포괄하는 이
들 작가는 크고 작은 화풍 차이에도 불구하고 한결같은 시대정신과
역사의식으로 스스로를 단련·무장한 경우다.

이들은 한결같이 주관 우위의 미술철학과 일관된 결기로 두드러
진다. 엄혹한 시대를 버티려 했던 예외적 독립성과 강한 개성을 바
탕으로 예술적 지조를 지탱한 것도 의당 눈여겨볼 대목이다. 하지
만 이들의 의연한 기풍이 표현주의의 정치력과 이를 이끈 강인한
비판정신 때문이었는지는 또 다른 천착이 필요하다. 작품을 통한
개인별 편차와 이를 관통하는 표현주의 미술사상의 공약성도 문제

·· 강점기 조선미술의 사상적 단면[13] ··

화풍	작가	작품 성격
인상주의·사실주의	고희동·김관호·이종우·임용련·오지호·이인성·김중현·이쾌대·박수근·김인승·심형구	이종우: 정통 고전주의와 상징적 사실주의 오지호: 인상주의 색채 화법 이인성: 창의적 구성력과 상징적·향토적 사실주의
표현주의	구본웅·이중섭·김종태·황술조·이대원	구본웅: 한국적 감성의 표현주의 회화·거친 붓 터치와 불안한 떨림·내면에 잠재된 시대적 울분과 비극적 감정 표출 이중섭: 거칠고 강한 선의 움직임을 중요시하는 한국적 표현
추상주의	김환기·유국·주경	유국: 전위 추상 주경: 한국 최초의 추상화가(작품〈파란波瀾〉: 속도감 있는 선의 중첩과 역동미가 어울린 작품주의 회화)

다. 하지만 그들의 작품이 당대 '조선 사람'들을 어느 방향으로 어떻게 움직였는지의 실체적 변별이 먼저다.

작가별 차이보다 중요한 사실은 모두가 긴장 어린 성실성을 고수한다는 점이다. 강인한 의지와 주체적 결단으로 미술적 적극성을 공유하는 것이다. 조선의 표현주의 미술이 평론과 철학 형식을 통해 이론의 대결로도 분화하는 경향은 강점기의 인문 지평을 넓히는 또 다른 계기다. 사회주의 진영의 표현주의 수용과 주도적인 해석이 논란의 충위를 두텁게 만든 배경이었음도 주목할 대상이다.[14]

표의 인물들과 별도로 조선의 표현주의 미술이론과 국내적 심화

를 도모한 사람이 김용준이다. 사회주의 작가의 길을 고수하는 김
용준은 동양주의 미술이 이미 표현주의 정신을 품고 있었다고 본
다. 나아가 표현주의가 사회주의보다 무정부주의에 가깝다고 이해
한다. 표현주의의 반인상주의적 인식과 국가나 계급을 향해 직설적
비판을 감행하는 자세의 근본은 인간의 자유는 물론 '부정의의 부정
the negation of injustice'을 강조하려는 것이었다. 그런다고 해서 과학 문
명과 실증적 사고에 바탕을 두는 서양의 객관주의가 사라지거나 그
마저 부정할 대상일 수는 없었다.

김용준의 대립적 사고, 즉 그의 '서양은 객관적, 동양은 주관적'이
라는 이분법도 이를 마다하는 건 아니다. 주관성을 매개로 서구의
표현주의 미술과 동양화를 동일시하고 '조선의 예술을 찾기 위한 표
현주의 미술의 습득'을 강조하는 것이다. 제아무리 인간의 주관이
앞서는 표현주의가 참신하다 해도 후기 인상주의 시대까지 압도한
객관성 우위의 서양미술을 부술 수는 없었다. 그렇게 보면, 두 사상
의 공존은 저들에게 배울 이 땅의 예술적 허기나 의식의 공허를 잘
말해 준다.

동양화와 유화를 섞어 시각표현의 직접성을 강화하는 것도 그
같은 생각의 반영이었을 것이다. 그것은 김용준 한 개인의 생각만
이 아니었다. 각자 미술적 주관의 팽창을 절감하면서 이른바 '표현
의 자유'를 피압박 조선에 건설하는 일은 화가의 '집단화'를 통해서
라도 꾀할 사단이었을 것이다. 그렇게 해서 목일회牧日會를 결성하고
그 같은 정신으로 조선미전의 출품을 단념하며 그런 의식을 바탕
삼아 오스트리아 주류 미술과 등진 클림트나 실레처럼 이 땅의 분

리파Sezessionist임을 자처할 수 있었던 것이다.

그들이 갈구한 '조선적 유화'는 비록 강점기 역사일지라도 자신의 것을 절박하게 지키려는 적극적이며 능동적인 미술 행위다. 목일회는 식민사관이 묻어 버린 조선의 전통을 새롭게 비추고 근대의 시대정신을 생각하면서 이제껏 시도하지 않았던 미술의 새 모드를 세우려 애쓴다. 목일회는 구본웅, 김용준, 이종우, 황술조, 길진섭, 이병규 등 조선미전을 거부한 작가들이 1934년에 만든 단체다. 그들은 첫 전시 이후 목시회, 동인전, 양화동인전으로 명칭을 바꿔 가며 1939년까지 활약한다.

그들의 목표는 '조선적 유화'의 창조다. 창립 회원 다수는 서구 표현주의 미술에서 드러나는 주관성을 동양화와 동일시한다. 표현주의 미술과 동양주의 미술이 만나는 사상적 교집합의 중요성을 통해 예술적 자율성과 독창성의 균형을 꾀하는 것이다. 조선적 회화를 작품 '형식'으로 달성해야 한다는 생각도 그들이 매달린 가치관을 잘 반영한다.[15] 김은지는 이렇게 되밟는다.

'후기 인상주의 이후의 입체주의, 야수주의, 상징주의 등이 혼재된 것'이라는 평을 통해 목일전 내부에 여러 사조가 혼합되었던 사실을 알 수 있다. 이는 동양주의 미술이 후기 인상주의 이후에 대두된 미술사조 모두를 크게 표현주의로 이해하고, 표현주의가 동양화와 같은 원류에 근거한다는 인식에서 비롯된다. 표현주의에서 대상은 감정과 이념의 전달체로서 파악되었다. 따라서 표현주의 작가들은 대상을 통해 자신의 내면세계를 은

유하기 위하여 독특한 색채(강한 원색), 거친 필치, 물감의 두터운 질감, 왜곡되고 변형된 형태 등의 수단을 동원한다. 표현주의는 대상에 대한 미술가의 특수한 관계를 보여 주므로 대상은 화면에 합리적인 방법으로 재현되지 않고 작가의 주관세계를 내포한 존재로서 표현된다.[16]

이들은 키르히너류의 선언에는 관심이 없다. 흔하디흔한 강령이니 구호 같은 상징적 언사 대신, 표현주의 미술이 조선 사회에 맞는 회화양식으로 자리 잡는 데 어떻게 이바지하는지 고민한다. 회화의 정서적 측면에 주목한 만큼, 대상묘사에는 무관심한 그들은 선과 색상, 형식에 집착하면서 모더니즘의 여러 양식을 실험한다. 표현주의만도 벅찼지만, 주변의 온갖 사조들을 의식해야 하는 목일회의 근본 고민은 이른바 '비동시적 요소들의 동시적 혼존'이란 밀림을 뚫고 나갈 감각적 근력의 개척이었다.

표현주의 회화의 실제 작품은 목일회 작가들에게 어떻게 비쳤을까. 그들을 사로잡은 핵심 계기는 무엇이었을까. '조선적 유화' 개념이 형성되는 과정에 저들의 작품세계가 이바지한 콘텐츠의 실질이 있다면, 그 내용은 구체적으로 뭘까. 나아가 그 영향과 삼투의 경계에 저들과 우리를 가르는 차이가 분명하다면, 거기에는 무엇이 자리할까. 이에 답하려면, 변별의 기준부터 마련하는 게 당연하다.

그 유형은 크게 네 가지로 줄일 수 있다. 가장 눈에 띄는 사항이 그토록 반복 강조한 작가의 주관과 의지 발현으로 비로소 '정치로서의 미술'을 의식하는 계몽적 자각이다. 자기 미술로 관객들을 계속 작품 앞에 머무르게 하고 무언가 말하려 '사로잡음'은 작가적 주관이 애써 소통의 접점을 찾는 모멘텀으로 작동한다고 보아 무방했다. 사물과 대상의 형식적 왜곡을 반복하는 방법론적 특징이 그다음 두드러짐이라면, 강렬한 원색의 구사와 굵은 외곽선의 병행으로 기왕의 외형적 무게를 더함은 작품의 비중을 매력적으로 갈무리하는 나머지 공통점이다.[17]

표현주의가 강점기 조선의 미술 지평을 어떻게 뒤흔들었는지에 답하려면, 결국 그 '영향력'의 성격과 내용으로 초점을 모을 일이다. 그것이 작품의 실제로 어떤 미시적 파급효과를 불러오는지 따져 보기에 앞서 먼저 통과해야 할 의문은 편견의 비중과 예속이다. 미술사를 압도한 사상의 무게에 눌려 정작 거기서 자유롭지 못했던 감각적 '속박'의 정체 말이다. 무슨 대단한 내용이나 엄청난 비결이라도 내재한 기술로 표현주의를 인식하는 건 문제다. 사상의 외피를 두른 퍼즐은 영영 풀지 못하리란 주눅이나 두려움의 또 다른 빌미로 미술사를 곡해하는 건 큰 편견이다. 본질은 놔둔 채 표피에 압도당하는 오류와 다르지 않기 때문이다.

출중한 모드나 비범한 테크놀로지쯤으로 표현주의를 읽는 건 곤란하다. 그보다 마음 가는 대상에 미술적 애정을 심고 장차 드러낼 의지의 귀착점 주변에서 미리 치러 보는 예식 같은 '절차'로 사상의 부담을 여과시켜 보는 건 어떨까. 그로써 무릇 사상은 무엇을 담는 그릇이 아니라 그에 담기는 내용물이며 그로 인해 묻어나는 향기이자 배어드는 감정이라고 받아들이는 건 지나칠까.

'껍데기'가 아니라 '자세'로 헤아려야 한다는 주장이 돋보이는 것도 그 때문이다. 이경원의 말이다.

> 화가에게 있어서 중요한 것은 '눈에 보이는 사실'보다는 '마음
> 에 드는 사실'에 초점을 맞추는 일이 선행되고 그것에 특별한 관
> 심을 보일 때, 무엇보다 '개성을 통한 주관적인 표현'이라는 표현
> 주의의 가장 기초적인 개념이 설정된다. 그래서 하나의 특정한
> 양식을 '표현주의'라고 구분한다면 '양식'으로 보는 것보다는 오
> 히려 '태도'로 이해하는 일이 중요하다.[18]

'태도' 역시 압도적인 '양식'을 이루면, '운동'이 되고 '사상'으로 발전하는 일련의 과정은 이데올로기나 미술이나 마찬가지다. 다만 생각의 지향성 모두가 역사를 만들거나 최소한의 방향성을 결정하는 데 늘 성공적이진 않다는 데 다시 주목하게 된다. 미술의 정치성도 결과적으로는 표현에서 출발하여 표현으로 종결되고 마는 제한성을 운명으로 삼는 것이고 보면, 모든 작품이 표현의 프레임을 넘지 못한다는 질박한 사실도 잊지 말아야 한다.

미술사상으로서의 표현주의를 자생적으로 발아하지 못한 한계와 식민체제의 분쇄를 주도하지 못한 정치적 무능을 겹쳐 보면, 한국미술의 주관성을 향한 의식적 과부하는 이미 팽창의 극점을 넘어선 지 오래였을 것이다. 이 땅의 작가들은 왜 해방과 독립의 주체일 수 없었을까? 미술이라는 본업을 갖는 작가들에게 직업정치의 현실적 변화와 질서의 조절능력까지 부과하는 건 무리임을 부인할 수는 없다.

아무리 식민 시대의 질곡과 국가질서의 혼돈을 온몸으로 절감하고 있었다 해도 우울과 참담의 정치적 조건을 혁명으로 파쇄하지 못한 유책마저 미술에게 덧씌우는 건 역사의 과욕이었을 것이다. 차라리 강점기를 어렵게 관통하는 조선의 당대 작가들에게 표현주의 본연의 정치적 자세를 압박하는 건 어땠을까. '임'들에게 요구하는 건 조국 탈환의 전쟁이나 결연한 혁명의 선봉이 아니라 단지 '표현'할 줄 아는 '용기'로 무장하라는 것이었다고.

2.
한국미술과 작가의
표현정치:
미술사는 끊어지지 않는다

우리 이야기를 할 때가 되었다. '때'라 하니 너무 늦었고 '내용'인즉 저들보다 단출한 게 사실이다. 굳이 '빈곤'이니 '지연'이니 여기자면, 섣부른 자학이나 자기 폄훼의 빌미가 되기도 할 것이다. 그렇다고 '풍요'와 '적기'임을 자처하면 과장과 호도 역시 가능해진다. 표현의 문제는 그래서 늘 조심스럽다. 돌아보자. 이 땅의 미술은 왜 정치적 직접화법에 약한가. 미술정치의 직접성까진 그만두더라도 여간해서 우회적 비판이나 완곡한 비유마저 인색한가. 이른바 비정치적 행태의 고착화는 뭘 뜻할까.

작가들 모두가 정치적일 '필요는 없다'면, '징후'로서의 정치적 '상시성常時性'은 외면의 대상일 따름일까. 세상에 정치 아닌 것이 없다지만, 정치가 전부는 아니지 않은가. 모든 게 정치라지만, '정치가 전부는 아니란 생각'[19]은 겸허한 삶과 인간의 본원적 부족함을 돌아보게 만드는 또 다른 계기가 아닐까. 이 같은 반문이 유의미하다면,

미술까지 정치적이어야 할 이유는 그만큼 줄어들지 않을까.

그러나 작가들은 언제까지 이처럼 편리한 요새 안에 스스로를 유폐시킨 채, 문틈 사이로만 세상을 바라보아야 할까. 성곽 외벽을 두드리는 이들의 크고 작은 함성과 질척이는 삶의 나날은 놔두고 늘 예술가로서의 고결한 자유만 누리려 해도 괜찮은 걸까. 두려움과 부담도 흔쾌히 이겨 내려면 용기와 저력은 개인의 몫으로 돌아간다. 그것이 모두에게 돌아갈 최후의 비용이고 보면, 대가의 지불은 선택적일 수밖에 없을 것이다.

'누군가' 나서야 했다는 주문은 이 땅의 딕스와 이 나라의 그로스와 베크만이 건재하길 건설적으로 부추긴다. 표현정치를 둘러싼 작가들의 대립적 주관도 이 같은 의식의 평균값으로 중재할 가망이 있으리란 믿음은 그래서 유효하다. 문제는 강점기 조선에 표현주의가 들어온 지 한 세기가 지나도록 뚜렷한 조류나 운동으로 정착하지 못한 경향의 '간헐성'과 부정기적 흐름의 '돌발성'에 있다. 강점기의 1세대 작가들이 보인 주관주의적 신중론이 후대의 화풍 형성 과정에도 지속적으로 작용하는지는 확증할 수 없다. 작품의 부재는 물론, 학문적·이론적 탐구마저 황폐했던 과거는 앞서 지적한 표현정치의 역사적 빈약함과 별개로 해방 후 한국미술사의 전개 과정에 드러나는 분명한 한계로 남는다.

해방 후 이 땅에도 미술이 정치를 표방한 시대가 '한때' 분명하였음은 앞부분에서 밝힌 바 있다. 하지만 '민중미술'은 '정치'를 넘어서는 '구호'와 '상징'의 집체적 성격을 배제하지 않은 채 민족과 계급, 분단과 반민주의 모순 등 거대 담론의 전개와 교화를 지향한다. 모르는 자에게는 '앎'을, 알고 있는 자에게는 실천과 변혁 주체로 민중 전열에 나서기를 설파하였던 터다. '반제·반봉건' 깃발까지 휘날리며 지난 역사를 향한 총체적 분노와 다가올 내일을 겨눈 적대의식의 촉발까지 염두에 둔 민중미술은 여간한 액자나 몇 자 몇 푼짜리 족자 따위로는 양에도 차지 않을 시대의 아이콘이었다.

80년대 동원미술의 대표 미디어이자 저항의 상징으로 민중미술의 메신저를 자처한 도구는 따로 있다. 두텁고도 긴 광목을 이용한 대형 걸개그림은 흔하디흔했다. 웬만한 캔버스쯤으로는 담지도 못할 스토리를 장황하게 펼친 드로잉은 불특정 다수의 군중을 그러모으며 어쩌자고 폭력의 정치미학이 필요한지 노골적으로 설파한다. 바라보면 벅차고 뜯어보면 한탄스러우며 훑어보면 격정의 시름으로 지난 역사를 되돌아보게 하려는 기획 의도에 따라 관중들은 열정 아니면 냉정의 극점을 시계추처럼 오가고 있었다.

그러나 민중미술에 '개인'은 없었다. 성난 군중과 무기력한 대중이 어서 빨리 각성하고 의식화하여 똑똑한 계급으로 거듭나야 한다는 재촉만 무성하였다. 이를 숙성시키려는 기계적 사회주의 논리도 개별자의 '자유'와 '여유'를 앞지르고 있었다. 정치란 기존의 역사를 갈아엎고 새로운 미래를 열기 위한 창조적 분노이며 억압받는 다수가 전례 없는 지배집단으로 대체되는 계몽의 변증법이 반복 주입되고 있었다. 함성은 지나치게 크고 격정은 너무나 거세어 정작 숙성시켜야 할 열정과 참여의 자발성은 배양하지 못했던 터다. 불길만 거세다고 다중의 의식은 뜨거워지지 않으며 마음만 앞선다고 혁명적 자각이 성사되는 게 아니란 교훈은 여기서 다시 중요해진다.

민중미술이 표현주의와 다른 점은 집단분노와 역사적 적개심의 처리 방법이다. 역사 속에서 달궈진 거대 분노를 개체화하는 일은 민중미술의 과녁이 아니다. 이 같은 과업을 엄혹하게 떼어 내려는 민중미술은 전체 속의 개인이 일을 그르쳐선 안 된다는 자기 강박을 암묵적으로 숨긴다. 그에 따라 개인의 감성적 여과 채널을 고려하지 않는 민중미술은 한꺼번에 너무나 많은 스토리텔링을 염두에 둔다. 거기서 일군 공룡 같은 횃불로 기왕의 악습과 모순을 일거에 태워 없애려는 성급한 의지까지 들켜 버리고 만 민중미술은 총체를 앞세워 개인의 존재와 가치를 묻어 버린다. 모두를 구하기 위해 개인을 가리고 전체를 살리려 디테일을 묻어 버리는 잘못은 적어도 표현주의가 용납할 허물이 아니다.

불특정 다수를 칭하는 복수 대명사로 '공중'과 '대중', '민중'과 '계급', '민족'과 '시민'을 주어로 삼을 때는 으레 그렇다. 술어의 구성분은 공룡보다 거대하고 장강보다 유장한 곡절들을 떼로 섞는 게 보통이다. 민족의 모순과 계급의 갈등을 전면에 내세우다 보면, 한 인간의 절망과 타들어 가는 속내 따위야 거론조차 할 수 없는 게 상례다. 술부가 내뿜는 의문과 광범위한 의미 구조로는 다 품지 못할 세세한 곡절마저 밝히려면, 별개의 미디어나 전언의 도구를 찾아야 한다.

표현주의가 인간의 얼굴을 하고 나서는 대목도 여기다. 요란하지 않고 가슴 설레게 부르짖지도 않으며 가슴 아픈 자들의 시리고 아린 속내를 고스란히 드러내는 작가들의 행위는 도리어 전체에 말살당하는 개체의 사연들이다. 게다가 '표현'으로 시작하여 '표현'으로 끝나는 미술 행위의 순환만이 전부라면 지나친 '표현'일까. '비슷한' 것과 '같은 것'은 다르다. '민중미술'이 '표현주의'와 같지 않고 각자가 각자의 문법과 목소리로 자기 세계를 구축하는 사연들도 뒤섞을 수는 없다.

두 미술운동이 남긴 역사 정치적 유산을 견주어 보면, 남는 의문은 의외로 간단하다. 그것은 곧 1) '민중은 해방되었는가'와 2) '표현의 지평은 구현되었는가'로 좁혀진다. 하지만 이 역시 물음 자체가 너무나 크고 막막하여 문제는 해결되는 게 아니라 더 벌어지며 삶의 현장에서도 멀어진다. 그보다는 이들 운동과 물음이 야기한 미술사적 문제의식을 집약하고 그로써 북돋우어야 할 역사와 인문적 재해석 대상을 치밀하게 좁혀 볼 필요가 있다. 그건 뭘까.

역사는 한 개인을 어떻게 짓밟는가. 국가폭력은 한 인간의 자유와 여린 영혼을 얼마나 잔인하게 외면하며 끝내 무시해 버리고 마는가. 개인을 구원하지 못하는 국가 대신, 삶의 디테일을 샅샅이 훑는 대안이 미술에서 엄연하다면 그 몫은 여전히 향기로운가.

절망을 대하는 동서양 미술의 예술적 복무는 자세를 달리한다. 우리의 경우는 어떤 모습이었을까. 연구자들의 말처럼 '스타일'이 아니라 '매너'로 본다 한들, 제 작품에 표현주의의 라벨을 스스로 붙일 수는 없는 노릇이었다. 작가들의 '선언'은 한계가 분명하고 관객들이 느끼는 미술사상의 지평도 막막하긴 매일반이기 때문이다. 하지만 이 땅의 작가들이 느낀 절망의 감정은 의식의 특별한 내용이나 유별난 정서의 밑바닥이었다기보다 대상을 바라보는 생각의 상태로 이해할 필요가 있다.

그것은 표 안 나는 '떨림'의 다른 얼굴일 수 있고 티 내지 않으려는 울음과 통절의 아픔이 끝내 제 모습 갖추는, 조용한 흐느낌쯤으로 받아들일 것이었다. 다만 강점기 조선이라 하여 민중 일반이 느끼는 절망의 폭이 더 넓거나 오늘의 이 땅이 깊이가 훨씬 덜한 게 아니란 점은 유념해야 한다. 절망은 주관의 영역이며 극렬한 번뇌와 치열한 후회가 어우러지는 마음의 상태라고 보아야 하기 때문이다. 더는 희망 없어 갈 길 아련한 이들이 어찌 '나라 잃은 나라'에만 몰려 있을 것이며, 그로 인한 아픔의 부피란 것이 어디 과거나 전근대로만 '몰릴' 것이겠는가.

절망을 자각하고 객관적으로 인지하기 위해 한사코 그 경험적 근거가 풍성할 필요는 없다. 통렬한 아픔은 작은 상처에서 출발하며 견디기 힘든 통증도 여린 부위에서 시작한다. 미술로 정치를 감당하는 과정에도 작품이 반드시 많을 필요는 없다. 컬렉션의 양적 부피는 결국 표현의 아카이브를 작동시키는 미술의 인프라로 기능할 뿐, 그렇다고 절망의 과거가 더 혹독했다고 볼 이유는 없다. 미술적 풍요가 반드시 민중이 겪은 역사의 고통을 반증하는 것도 아니란 사실을 헤아리는 일은 그래서 늘 중요하다. 간전기 독일이 강점기 조선보다 더 불행했다고 말할 근거가 약하듯, 표현주의의 양적 풍요가 절망의 역사적 부피를 반증하는 건 물론 아니다.

강점기 조선의 표현주의 작품은 제한적이다. 하지만 그 같은 사실이 곧 당대의 미술정치나 훗날의 그것을 가로막는 징표가 되는 건 아니다. 미술사상의 선명성을 작품의 양으로 측정하기 힘든 것처럼, 작가의 희소성이 특정 사상의 황폐함을 증명한다는 이분법도 표현주의의 적용 과정에서는 받아들이기 어렵다. 표현주의의 정의와 성격 규명에 집착하다 보면, 미술 분류의 경험적 어려움을 의식하지 않을 수 없다. 표현주의가 '무엇'이냐는 문제와 막상 '그' 작품이 표현주의 계열인지 아닌지 여부의 물음은 판이하다. 결정적 차이와 전반적 유사성은 물론, 전반적 다름과 치명적 일치는 여기서도 각별하다.

황술조의 작품세계에 눈길이 가는 것도 그 때문이다. 앞서 밝힌 목일회의 멤버이자 어려운 시절 표현주의의 씨앗을 뿌리려 작정한 드문 인물이었다는 사실도 그렇지만, 유난히 짧은 생애에 눈길이 더 간다. 구한말에 태어나(1904) 하필 식민 시대의 정점(1939)에 요절하는 그는 오롯이 표현주의의 터널을 헤친다. 서른다섯 해 작가로 활동하며 교사 생활 잠시 한 것 빼고 10년 동안 창작에만 매달린 그는 자신의 표현세계를 구축하는 데 누구보다 주력한다. 유복한 환경이 작품의 품격을 배양하고 아마추어적이지만 유희적 정신을 이끌었다는 분석도 있다.[20]

다음 두 작품은 그의 표현주의가 어떤 특성을 지니는지 잘 말해준다. 기교와 치밀함은 차치하고라도 지금은 보기 힘든 소제부掃除夫들[21]을 먼저 소재로 삼는다. 1930년대의 조선 사회를 읽되, 이른바 '조선적 유화'를 목표로 이 땅의 표현주의가 독일과 달리 어떻게 홀로 설 수 있는지 한꺼번에 고민한다. 당시 작가들 대부분이 정치 사회적 소재를 전면에 내세우지 않았던 데 반해, 빼앗긴 나라 한구석에서도 삶의 의연함을 잃지 않는 이들을 표현의 미술적 척도로 삼는다는 점에서 그의 정치적 분연함은 돋보인다.

소제부를 다룬 작품은 유실되어 오늘날 원본 확인이 불가능하고 또 다른 그것은 제작연도를 알 길 없어 정확한 시대성 확인이 어렵다. 하지만 두 그림이 주는 강렬한 이미지는 당대로선 압권이다. 피식민 상황에서 민중 모두가 버텨 내야만 하는 울기와 분노를 화폭 넘어 간직하는 작품은 드물기 때문이다. 온몸을 던져 누구도 손쉽게 하려 들지 않는, 아니 '할 수 없는' 굴뚝 청소를 위해 거침없이 발길 내딛는 그림이란 조선에서 좀체 보기 힘들었다. 사회성 짙은 미술형식을 빌려 관객에게 호소하는 작가의 메시지는 더없이 견고하다.

희소성의 효과는 본디 정치적이고 강한 파급력을 동원하게 마련이다. 감정이입의 정치화 효능이라 부르거나 묵언의 전파력이라 사용해도 무방할 정도로 그 기운은 은근히 퍼져 갈 터였다. '연돌소제부'란 타이틀도 그렇지만, 그림 자체가 담는 흑백의 강렬한 대비는 누군가 제거해야 할 굴뚝 속 그을음과 그로써 묻어날 검댕이를 교차 연상시킴으로써 색상의 현란한 구사보다 더 둔중한 울림을 던진다.

색을 쓰지 않고도 채색 이상의 효과를 확장하는 이 작품은 주제 표출의 극단적 단순함을 뽐낸다. 시각적 콘트라스트의 과잉 단순화가 표현의 무거운 확장성을 지닌다는 사실 역시 뚜렷이 계몽한다. 작은 것이 크고 강하며 표현의 진정성은 작가의 의지가 지향하는 미술의 끝이란 점도 다시 중요해진다. 안일하게 지낼 수많은 이들을 대신해 누군가 기꺼이 감내할 고통과 역할의 가치를 암시하는 기법은 표현주의가 애용하는 정치적 진지함의 중요한 '전달' 방법이기도 했다.

황술조, 〈연돌소제부煙突掃除夫〉, 1931, 소재 미상.

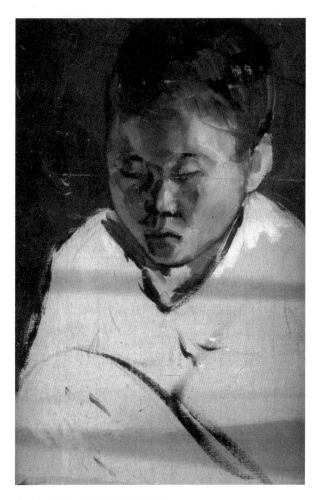

황술조, 〈소년〉, 연대 미상, 호암미술관.

누군가는 나서야 어려운 과업을 일궈 나갈 수 있고 그래야만 모두가 편할 수 있다는 암시는 여기서도 분명하다. 이른바 '자발성'과 '희소성'의 결합이 빚는 모범적 희생은 건설적 자기파괴의 전형이다. 표현주의 미술정치의 궁극이 관객의 감화이자 대중적 집단교화의 확장이었고 보면, 굴뚝 청소는 '하고 싶어도' 아무나 '하지 못할' 난감한 임무였던 셈이다.

그림은 앞서 걷는 이의 부릅뜬 눈과 힘차게 징을 울리면서 자신들을 알리고 공개적 호객에 나서는 모습을 강조한다. 하지만 시각적 포인트는 자연스레 뒤의 인물로 옮겨진다. 의연한 표정과 강인한 발길은 물론 불길 같은 눈매에서 호전적 턱선으로 이어지는 기운이 굴뚝 검댕이뿐 아니라 세상 어떤 난관도 뚫을 투지로 넘쳐 나는 까닭이다. 흑백의 단도 색상이 빚는 대비효과와 시각적 호소력이 이 같은 기운의 저변을 넓히는 이유를 굳이 작가의 일시적 사회주의화 경향에서 찾는 경우도 있기는 있다. 이주헌은 이렇게 말한다.

겨울철 막힌 굴뚝을 뚫어 근근히 생계를 이어가는 연돌소제부들이 거리에서 징을 치며 자신의 왕래를 알리는 모습을 형상화한 이 그림은, 힘겨운 도시 빈민의 생활상을 거친 필치에 실어 생생하게 보여 주고 있다. 굳게 다문 입과 부리부리한 눈, 다부진 표정 등 노동자의 모습을 '투사'형으로 형상화한 것이 인상적이다. 그러나 이 작품은 1930년대 프롤레타리아 미술에 영향을 받은 작품으로 평가된다. 당시 「동아일보」에 전시평을 기고한

동미전의 조직자 홍득순은 이 그림을 가리켜 '회장 중 백미이자
동미전의 수확'이라고 평가했다.[22]

황술조는 일부러 조선미전을 피한다. 대신 재야의 전람회에 줄곧
출품한다. 31년, 제2회 동미전과 서화협전에 출품한 것도 관전官展
을 거부하는 그의 성향을 잘 말해 준다. 동미전에 출품한 〈연돌소제
부〉를 사회주의 경향으로 보는 건 작품을 호평한 홍득순이 프롤레
타리아 미술운동을 적극 주도한 인물이었기 때문이다. 황술조가 잠
시나마 '사상미술'에 기울었음도 이 같은 영향 탓이었을 것이란 추
론이 가능한 대목이다. 주목할 것은 그가 〈연돌소제부〉 이후 프로
성격의 작품을 제작하지 않고 주로 표현주의 계열의 색채 풍경화와
누드에 주력한다는 점이다.[23] 작가의 아카이브 가운데 오롯이 이례
적인 작품 하나가 강한 정치성을 지닐 때마저 그(녀)를 '정치적'으로
평가할 수 있는지는 앞으로의 탐구대상이다.

그는 서양 모더니즘과 조선의 수묵화 기법을 합치려 무던히 애쓴
다. 〈소년상〉이나 〈자화상〉 등에서 자기만의 선과 색을 찾으려 애
쓴 것도 그 때문이다. 김용준류의 '조선적 유화'와 목일회의 정신이
스머든 것도 그래서다. '형태의 왜곡'과 '강렬한 색조', '작가의 주관
적 의지'와 '윤곽선의 튼실한 부각' 등은 이미 밝힌 대로 조선 작가들
이 각별히 이해·정돈한 서구 표현주의의 핵심 요소다. 〈연돌소제
부〉에 이어 〈소년〉에서도 한결같은 일관성이 이어지는 건 경향이
아니라 작가 황술조의 '정치'이자 '의지'인 셈이다. 한번 정한 원칙을
저버리거나 그로부터 벗어나는 행위를 용납하지 않으려는 성실성

이 미술에서도 빛나는 경우는 이를 두고 이른다.

소년은 절망을 겪을 만큼 충분한 풍상을 거치지 않았다. 하지만 아직 어린 '소년'은 예사롭지 않은 표정과 나이에 걸맞지 않은 결기로 넘쳐 난다. 여느 초상과 달리 디테일의 과감한 생략과 강렬한 보색효과가 매력의 뒷자락을 잇는 까닭이다. 고동색과 흑색의 대비도 그러려니와 검정색을 이어 가는 도구로 조선 붓이 동원하는 예외적 기운인즉 글씨에서나 읽을 일필휘지다. '갈鞨-황-흑'의 색조 운영과 명암의 구사도 일사불란이다. 예의 익숙한 동양화가 아니고 그렇다고 어디서 본 듯한 서양화도 아닌 영락없는 '조선적 유화', 아니 '조선화'다.

그림이 불편하다면, 부담을 이겨 내야 하는 건 온전히 관객 몫이다. 선묘와 색상 대비의 상반성이 즐겁고 그림 속 기운을 그러모으는 기미가 눈길을 끈다면 곧 표현의 힘이다. 하지만 외곽선이 그림의 표현 강도를 높이는 마지막 장치라는 데 동의해도 작가의 주관이 작품 속에서 어떻게 화학 반응하는지 일일이 정질 분석하긴 어렵다.[24] 다만 보는 이의 직관과 감각의 즉발성에 담긴 호불호가 판가름할 문제라는 데 주목할 필요가 있다. 미술정치를 둘러싼 의문은 과학이 해결하지 않고 결국 표현의 심리학이 풀어야 할 수수께끼다.

미술사와 정치사가 이 땅에서 한결같이 '길'을 나란히 했던 건 아니다. 하지만 모두가 떠나지 못할 국가며 사회였다면, 두 흐름의 모습은 크게 비슷하고 세세하게는 달랐을 것이다. 잦은 역사의 단절과 의도치 않은 거대 폭력의 세례가 감당키 어려운 주눅과 상호불신을 낳은 것도 사실이다. 변변한 사회혁명 한 번 없이 민중 부문의 정치적 소외와 표류마저 묵묵히 이겨 내야 했던 해방 후 현대사다. 그마저 피치 못할 작가였다면, 정치가 망가뜨린 나라는 물론 이를 끝내 담대하게 바꾸지 못한 책임 앞에서 한없이 자유로운 이들은 없다.

미술로 혁명하는 것은 불행의 소재와 고통의 근원을 '표현하는 일'에서 출발한다. 그렇게 혁명이 시작되는 것임을 계몽하는 과업이 미술이다. 통렬한 고통으로 떨고 아파하는 최후의 시민마저 구원할 기적의 불꽃도 그어 댈 장본인은 작가다. 그것은 거창한 일도, 딴마음으로 불타는 혁명가의 비즈니스도 아니다. 권력의 찬탈을 꿈꾸거나 세상을 훔칠 야욕에 불타 예술의 허울마저 빌리려는 사기 행각은 더더욱 아니다. 표현의 혁명은 미술정치의 시작이자 끝이다.

주석

1   빛과 그림자를 더 이상 객관적으로 볼 수 없어 인상주의가 무너졌다는 비판도 자꾸 반복하긴 힘들다. 인상주의가 모더니즘 개막의 핵심 계기였다는 주장도 마찬가지다. 이들 문제에 대해서는 다음 문헌을 참조할 것. Ortrud Westheider, *Impressionism: The Art of Landscape* [Potsdam: Museum Barberini] (München: Prestel, 2017); Véronique Bouruet Aubertot, *Impressionism: The Movement That Transformed Western Art* (Paris: Flammarion, 2017).

2   Dan Karlholm, *Art of Illusion: The Representation of Art History in Nineteenth-Century Germany and Beyond* (Bern: Peter Lang, 2006).

3   김은지, 「근대 목일회 회화 연구」, 동아대학교 대학원 고고미술사학과 석사학위논문(2018), 40쪽.

4   이에 대해서는 다음 연구를 참조할 것. 박혜성, 「한국근대미술과 초현실주의」, 서울대학교 대학원 협동과정 미술경영전공 미술경영학 박사학위논문(2018).

5   저들에겐 '있었지'만 우리는 '없었다'는 문화적 열등 근거로 악용하진 말자. 역사로 기정화하려는 오리엔탈리즘도 경계하자. 우리에게는 더 소중한 가치가 있어 진작부터 남의 것을 취사하거나 우러를 필요 없었다는 옥시덴탈리즘의 깃발 또한 드날리지 말 것이다. 서양미술사 속의 특정 사상 역시 임의로 날조·비하함은 할 짓이 아니다.

6   강점기 조선의 표현주의 수용 일반에 대해서는 다음 연구를 참고할 것. 이경원, 「한국 미술에 나타난 표현주의 회화의 고찰」, 동덕여자대학교 대학원 미술학과 회화전공 석사학위논문(1986); 박순희, 「1920-30년대 서구미술이론의 해석과 수용의 태도에 대한 고찰: 김복진, 윤희순, 김용준을 중심으로」, 숙명여자대학교 대학원 미술사학과 서양미술사전공 석사학위논문(1996); 김은지, 앞의 논문.

7   박순희, 앞의 논문, 83-84쪽.

8   R. S. Furness 지음, 김길중 옮김, 『표현주의』(서울: 서울대학교출판부, 1985), 28-29쪽.

9   한자 독음은 저자가 추가하였다. 임노월, 「최근의 예술운동: '표현파 (칸딘스키畵論)'와 '악마파'」, 『개벽』 제18호(1922. 9), 278-279쪽.

10   한자 독음은 저자가 추가하였다. 효종(曉鍾), 「독일의 예술운동과 표현주의」, 『개벽』 제15호(1921. 9), 117쪽.

11   한자 독음은 저자가 추가하였다. 임화, 「표현주의의 예술: 신흥예술 소개」, 『조선문예』 제1권 2호(종간호, 1929), 63쪽. 이에 대해서는 박순희, 앞의 논문, 68-69쪽을 참조할 것.

12   다음 연구는 이를 잘 대변한다. 강정화, 「근대 문학과 미술의 상호교류 연구: 문인들의 미술비평 활동과 『문장』지의 탄생을 중심으로」, 고려대학교 대학원 비교문학비교문화 협동과정 박사학위논문(2018).

13   임두빈, 「일제강점기 한국미술의 특징과 제 경향」, 단국대학교 동양학연구원, 『동양학』 제45호(2009), 289쪽. 표는 필자 재구성.

14   다음 두 연구는 당대 논란의 맥을 체계적으로 짚는다. 홍지석, 「카프 초기 프롤레타리아 미술 담론」, 국제한국문학문화학회, 『사이(SAI)』 제17호 (2014), 24-26쪽; 최병구, 「근대 미디어와 사회주의 문화정치」, 한국학중앙연구원, 『한국학』 제40권 3호(2017), 264-265쪽.

15   김은지, 앞의 논문, 22-25쪽, *passim*.

16   위의 논문, 40쪽.

17   연구자들이 표현주의 미술을 통해 목일회가 습득한 조형 방법을 ①
데포르마숑(déformation, 변형), ② 자유분방한 필치, ③ 강렬한 색채, 그리고 ④ 활
달한 윤곽선으로 집약하는 이유도 그 때문이었을 것이다. 위의 논문, 113쪽.

18   이경원, 앞의 논문, 1쪽.

19   정치를 이익추구의 명분 싸움으로 제한하지 않고 희생과 봉사 같은
숭고한 자기 승화의 경지로까지 끌어올리면, 의미의 지평은 당연히 넓혀진다.
하지만 직업정치인들의 전유 대상으로 제한하면, '정치'가 삶의 모든 영역을 신
경 써야 할 이유는 묽어진다. 대신 정치 이외의 영역을 관장할 더 높고 깊고 넓
은 행위의 필요와 메워야 할 삶의 여백도 커진다. 정치와 믿음에 대한 신학적
조망의 이유가 커짐에 따라 담론 지평도 새롭게 마련된다는 쿠테르트의 착안이
새삼스러워지는 이유다. 이에 대해서는 다음을 참조할 것. H. M. Kuitert, *Ev-
erything Is Politics But Politics Is Not Everything: A Theological Perspectives on Faith
and Politics* [tr. by John Bowden] (Grand Rapids, MI: William B. Eerdmans Publishing Company,
1986).

20   이주헌, 『20세기 한국의 인물화: 수줍게 뒤돌아 선 누드』(서울: 재원,
1996), 68쪽.

21   작가가 사용하는 소제부 앞의 '연돌(煙突)'은 땔감으로 인한 부득이한
'연기'와 '돌출부', 즉 지붕의 튀어나온 부분을 합한 단어로 오늘의 '굴뚝'을 대신
한 당시 관용어로 이해할 것이다.

22   이주헌, 앞의 책, 68쪽.

23   김은지, 앞의 논문, 51-52쪽.

24   독일 표현주의 이전에 '조선의 표현주의가 엄연했다'는 김용준의 생
각은 논란 대상이다. 그 근거로 조선회화의 사물묘사에서 윤곽선의 전통에 주

목하는 김용준은 도리어 우리의 선묘가 저들의 그것에 앞선다고까지 과감하게 믿는다. 이에 대해서는 김은지, 앞의 논문, 62-63쪽을 참조할 것.

에필로그

 미술이 정치라면, 정치도 미술이어야 했을 것이다. 당초에 가능한 일이었다면 왜 아니 그랬을까. 미술을 예술로까지 보지 않고 한 단계 낮은 기술로 한정하더라도 마찬가지다. 아름다운 '기술'로서의 정치? 하여, 지금보다 나은 세상에서 살 만한 재주라도 현란하게 부릴 가망이 있었더라면 얘긴 달라지지 않았을까. 생각을 더 밀고 가 보는 건 어떨까. 훌륭한 미술작품에 투입한 작가의 정성과 노력의 반만이라도 현실정치 개선에 불어넣는 직업적 능력을 볼 수 있었다면, 행복의 모습도 지금과는 달라졌을 터다. 그런 날이 올까.

 미술로 정치를 읽는 작업의 단서를 찾은 건 조금 더 거슬러 올라가서다. 『형벌을 그리다: 잔인한 구원과 미술의 기억』(2015)을 쓸 때도 그랬다. 회화가 동원한 공포효과 확장과 작가들의 정치적 역할 증대에 담긴 중세의 파격에 공감했기 때문이다. 안 그래도 별달리 볼 것 없는 전근대 유럽의 일상에서 곳곳에 퍼진 교회와 성당 속 그림들이 한 축을 차지한다면, 신체벌이 다반사인 당대의 물리적 행형이 작품으로 굳어 가는 사회적 관행은 문화의 또 다른 회전축이었다.

널부러진 시신들을 일상으로 확인하는 시대는 아연하기 이를 데 없었다. 지배와 복종의 정치 관행은 폭력과 묵인의 관계로 이어지는 반이성의 어두운 터널을 헤매는 중이었다. 하나같이 책형磔刑당한 예수 그림과 주변의 인물들이 뒤따르는 어슷비슷한 회화는 아직도 무소식인 메시아의 강림을 숨죽여 그려 내고 있었다. 언젠가 분명코 '그분이 오신다'는 믿음 하나로 아직도 그대로인 오늘의 아픔과 원한을 삭이는 기다림의 미학만 갈고닦던 터였다.

묵종이 미덕인 나라에서 핏물 엉긴 채 내걸린 범죄자의 시신을 동네 어귀에서 바라보는 일과 허구한 날 기독교의 복음을 겹쳐 들어야 하는 중세 민중들은 바빴다. 권력의 호령과 교회 종소리를 동시에 들어 가며 가을 추수를 준비하는 그들에게 오늘의 고통은 내일의 행복을 위해 맞바꿔야 할 비용이자 통과의례였다. 희망의 나날들이 눈앞에 펼쳐질 때까지 얌전히 살아야 할 사람들을 주눅 들게 한 건 따로 있었다. 마을 공회당이나 관청 입구에 내건 온갖 형벌 그림들이 예수의 죽음과 함께 시각 균형을 꾀하는 동안, 나라는 조용하고 권력은 안심했다.

피부가 벗겨지거나 목이 잘리는 형벌, 죽은 범인을 나무에 목매달아 오가는 이들의 귀감을 삼거나 심지어 불태워 죽이는 장면 등 죄지은 자들이 죽어 가는 나날을 그림으로 기록하고 후대에 남기는 일만이 작가들의 본업은 아니었을 것이다. 죄와 벌을 다룬 작품들거의가 작가 자신의 뜻이 아니었다는 걸 알아차리기까진 오랜 시간이 걸리지 않는다. 그림으로 가르치고 거대 회화로 겁주며 잊지 못할 미술로 매일의 고난을 딛게 만드는 작가들의 재주란 권력이 탐내던 금은보화와 멀지 않았다.

정치교육의 도구이자 사회통제 수단으로, 그리고 종교적 기다림의 나날로 모두의 삶을 다잡기로는 형벌 그림만 한 게 없었다. 통치공학의 효율도 높이고 민중의 두려움도 배가시키는 정치적 방법으로까지 활용된 미술이 이름하여 모더니즘의 폭풍우 세례를 겪기까진 몇 세기가 더 필요했다. 형벌 그림만으로 중세 서양미술사가 채워지지 않은 증거다. 선험적 지각능력이란 게 있어 스스로 억제하고 올바로 실천하며 제대로 판단하려는 이성 충만한 동물의 이름이 '인간'임을 깨닫게 된 것도 예수의 가르침 때문만은 아니다. 그렇게 중세의 종적이 묘연해지고 황폐할 대로 황폐해진 '하늘나라' 저편에서, 아니 '땅의 나라' 뒤뜰에서 그처럼 밝고 기운찬 근대가 십자가 없이 열릴 줄이야 예전에는 미처 모르던 작가들이었다.

초월자의 기적과 하늘의 영광만 상상하며 다가올 나라가 베풀 영험의 세계를 애써 헤아리는 작가들이었다. 그들의 후예는 자신들이 살아갈 나라에서 무슨 일이 벌어질지 내다볼 수 없었다. 빛의 반사와 시간의 흐름이 빚는 색조변화가 그처럼 영롱할는지 꿈조차 꾸어보지 않았다. 우연이었다. 미술이 마술일 수 있는 이치도 그렇게 드러났다. 인상주의의 물결이 '근대 서양미술'이란 배를 밑동부터 뒤흔들 거대 파도가 될는지는 시대를 함께한 작가들도 모를 기적이었다. 자유와 평등은 이미 되돌이키지 못할 땅 위의 보편가치였고 사람이 만든 체제를 사람이 뒤엎어 버린 역사도 벌써 오래전 일이다. 하물며 분노한 군중이 처단해 버린 왕의 목과 거기서 솟구치던 선홍빛 핏물까지 다시 끌어낼 필요야 있을까.

빛과 그림자의 연출이 빚는 시각적 흥분과 오래도록 기억하고픈 망막 위 잔상들이 만들어 내는 이른바 '인상'의 힘이 빈곤과 불평등을 해소할 황금의 열쇠는 아니었다. 맑고 밝은 파스텔톤 자연과 그로 인한 미술적 감동도 국가의 안전과 평화를 도모할 무기는 아닌 터였다. 아름다움만 추구하는 게 죄악은 아니다. 하지만, 예술의 사회적 책임을 끝내 외면하기만 하는 건 작가이기 이전의 한 인간으로 취할 자세가 아니었을 것이다. 표현주의가 미술정치의 정점을 치는 까닭도 변변히 용감한 적 없던 작가들이 권력의 정상을 향해 함께 겨눈 열정적 표현의 '방아쇠'와 단호한 용기로 장전한 '총알' 때문이었다. 인상주의에 대한 일방적 염증과 불만 섞인 시대의 불안이 두 차례 큰 전쟁 사이에 팽배한 것도 미술의 정치적 책임을 늘리려 한 드라마 그 자체다.

왜 하필 유럽에서도 가장 보수적이며 혁명 한번 스스로 꾀하지 않은 독일에서였는지, 정치적 진공과 사회경제적 질식을 깨 버릴 미술적 폭(발)력이 표현주의의 발흥과 확장으로 나타났던 것인지까지 다루진 않았다. 게다가 중세와 근대를 매개하는 서양미술사 전반의 역사적 디테일도, 인상주의와 표현주의의 이항대립 속에서 왜 후자의 궤적에만 눈길을 붙박아야만 했는지도 자세히 밝히진 못했다. 작업의 방대함에 눌려 버린 데다가 온갖 것 다 태워 버릴 만큼 맹렬한 시대의 불길이 물밀듯 덮쳐 왔던 때문이다.

표현주의에 압도된 서양미술사의 한 시기는 유난스러웠다. 앞다퉈 정치적이며 가열차게 호전적인 데다 눈에 띄게 확장성 강한 사상으로 세상을 누볐던 터다. 이제는 '기억'만으로도 '추억'하지 못하는 무관심 형식 또한 궁금하였다. 아직도 유효하고 여전히 필요하며 나아가 강한 호소력으로 세상 호령할 기미 역시 선명하지만, 사람들은 왜 표현주의에 냉담하고 '표현' 그 자체에 점점 인색해지는 걸까. 게다가 '정치'란 단어만 나오면 무엇 때문에 예민해질까. 마음에 걸리는 건 또 있다. 표현주의는 왜 소리 없이, 느닷없이 사라졌는가. 누군가는 이어 궁리할 것이다. 이렇게 접더라도 '미술은 정치다'.

단행본

게이, 피터 지음, 조한욱 옮김, 『바이마르 문화: 국외자들의 내부』(서울: 탐구당, 1983).

고드프리, 토니 지음, 배경숙 옮김, 『신표현주의』(서울: 열화당, 1992).

고은주, 『그 남자 264』(서울: 문학세계사, 2019).

김광우, 『마네와 모네: 인상주의의 거장들』(고양: 미술문화, 2017).

김영나, 『서양 현대미술의 기원 1880-1914』(서울: 시공사, 2009).

김진엽 외, 『손상기의 삶과 예술: 빛나는 별을 보아야 한다』(서울: 사문난 적, 2013).

김충남, 『표현주의 문학』(서울: 지식을만드는지식, 2013).

뉴월, 다이애나 지음, 엄미정 옮김, 『인상주의: 디테일로 보는 명작의 비밀 1』(서울: 시공사, 2014).

니콜스, A. J. 지음, 오인석 옮김, 『바이마르 공화국과 히틀러』(서울: 과학 과인간사, 1980).

되블린, 알프레트 지음, 권혁준 옮김, 『베를린 알렉산더 광장』(서울: 을유 문화사, 2012).

두베, 볼프디터 지음, 이수연 옮김, 『표현주의: 20세기 혁명적 예술 사 조』(서울: 시공아트, 2015).

뒤히팅, 하요 지음, 최정윤 옮김, 『어떻게 이해할까? 표현주의』(서울: 미술 문화, 2007).

루빈, 제임스 H. 지음, 하지은 옮김, 『그림이 들려주는 이야기: 한 권으 로 읽는 인상주의 그림』(서울: 마로니에북스, 2017).

리월드, 존 지음, 정진국 옮김, 『인상주의의 역사』(서울: 까치, 2006).

린튼, 노버트 지음, 마순자 옮김, 『표현주의』(서울: 열화당, 1994).

_____, 윤난지 옮김, 『20세기의 미술』(서울: 예경, 2007).

마네, 줄리 지음, 이숙연 옮김, 『인상주의, 빛나는 색채의 나날들: 줄리
    마네의 일기』(서울: 다빈치, 2006).

메트켄, 귄터·베르톨트 힌츠 지음, 안규철 옮김, 『신즉물주의 & 제3제
    국의 회화』(서울: 열화당, 1991).

바르톨레나, 시모나 지음, 강성인 옮김, 『인상주의 화가의 삶과 그림』(서
    울: 마로니에북스, 2009).

박래부, 『화가 손상기 평전: 39까지 칠한 사랑과 절망의 빛깔』(서울: 중앙
    M&B, 2000).

박현철 지음, 토끼도둑 그림, 『(빛과 색채와 인상을 담아낸) 인상주의 갤러리』
    (서울: 그린북, 2016).

베어, 슐라미스 지음, 김숙 옮김, 『표현주의』(파주: 열화당, 2003).

볼프, 노르베르트 지음, 김소연 옮김, 『표현주의』(서울: 마로니에북스, 2007).

북이너스 엮음, 『인상주의 미술: 색채·색조·질감의 조화』(고양: 북이너스,
    2015).

서경식 지음, 박소현 옮김, 『고뇌의 원근법: 서경식의 서양근대미술 기
    행』(파주: 돌베개, 2009).

스타이안, J. L. 지음, 윤광진 옮김, 『표현주의 연극과 서사극: 현대연극
    의 이론과 실제』(서울: 현암사, 1988).

신일범, 『바이마르 공화국 연구』(서울: 단국대학교출판부, 1999).

아피냐네시, 리사 지음, 강수정 옮김, 『카바레: 새로운 예술 공간의 탄
    생』(서울: 에코리브르, 2007).

오병남 외,『인상주의 연구』(서울: 예전사, 1999).

이광래,『미술 철학사 2: 재현과 추상 — 독일 표현주의에서 초현실주의
까지』(파주: 미메시스, 2016).

_____,『미술 철학사 3: 해체와 종말 — 포스트 모더니즘에서 파타피지
컬리즘까지』(파주: 미메시스, 2016).

이셔우드, 크리스토퍼 지음, 성은애 옮김,『베를린이여 안녕: 베를린 이
야기 2』(파주: 창비, 2015).

_____, 조동섭 옮김,『싱글맨』(파주: 창비, 2017).

이순원,『압구정동엔 비상구가 없다』(서울: 새움, 2018).

이주헌,『20세기 한국의 인물화: 수줍게 뒤돌아 선 누드』(서울: 재원, 1996).

이현애,『독일 미술가와 걷다: 나치 시대 블랙리스트 예술가들이 들려
주는 삶의 이야기』(서울: 마로니에북스, 2017).

정미희,『독일 표현주의 미술』(서울: 일지사, 1990).

진중권,『진중권의 서양미술사: 인상주의 편』(서울: Humanist, 2018).

커밍, 로라 지음, 김진실 옮김,『자화상의 비밀: 예술가가 세상에 내놓은
얼굴』(파주: 아트북스, 2018).

클뤼버, 빌리 지음, 이계숙 옮김,『피카소와 함께 한 어느날 오후』(서울:
창조집단 시빌구, 2000).

프랑크, 단 지음, 박철화 옮김,『보엠 1: 몽마르트르의 무정부주의자들』
(서울: 이끌리오, 2000a).

_____, 박철화 옮김,『보엠 2: 전쟁과 예술가들』(서울: 이끌리오,
2000b).

_____, 박철화 옮김,『보엠 3: 열린 도시, 몽파르나스』(서울: 이

끌리오, 2000c).

하먼, 크리스 지음, 임성윤 옮김, 『패배한 혁명: 1918~1923년 독일』(서울: 풀무질, 2007).

헤스, 바르바라 지음, 김병화 옮김, 『추상표현주의』(서울: 마로니에북스, 2008).

홍석기, 『인상주의: 모더니티의 정치사회학』(서울: 생각의나무, 2010).

후크, 필립 지음, 유예진 옮김, 『인상파 그림은 왜 비쌀까?: 20세기 이후 세계 미술의 전개와 인상파 그림이 그려낸 신화』(서울: 현암사, 2011).

Furness, R. S. 지음, 김길중 옮김, 『표현주의』(서울: 서울대학교출판부, 1985).

Zamora, Lois Parkinson · Wendy B. Faris 편저, 우석균 외 옮김, 『마술적 사실주의』(서울: 한국문화사, 2003).

Anders, Günther, *George Grosz* (Zürich: Verlag der Arche, 1961).

Andersen, Wayne, *German Artists and Hitler's Mind: Avant-Garde Art in a Turbulent Era* (Boston, MA: Èditions Fabriart, 2013).

Ankum, Katharina von. ed., *Women in the Metropolis: Gender and Modernity in Weimar Culture* (Berkeley, CA: University of California Press, 1997).

Aubertot, Véronique Bouruet, *Impressionism: The Movement That Transformed Western Art* (Paris: Flammarion, 2017).

Bahr, Hermann, *Expressionism* [tr. by R. T. Gribble] (London: Frank Henderson, 1925).

_____ , *Expressionismus* (München: Delphin-Verlag, 1919).

Barasch, Moshe, *Gestures of Despair in Medieval and Early Renaissance Art* (New York: New York University Press, 1976).

Baron, Stephanie · Sabine Eckmann eds., *New Objectivity: Modern German Art in the Weimar Republic, 1919–1933* (München: Prestel, 2015).

Becker, Lutz, *George Grosz: The Big No* [drawings from two portfolios: *Ecce Homo* and *Hintergrund*] (London: Hayward Publishing, 2012).

Beckmann, Max et al., *Max Beckmann, 1884–1950: the Path To Myth* (Köln: Taschen, 2011).

_____ et al., *Beckmann and America* (Ostfildern: Hatje Cantz, 2011).

_____ · Lynette Roth, *Max Beckmann at the Saint Louis Art Museum: the Paintings* (New York: Prestel, 2015).

Behr, Shulamith, *Expressionism* (Cambridge: Cambridge University Press, 2000).

Belting, Hans, *The Germans and Their Art: A Troublesome Relationship* [tr. by Scott Kleager] (New Haven, CT: Yale University Press, 1998).

Biro, Matthew, *The Dada Cyborg: Visions of the New Human in Weimar Berlin* (Minneapolis, MN: University of Minnesota Press, 2009).

Brandstätter, Christian ed., *Vienna 1900 and the Heroes of Modernism* (London: Thames & Hudson, 2006).

Brassaï · Richard Miller, *The Secret Paris of the 30s* (London: Thames & Hudson, 2001).

Broe, Dennis, *Cold War Expressionism: Perverting the Politics of Perception:*

Bombast, Blacklists and Blockades in the Postwar Art World (New York: Pathmark Press, 2015).

Bronner, Stephen · Douglas Kellner eds., *Passion and Rebellion: the Expressionist Heritage* (London: Croom Helm, 1983).

Bru, Sascha · Gunther Martens eds., *The Invention of Politics in the European Avant-Garde (1906-1940)* (Amsterdam: Rodopi, 2006).

Bulk, Julia et al., *Otto Dix and the New Objectivity* (Ostfildern: Hatje Cantz, 2012).

Cardinal, Roger, *Expressionism* (London: Paladin Books, 1984).

Chambers, Emma ed., *Aftermath: Art in the Wake of World War One* (London: Tate Publishing, 2018).

Chametzky, Peter, *Objects As History in Twentieth-Century German Art: Beckmann to Beuys* (Berkeley, CA: University of California Press, 2010).

Cheney, Sheldon, *Expressionism in Art* (New York: Tudor Publishing, 1948).

Clayson, Hollis, *Paris in Despair: Art and Everyday Life Under Siege (1870-71)* (Chicago, IL: University of Chicago Press, 2005).

Conzelmann, Otto, *Der Andere Dix: Sein Bild vom Menschen und vom Krieg* (Stuttgart: Klett-Cotta, 1983).

Cox, Annette, *Art As Politics: The Abstract Expressionist Avant-Garde and Society* (Ann Arbor, MI: UMI Research Press, 1982).

Crockett, Dennis, *Post-Expressionism in Germany, 1919-25* (University Park, PA: Pennsylvania State University Press, 1999).

Dagen, Philippe, *Le silence des peintres: Les artistes face à la Grande Guerre*

(Paris: Fayard, 1996).

Deri, Max et al., *Einführung in die Kunst der Gegenwart* (Leipzig: E. A. Seemann, 1919).

Dix, Otto, *War Diary 1915-1916* (Albstadt: Städtische Gallery, 1987).

_____, *Otto Dix: 1891-1969* (London: Tate Gallery, 1992).

_____, *Otto Dix: The Art of Life* (Ostfildern: Hatje Cantz Publishers, 2010).

_____, *Otto Dix in Chemnitz* (Bielefeld: Hirmer, 2011).

_____, *Das Auge der Welt: Otto Dix und die Neue Sachlichkeit* (Ostfildern: Hatje Cantz, 2012).

_____ et al., *Mythos Welt: Dix / Beckmann* (München: Hirmer Verlag, 2013).

_____ et al., *Otto Dix: Die Stiftung Dr. Alfred Gunzenhauser; Bestandskatalog* (Bielefeld: Kerber Verlag, 2011).

Dube, Wolf-Dieter, *The Expressionists* [tr. from the German by Mary Whittall] (London: Thames and Hudson, 1972).

_____, *Expressionists and Expressionism* [tr. from the German by James Emmons] (Geneva: Skira, 1983).

Elger, Dietmar, *Expressionism: A Revolution in German Art* (London: Taschen, 2018).

_____ ed., *Dadaism* (Köln: Taschen, 2016).

e. V., Förderverein der Jeanne-Mammen-Stiftung ed., *Jeanne Mammen: Paris, Bruxelles, Berlin* [in cooperation with the Frankreich-Zentrum, Freie Universität Berlin] (München: Deutscher Kunstverlag, 2017).

Ewers, Hanns Heinz, *Lustmord einer Schildkröte: und weitere Erzählungen*

(Berlin: Die Andere Bibliothek, 2014).

Ferrara, Lidia Guibert · Frances Borzello, *Reclining Nude* (London: Thames & Hudson, 2002).

Figura, Starr, *German Expressionism: the Graphic Impulse* (New York: Museum of Modern Art, 2011).

Freyberger, Regina, *Geheimnis Der Materie: Kirchner, Heckel, Schmidt-Rottluff* (Städel Museum, Frankfurt am Main: Sandstein Verlag, 2019).

Fromm, Erich, *Escape From Freedom* (New York: Henry Holt, 1994).

Fuhlbrügge, Heike et al., *George Grosz: The Years in America, 1933-1958* (Ostfildern: Hatje Cantz Publishers, 2010).

Gale, Matthew · Katy Wan, *Magic Realism: Art in Weimar Germany 1919-33* (London: Tate Enterprises Ltd., 2018).

Gaughan, Martin Ignatius, *German Art 1907-1937: Modernism and Modernisation* (Bern: Peter Lang, 2007).

Gibson, Ann Eden, *Abstract Expressionism: Other Politics* (New Haven, CT: Yale University Press, 1999).

Gombrich, E. H., *The Story of Art* (London: Phaidon, 2001).

Gordon, Donald E., *Expressionism: Art and Idea* (New Haven, CT: Yale University Press, 1987).

Griffiths, Antony et al., *Disasters of War: Callot, Goya, Dix* (Manchester: National Touring Exhibitions, 1998).

Grosshans, Henry, *Hitler and the Artists* (New York: Holmes & Meier, 1983).

Grosz, George, *Love Above All and Other Drawings: 120 works* (New York:

Dover Publications, 1971).

_____ , *The Face of the Ruling Class* [intro. and nt. by Frank Whitford] (London: Allison & Busby, 1984).

_____ , *Über Alles die Liebe* [*Love Above All*. intr. and nt. by Frank Whitford] (London: Allison & Busby, 1985).

_____ , *The Berlin of George Grosz: Drawings, Watercolours, and Prints 1912-1930* (New Haven, CT: Yale University Press, 1997).

_____ , *Kleines Ja und Ein großes Nein* [*George Grosz: An Autobiography*. tr. by Nora Hodges; fw. by Barbara McCloskey] (Berkeley, CA: University of California Press, 1998).

_____ · Barbara McCloskey, *The Exile of George Grosz: Modernism, America, and the One World Order* (Oakland, CA: University of California Press, 2015).

_____ et al., *George Grosz: The Years in America, 1933-1958* (Ostfildern: Hatje Cantz, 2009).

Gutbrod, Philipp, *Otto Dix: the Art of Life* (Ostfildern: Hatje Cantz, 2010).

Guttsman, W. L., *Art for the Workers: Ideology and the Visual Arts in Weimar Republic* (Manchester: Manchester University Press, 1997).

Haftmann, Werner et al., *German Art of the Twentieth Century* [ed. by Andrew Carnduff Ritchie] (New York: The Museum of Modern Art, 1957).

Harman, Chris, *The Lost Revolution: Germany 1918 to 1923* (London: Bookmarks, 1997).

Harrison, Charles · Paul Wood eds., *Art in Theory 1900-1990: An*

Anthology of Changing Ideas (Malden, MA: Blackwell Publishers, 1997).

Heller, Reinhold ed., *Brücke: the Birth of Expressionism in Dresden and Berlin, 1905–1913* (Ostfildern: Hatje Cantz, 2009).

Hoffman, Edith, *Kokoschka: Life and Work* [with two essays by Oskar Kokoschka and a fw. by Herbert Read] (London: Faber and Faber, 1947).

Hohl, Hanna, *Die Brücke* (Hamburg: Hamburger Kunsthalle, 1991).

Husslein-Arco, Agnes et al. eds., *Vienna-Berlin: the Art of Two Cities From Schiele To Grosz* (Vienna: Prestel, 2013).

Huxley, Aldous, *After Many a Summer Dies the Swan* (New York: Harper & Row, 1940).

Ikeda, Asato, *The Politics of Painting: Fascism and Japanese Art During the Second World War* (Honolulu, HI: University of Hawai'i Press, 2018).

Isherwood, Christopher, *A Single Man* (Hamburg: Hoffmann u Campe Vlg GmbH, 2014).

Jefferies, Matthew, *Imperial Culture in Germany, 1871–1918* (New York: Palgrave, 2003).

Kane, Martin, *Weimar Germany and the Limits of Political Art: A Sudy of the Work of George Grosz and Ernst Toller* (Tayport, Scotland: Hutton Press, 1987).

Karcher, Eva, *Dix* (Köln: Taschen, 2002).

Karlholm, Dan, *Art of Illusion: The Representation of Art History in Nineteenth-Century Germany and Beyond* (Bern: Peter Lang, 2006).

Kirchner, Ernst Ludwig, *Ernst Ludwig Kirchner: Aquarelle, Zeichnungen und Ausgewählte* [druckgraphik aus eigenem Besitz; Städelsches Kunstinst] (Frankfurt a. M.: Städelsches Kunstinstut, 1974).

Kley, Martin, *Weimar and Work: Labor, Literature, and Industrial Modernity on the Weimar Left* (New York: Peter Lang, 2013).

Klüver, Billy, *A Day With Picasso: Twenty-Four Photographs by Jean Cocteau* (Cambridge, MA: The MIT Press, 1999).

Knott, Richard, *Sketchbook War: Saving the Nation's Artist in World War II* (Stroud, Gloucestershire: The History Press, 2013).

Krämer, Felix ed., *Ernst Ludwig Kirchner: Retrospective* (Ostfildern: Hatje Cantz, 2010).

Kranzfelder, Ivo, *Grosz* (Köln: Taschen, 2001).

Kuitert, H. M., *Everything Is Politics But Politics Is Not Everything: A Theological Perspectives on Faith and Politics* [tr. by John Bowden] (Grand Rapids, MI: William B. Eerdmans Publishing Company, 1986).

Landsberger, Franz, *Impressionismus und Expressionismus: Eine Einführung in das Wesen der neuen Kunst* (Leipzig: Klinkhardt & Biermann, 1920).

Lasko, Peter, *The Expressionist Roots of Modernism* (Manchester: Manchester University Press, 2003).

Laurens, Camille, *Little Dancer Aged Fourteen* [tr. from the French by Willard Wood] (New York: Other Press, 2018).

Leek, Nick van der, *The Murder of Vincent van Gogh* (Irvine, CA: Shakedown, 2018).

Lewis, Beth Irwin, *George Grosz: Art and Politics in the Weimar Republic* (Princeton, NJ: Princeton University Press, 1971).

Lloyd, Jill, *German Expressionism: Primitivism and Modernity* (New Haven, CT: Yale University Press, 1991).

Long, Rose-Carol Washton ed., *German Expressionism: Documents from the End of the Wilhelmine Empire to the Rise of National Socialism* (New York: G. K. Hall & Co., 1993).

McCloskey, Barbara, *George Grosz and the Communist Party: Art and Radicalism in Crisis, 1918 to 1936* (Princeton, NJ: Princeton University Press, 1997).

_____, *The Exile of George Grosz: Modernism, America, and the One World Order* (Oakland, CA: University of California Press, 2015).

McLuhan, Marshall · Lewis H. Lapham, *Understanding Media: The Extensions of Man* (Boston, MA: The MIT Press, 1994).

_____ · Quentin Fiore, *The Medium is the Massage: An Inventory of Effects* (London: Penguin Classics, 2008).

Metzger, Rainer, *Berlin in the Twenties: Art and Culture, 1918-1933* [picture ed. by Christian Brandstätter] (London: Thames & Hudson, 2007).

Metzger, Rainer ed., *Berlin in the 1920s* (Köln: Taschen, 2017).

Michalski, Sergiusz, *New Objectivity: Painting, Graphic Art and Photography in Weimar Germany 1919-1933* (Köln: Benedikt Taschen, 1994).

Moeller, Magdalena M., *Ernst Ludwig Kirchner: Modelle, Akte, Kokotten*

(München: Hirmer, 2016).

Moreck, Curt, *Ein Führer Durch Das Lasterhafte Berlin: Das Deutsche Babylon 1931* (Berlin: be.bra verlag GmbH, 2018).

Murphy, Bernadette, *Van Gogh's Ear: The True Story* (London: Vintage, 2017).

Myers, Bernard Samuel, *Die Malerei des Expressionismus: Eine Generation im Aufbruch* (Köln: M. DuMont Schauberg, 1957).

Ostende, Florence · Lotte Johnson, *Into the Night: Cabarets and Clubs in Modern Art* (München: Prestel, 2019).

Paret, Peter, *The Berlin Secession: Modernism and Its Enemies in Imperial Germany* (Cambridge, MA: Harvard University Press, 1980).

Perkins, Geoffrey, *Contemporary Theory of Expressionism* (Bern: Verlag Herbert Lang & Cie AG, 1974).

Peters, Olaf ed., *Otto Dix* (München: Prestel, 2010).

_____ · Stefanie Heckmann eds., *Before the Fall: German and Austrian Art in the 1930s* (München: Prestel, 2018).

Pfeiffer, Ingrid ed., *Splendor and Misery in the Weimar Republic: From Otto Dix To Jeanne Mammen* (München: Hirmer, 2018).

_____ · Max Hollein eds., *Esprit Montmartre: Bohemian Life in Paris Around 1900* [Schirin Kunsthalle Frankfurt, 7. Feb-1. June, 2014] (München: Hirmer, 2014).

Pickar, Gertrud Bauer · Karl Eugene Webb eds., *Expressionism Reconsidered: Relationships and Affinities* (München: Wilhelm Fink Verlag, 1979).

Raabe, Paul ed., *The Era of Expressionism* [tr. from the German by J. M. Ritchie] (Olten: Walter Verlag, 1965).

Rainbird, Sean ed., *Max Beckmann* (New York: Museum of Modern Art. Distributed in the United States and Canada by D.A.P. / Distributed Art Publishers, 2003).

Rampley, Matthew, *The Vienna School of Art History: Empire and the Politics of Scholarship, 1847–1918* (University Park, PA: The Pennsylvania State University Press, 2013).

Reck-Malleczewen, Friedrich Percyval, *Diary of A Man in Despair* [tr. by Paul Rubens with an intr. by Norman Stone] (London: Duckworth Publishers, 2000).

Rewald, Sabine, *Glitter and Doom: German Portraits from the 1920s* [essays by Ian Buruma and Matthias Eberle] (New Haven, CT: Yale University Press, 2006).

——————, *Max Beckmann in New York* (New York: The Metropolitan Museum of Art, 2016).

Roe, Sue, *In Montmartre: Picasso, Matisse and Modernism in Paris, 1900–1910* (London: Penguin, 2015).

——————, *In Montparnasse: The Emergence of Surrealism in Paris, From Duchamp To Dali* (London: Penguin, 2018).

Roh, Juliane, *Deutsche Kunst der 60er Jahre: Malerei, Collage, Op-Art, Graphik* (München: Bruckmann, 1971).

Röhrl, Boris, *World History of Realism in Visual Arts 1830-1990:*

Naturalism, Socialist Realism, Social Realism, Magic Realism, New Realism and Documentary Photography (Hildesheim: Georg Olms Verlag, 2013).

Roth, Lynette, *Max Beckmann at the Saint Louis Art Museum: The Paintings* (München: Prestel, 2015).

Scheunemann, Dietrich ed., *Expressionist Film: New Perspectives* (New York: Camden House, 2003).

Schiefler, Gustav, *Die Graphik Ernst Ludwig Kirchners bis 1924. Bd. 1, Bis 1916* (Berlin: Euphorion Verlag, 1926).

Schiller-Nationalmuseum, *Expressionismus: Literatur und Kunst 1910-1923* [Eine Ausstellung des Deutschen Literaturarchivs im Schiller-Nationalmuseum Marbach A. N., vom 8. Mai bis 31. Oktober 1960] / [Ausstellung und Katalog von Paul Raabe und H. L. Greve unter Mitarbeit von Ingrid Grüninger] (München: Albert Langen, Georg Müller, 1960).

Schulz-Hoffmann, Carla, *Women: Picasso, Beckmann, de Kooning* (Ostfildern: Hatje Cantz, 2012).

Schütt, Jutta ed., *Beckmann & America* (Ostfildern: Hatje Cantz, 2011).

Schwarz, Birgit, *Werke von Otto Dix* (Karlsruhe: Staatliche Kunsthalle Karlsruhe, 1986).

Seigel, Jerrold E., *Bohemian Paris: Culture, Politics, and the Boundaries of Bourgeois Life, 1830-1930* (Baltimore, MD: Johns Hopkins University Press, 1999).

Selz, Peter, *German Expressionist Painting* (Berkeley, CA: University of California

Press, 1974).

Sheppard, Richard ed., *Expressionism in Focus* (Oak Villa: Lochee Publications, 1987).

Smith, Jill Suzanne, *Berlin Coquette: Prostitution and the New German Woman, 1890–1933* (New York: Cornell University Press, 2013).

Spieler, Reinhard, *Max Beckmann* (London: Taschen, 2011).

Stavrinaki, Maria, *Dada Presentism: An Essay on Art and History* [tr. by Daniela Ginsburg] (Stanford, CA: Stanford University Press, 2016).

Strecker, Jacqueline ed., *The Mad Square: Modernity in German Art 1910–37* (Sydney: Art Gallery of New South Wales, 2011).

Sykora, Katharina, *Weiblichkeit, Großstadt, Moderne: Ernst Ludwig Kirchners Berliner Straßenszenen 1913–1915* (Berlin: Museumspädagogischer Dienst Berlin, 1996).

Tatar, Maria, *Lustmord: Sexual Murder in Weimar Germany* (Princeton: Princeton University Press, 1995).

Taylor, Seth, *Left-Wing Nietzscheans: the Politics of German Expressionism, 1910–1920* (Berlin: W. de Gruyter, 1990).

Tormey, Alan, *The Concept of Expression: A Study in Philosophical Psychology and Aesthetics* (Princeton, NJ: Princeton University Press, 1971).

Vierhuff, Hans Gotthard, *Die Neue Sachlichkeit: Malerei und Fotografie* (Köln: DuMont, 1980).

Vogt, Paul, *Expressionism: German Painting, 1905–1920* (New York: H. N. Abrams, 1980).

Walker, Julia A., *Expressionism and Modernism in the American Theatre: Bodies, Voices, Words* (Cambridge: Cambridge University Press, 2005).

Ward, Janet, *Weimar Surfaces: Urban Visual Culture in 1920s Germany* (Berkeley, CA: University of California Press, 2001).

Weidermann, Volker, *Dreamers: When the Writers Took Power, Germany, 1918* [tr. from German by Ruth Martin] (London: Pushkin Press, 2018).

Weinstein, Joan, *The End of Expressionism: Art and the November Revolution in Germany, 1918-19* (Chicago, IL: The University of Chicago Press, 1990).

Weitz, Eric D., *Weimar Germany: Promise and Tragedy* (Princeton, NJ: Princeton University Press, 2018).

Werenskiold, Marit, *The Concept of Expressionism: Origin and Metamorphoses* [tr. by Ronald Walford] (New York: Columbia University, 1984).

West, Shearer, *The Visual Arts in Germany, 1890-1937: Utopia and Despair* (New Brunswick, NJ: Rutgers University Press, 2001).

Westheider, Ortrud, *Impressionism: The Art of Landscape* [Potsdam: Museum Barberini] (München: Prestel, 2017).

White, Michael, *Generation Dada: The Berlin Avant-Garde and the First World War* (New Haven, CT: Yale University Press, 2013).

Wiese, Stephan von, *Max Beckmanns zeichnerisches Werk 1903-1925* (Düsseldorf: Droste Verlag GmbH, 1978).

Wigman, Mary, *The Language of Dance* [tr. by Walter Sorell; ph. by Charlotte

Rudolph] (Middletown, CT: Wesleyan University Press, 1966).

Wolf, Nobert ed., *Expressionism* (Köln: Taschen, 2015).

Wye, Deborah, *Kirchner and the Berlin Street* (New York: Distributed Art Publishers, 2008).

Young, Marnin, *Realism in the Age of Impressionism: Painting and the Politics of Time* (New Haven, CT: Yale University Press, 2015).

논문

김숙영, 「조지 그로스의 정치적 미술: 1920년대의 작품을 중심으로」, 서강대학교 인문과학연구소, 『서강인문논총』 제42집(2015), 187-212쪽.

김승환, 「현대미술에 나타나는 전쟁 트라우마: 페르낭 레제와 오토 딕스의 작품에 나타난 제1차 세계 대전」, 현대미술학회, 『현대미술학 논문집』 제18권 2호(2014), 7-48쪽.

김재원, 「사회적 현상과 예술적 반응: 독일의 1920년대 신즉물주의(Neue Sachlichkeit)를 중심으로 본 사회비판적 사실주의의 특성」, 서양미술사학회, 『서양미술사학회 논문집』 제10집(1998), 83-114쪽.

_____, 「Max Beckmann, Georg Baselitz, Bernd Heisig와 '병리적' 현실 인식」, 현대미술학회, 『현대미술학 논문집』 제2호(1999), 7-64쪽.

김정희, 「오토 딕스(Otto Dix)의 여자그림들: 현실과 자기고백」, 서양미술사학회, 『서양미술사학회 논문집』 제6집(1994), 201-229쪽.

_____, 「여성으로부터 거리를 두려는 노력: 오토 딕스(Otto Dix)의 1921년작 자화상 두 점」, 현대미술사학회, 『현대미술사연구』 제6집

(1996), 27-40쪽.

김향숙, 「에른스트 루드비히 키르흐너: 베를린 시대(1911-1918)의 여성이 미지」, 서양미술사학회, 『서양미술사학회 논문집』 제16집(2001), 37-63쪽.

남영림, 「미술 표현 교육의 변화 모색: 재현을 넘어 표현으로」, 한국국제미술교육학회, 『미술과 교육』 제18집 1호(2017), 103-120쪽.

서요성, 「제1차 세계대전 전후 독일 표현주의와 후기표현주의 회화의 연관성에 대한 고찰」, 한국독일언어문학회, 『독일언어문학』 제74집(2016), 107-131쪽.

오진경, 「다다와 초현실주의 미술에 나타난 평범함의 정치학」, 한국미술연구소, 『미술사논단』 제28호(2009), 193-220쪽.

이승진, 「전위작가 브레히트: 바이마르공화국의 해체와 함께 종료된 아쉬운 문학 실험」, 한국브레히트학회, 『브레히트와 현대연극』 제32호(2015), 7-34쪽.

이윤희, 「막스 벡크만의 세폭화에 대한 도상학적 연구」, 현대미술사학회, 『현대미술사연구』 제9집(1999), 25-55쪽.

_____, 「독일 바이마르 시기 미술에 나타나는 성적 살해(Lustmord) 주제에 대한 연구」, 현대미술사학회, 『현대미술사연구』 제32집(2012), 7-40쪽.

이진일, 「바이마르 인구구조의 위기와 보수주의의 대응: '생존 공간'과 제국을 향한 꿈」, 한국세계문화사학회, 『세계 역사와 문화 연구』 제32집(2014), 75-109쪽.

이현애, 「에른스트 루드비히 키르히너의 다보스 후기 작품 연구」, 서양미술사학회, 『서양미술사학회 논문집』 제31집(2009), 95-122쪽.

인성기, 「독일의 표현주의적 미술에 대한 문화학적 고찰」, 한국독어독
문학교육학회, 『독어교육』 제26집(2003), 547-576쪽.

임노월, 「최근의 예술운동: '표현파(칸딘스키畵論)'와 '악마파'」, 『개벽』 제18
호(1922. 9), 277-291쪽.

임두빈, 「일제강점기 한국미술의 특징과 제 경향」, 단국대학교 동양학
연구원, 『동양학』 제45호(2009), 273-293쪽.

임화, 「표현주의의 예술: 신흥예술 소개」, 『조선문예』 제1권 2호(종간호,
1929), 62-67쪽.

장석정, 「재현과 표현」, 가톨릭관동대학교 인문과학연구소, 『인문학연
구』 제19집(2014), 61-90쪽.

전민경·정경철, 「20세기 현대미술에서 표현주의와 신표현주의 연관
성」, 한국콘텐츠학회, 『한국콘텐츠학회논문지』 제11권 2호(2011),
259-267쪽.

전영백, 「메를로-퐁티의 현상학적 시각과 미술작품의 해석」, 미술사학
연구회, 『미술사학보』 제25집(2005), 271-312쪽.

전진성, 「전쟁과 기억: 회화작품을 통해서 본 바이마르 시기 독일의 기
억문화」, 한국서양사학회, 『서양사론』 제81호(2004), 129-163쪽.

정병기, 「정치적인 것의 영화적 재현과 표현, 그리고 재현과 표현의
정치학」, 한국사고와표현학회, 『사고와 표현』 제9집 1호(2016),
263-292쪽.

정영목, 「막스 벡크만(Max Beckmann)의 초기 종교화와 종교사상에 관한
연구: 니이체(Nietzsche)의 영향을 중심으로」, 서양미술사학회, 『서

양미술사학회 논문집』 제1집(1989), 113-131쪽.

_____, 「독일 표현주의와 신표현주의 미술에 나타난 전통성과 시대
정신」, 서양미술사학회, 『서양미술사학회 논문집』 제4집(1992),
125-142쪽.

정현경, 「예술장르로서의 카바레 연구」, 세계문학비교학회, 『세계문학
비교연구』 제48호(2014 가을호), 271-294쪽.

최병구, 「근대 미디어와 사회주의 문화정치」, 한국학중앙연구원, 『한국
학』 제40권 3호(2017), 255-279쪽.

최종철, 「죽음과 혐오의 사진, 실재의 징후, 그리고 사진의 정신분석학
적 계기들: 안드레 세라노의 〈시체 공시소(The Morgue)〉를 중심으
로」, 현대미술학회, 『현대미술학 논문집』 제18권 2호(2014), 95-
143쪽.

함민희, 「바이마르 시기 문화비판(Kulturkritik)으로서 George Grosz 미
술」, 청람사학회, 『청람사학』 제14집(2006), 131-159쪽.

홍지석, 「카프 초기 프롤레타리아 미술 담론」, 국제한국문학문화학회,
『사이(SAI)』 제17호(2014), 9-40쪽.

효종(曉鍾), 「독일의 예술운동과 표현주의」, 『개벽』 제15호(1921. 9), 112-
121쪽.

Böhmert, Lydia, "The Dark Sides of Berlin During the Late Weimar
Republic: A Comparison of Jeanne Mammen's Artwork with
Literary Impressions of French Visitors in Berlin," Förderverein
der Jeanne-Mammen-Stiftung e. V. ed., *Jeanne Mammen:*

Paris, Bruxelles, Berlin [in cooperation with the Frankreich-Zentrum, Freie Universität Berlin] (München: Deutscher Kunstverlag, 2017), pp. 102-119.

Elder, Sace, "Prostitutes, Respectable Women, and Women from 'Outside': The Carl Grossmann Sexual Murder Case in Postwar Berlin," Richard F. Wetzell ed., *Crime and Criminal Justice in Modern Germany* (New York: Berghahn Books, 2013), pp. 185-206.

Jay, Martin, "The Weimar Left: Theory and Practice," Peter E. Gordon · John P. McCormick eds., *Weimar Thought: A Contested Legacy* (Princeton, NJ: Princeton University Press, 2013), pp. 377-393.

Lewis, Beth Irwin, "Lustmord: Inside the Windows of the Metropolis," Katharina von Ankum ed., *Women in the Metropolis: Gender and Modernity in Weimar Culture* (Berkeley, CA: University of California Press, 1997), pp. 202-232.

Peters, Olaf, "Verism in Otto Dix and George Grosz: Art and Politics in the New Objectivity," Ingrid Pfeiffers ed., *Splendor and Misery in the Weimar Republic: From Otto Dix To Jeanne Mammen* (München: Hirmer, 2018), pp. 81-87.

Price, Dorothy, "The Splendor and Miseries of Weimar Germany's New Woman," Ingrid Pfeiffer ed., *Splendor and Misery in the Weimar Republic: From Otto Dix To Jeanne Mammen* (München: Hirmer, 2018), pp. 152-159.

Selz, Peter, "E. L. Kirchner's 'Chronik der Brücke'," *College Art Journal*, Vol. 10, No. 1 (Fall 1950), pp. 50-54.

Simmons, Sherwin, "Ernst Kirchner's Streetwalkers: Art, Luxury, and Immorality in Berlin, 1913-1916," *The Art Bulletin*, Vol. 82, No. 1 (March 2000), pp. 117-148.

학위논문

강정화, 「근대 문학과 미술의 상호교류 연구: 문인들의 미술비평 활동과 『문장』지의 탄생을 중심으로」, 고려대학교 대학원 비교문학 비교문화 협동과정 박사학위논문(2018).

김다혜, 「미술가 손상기의 작품에 나타난 자기치유적 양상」, 이화여자대학교 교육대학원 미술치료교육전공 석사학위논문(2016).

김문정, 「1930년대 소설에 나타난 소비문화」, 동국대학교 대학원 국어국문학과 석사학위논문(2002).

김미정, 「페미니즘 시각으로 본 미술 속의 여성상에 관한 연구: 인상주의와 상징주의, 표현주의의 작품을 중심으로」, 수원대학교 대학원 미술학과 석사학위논문(2004).

김민정, 「오토 딕스(Otto Dix)의 작품에 나타난 사회비판의식 연구」, 이화여자대학교 대학원 미술사학과 석사학위논문(2014).

김세나, 「'퇴폐미술전(Entartete Kunst)'의 성격과 미술사적 의의에 관한 연구: 독일 나치(Nazi) 시대를 중심으로」, 경희대학교 교육대학원 미술교육전공 석사학위논문(2017).

김원석, 「독일 바이마르 시기 일단의 우파 지식인과 근대성: '보수혁명' 담론을 중심으로」, 동국대학교 교육대학원 역사교육전공 석사학위논문(2006).

김은지, 「근대 목일회 회화 연구」, 동아대학교 대학원 고고미술사학과 석사학위논문(2018).

박순희, 「1920-30년대 서구미술이론의 해석과 수용의 태도에 대한 고찰: 김복진, 윤희순, 김용준을 중심으로」, 숙명여자대학교 대학원 미술사학과 서양미술사전공 석사학위논문(1996).

박승현, 「Otto Dix의 회화에 나타난 여성 이미지 연구」, 전남대학교 대학원 미술학과 석사학위논문(1998).

박혜성, 「한국근대미술과 초현실주의」, 서울대학교 대학원 협동과정 미술경영전공 미술경영학 박사학위논문(2018).

선민아, 「현대미술에 나타난 불안의 표상적 특징과 심리학적 개념에 대한 연구」, 고려대학교 교육대학원 미술교육전공 석사학위논문 (2009).

유성이, 「조형예술에 표현된 여성의 정체성에 관한 작품 연구」, 단국대학교 대학원 조형예술학과 도자조형디자인 박사학위논문(2014).

이경원, 「한국 미술에 나타난 표현주의 회화의 고찰」, 동덕여자대학교 대학원 미술학과 회화전공 석사학위논문(1986).

이나경, 「신즉물주의: 그 기원과 이념을 중심으로」, 이화여자대학교 대학원 순수미술학과 석사학위논문(1979).

이소영, 「여성이미지를 중심으로 본 조오지 그로츠의 사회비판의식: 바이마르시기를 중심으로」, 이화여자대학교 대학원 미술사학과 석사학위논문(1999).

이희욱, 「마르크스주의의 논리학을 통한 회화의 방법론 연구: 본인의 작업을 중심으로」, 국민대학교 대학원 미술학과 회화전공 석사학위논문(2011).

전선하,「나치의 미술 약탈과 권력 메커니즘」, 중앙대학교 예술대학원 예술경영학과 박물관·미술관전공 석사학위논문(2015).

조사라,「손상기 회화에 나타난 리얼리즘 연구」, 전남대학교 대학원 미술학과 이론전공 석사학위논문(2012).

진임선,「신즉물주의 회화에 나타난 인간상에 관한 연구: 딕스, 그로츠, 벡크만, 샤트의 작품을 중심으로」, 홍익대학교 교육대학원 교육학과 미술교육전공 석사학위논문(1999).

함민희,「바이마르 시기 문화비판(Kulturkritik)으로서 George Grosz 미술」, 한국교원대학교 대학원 역사교육전공 석사학위논문(2005).

Bender, Stephanie D., "Lady Killer and Lust-Murderers: Painting Crime in Weimar Germany," Thesis for the Degree of Master of Arts, The College of Visual Arts, Theatre and Dance, The Florida State University(2010).

Kim, Jea-Won, "Der Sozialkritische Realismus in Korea: Entstehung und Entwicklung von Minzungmisul," Inaugural Dissertation zur Erlangung des Doktorgrades der Philosophie an der Ludwig-Maximilians Universität München(1997).

Kim, Jung-Hee, "Frauenbilder von Otto Dix: Wirklichkeit und Selbstbekenntnis," Doctoral Thesis, University Hamburg(1994).

Layne, Jay Michael, "Uncanny Collapse: Sexual Violence and Unsettled Rhetoric in German-Language *Lustmord* Representations,

1900-1933," A Dissertation for the Ph.D (Germanic Languages and Literatures) in the University of Michigan(2008).

팜플렛 · 도록

Hayward Gallery, *Neue Sachlichkeit and German Realism of the Twenties*
[Exhibition. Hayward Gallery, London, 11 November 1978-14 January 1979 / catalogue designed by Erika Schmied] (London: Arts Council of Great Britain, 1978).

Kinkel, Hans, *Karl Hubbuch* [Aquarelle, Zeichnungen und Druckgrafik: Ausstellung 12. März-April 1971] Galleria del Levante, München; Descript. [12] leaves of plates: chiefly ill. (some col.); 28cm; Verkäuferin am Sonntag - 1925 [*Commessa vestita a festa*]; Studie zu 《Höhere Töchter》 - 1926 [Studio per 《*Ragazze 'per bene'*》] Vorhergehende Ausstellungen.

Klipstein & Kornfeld, *Deutsche Kunst des Zwanzigsten Jahrhunderts: Expressionismus* [Sammlungen U. W. und D. v. S. - Auktion in Bern, Samstag, den 8. November 1958] (Bern: Gutekunst & Klipstein, 1958).

Krämer, Felix ed., *Ernst Ludwig Kirchner: Retrospective* (Ostfildern: Hatje Cantz; Frankfurt: Städel Museum, 2010).

Kunstpreisträger der Deutschen Demokratischen Republik: Berlin, Oktober bis Dezember 1961 [Staatliche Museen zu Berlin, National-Galerie] (Berlin: Die Museen, 1961). - Karl Erich Müller; illustration zu 'Felix Krull' 1958 - Margret Häusler; trauerfeier für Lenin 1959 - Frank Glaser; die japanfischer 1958 - Helena Scigala; Ravenbrück 1961

- Lea Grundig; mißgeburt 1958.

기사

김나은, "인상주의, 물감을 들고 기차에 올라 순간을 잡아내다," 『홍대신
문』, 2018년 3월 6일 자 기사.

이병창, "드레스덴, 아름다운 쯔빙거 궁과 다리파 선언," 『한국NGO신
문』, 2017년 2월 1일 자 기사.

이정호, "사회주의를 압살하고 나치를 불러 온 바이마르," 『민중언론 참
세상』, 2011년 6월 9일 자 기사.

Jones, Jonathan, "Magic Realism: Art in Weimar Germany 1919-33
Review — Sex, Death and Decadence," *The Guardian* (30 July 2018).

Petley, Julian, "Part of the Struggle: Art and Politics in the Weimar
Republic," *Monthly Film Bulletin* (1 January 1985).

영화

⟨1917⟩(2019) · 1h 59min · War, Drama; Dir. by Sam Mendes; Writers:
Sam Mendes, Krysty Wilson-Cairns; Actors: George MacKay,
Dean-Charles Chapman, Mark Strong, Andrew Scott, Richard
Madden, Claire Duburcq, Colin Firth, Benedict Cumberbatch;
Production: DreamWorks Pictures, Reliance Entertainment,
New Republic Pictures, Mogambo, Neal Street Productions,
Amblin Partners.

⟨A Single Man⟩(2009) · 1h 39min · Drama, Romance; Dir. by Tom Ford; Writer: Christopher Isherwood(novel); Actors: Colin Firth, Julianne Moore, Matthew Goode, Nicholas Hoult; Production: Fade to Black Productions, Depth of Field, Artina Films.

⟨At Eternity's Gate⟩(2018) · 1h 51min · Biography, Drama; Dir. by Julian Schnabel; Actors: Willem Dafoe, Rupert Friend, Mads Mikkelsen, Mathieu Amalric, Emmanuelle Seigner, Oscar Isaac; Writers: Jean-Claude Carrière, Julian Schnabel; Production: CBS Films, Riverstone Pictures, SPK Pictures.

⟨Berlin Alexanderplatz⟩(1980) · 15h 31min · Drama, TV Mini Series; Dir. by Rainer Werner Fassbinder; Writer: Alfred Döblin; Actors: Günter Lamprecht, Hanna Schygulla, Barbara Sukowa; Production: Criterion Collection.

⟨Cabaret⟩(1972) · 2h 4min · Drama, Musical; Dir. by Bob Fosse; Writers: Joe Masteroff(based on the musical play Cabaret book by), John Van Druten(based on the play by); Actors: Liza Minnelli, Michael York, Helmut Griem, Marisa Berenson, Fritz Wepper, Joel Grey; Production: Allied Artists Pictures, ABC Pictures, A Feuer and Martin Production.

⟨Trotsky⟩(2017) · Biography, TV Mini Series; Dir. by Alexander Kott, Konstantin Statsky; Writers: Oleg Malovichko, Ruslan Galeev, Pavel Tetersky; Actors: Konstantin Khabensky, Olga Sutulova, Aleksandra Mareeva; Production: Sreda.

블로그·웹사이트

블루빈, "표현주의," 다음 블로그(rkdmf527), 2010년 4월 26일. http://blog.daum.net/rkdmf527/123

이웃집스누피, "79. [19장] 모더니즘 미술… 14편 신즉물주의," 네이버 블로그(partlycloudy), 2017년 7월 27일. https://blog.naver.com/partlycloudy/221061369742

홍차빙수, "[Thyssen] Franzi in front of a carved chair (Franzi ante una silla tallada) - Ernst Ludwig Kirchner, 1910," 네이버 블로그(kh141), 2013년 12월 3일. http://blog.naver.com/kh141/130180967150

휘참, "바이마르 예술," 네이버 블로그(braveattack), 2015년 3월 25일. https://blog.naver.com/braveattack/220310036227

Bella ming, "[서양미술사] 20세기 초반 프랑스에서 나타난 '야수파'와 독일의 표현주의 그룹 '다리파'의 형성 과정과 미술사적 의의," 네이버 블로그(my_moto), 2016년 9월 21일. https://blog.naver.com/my_moto/220817332456

FRIEDERICHVS, "나치 독일 이전의 독일 예술," 네이버 블로그(sten1), 2015년 1월 17일. https://blog.naver.com/sten1/220242924040

Sophie, "오토딕스展 (2010.4.1-5.30)_ 서울대 미술관," 네이버 블로그(somi2394), 2010년 6월 10일. https://blog.naver.com/somi2394/150087931083

Artpil. https://artpil.com/jeanne-mammen/

Cabaret Berlin. http://www.cabaret-berlin.com

Kraftgenie, "Jeanne Mammen – Just a Pair of Eyes," blogspot(weimarart), 28 June 2010. http://weimarart.blogspot.com/2010/06/jeanne-mammen.html

Thomas Michel contemporary art. http://thomas-michel-contemporary-art.de